普通高等教育"十二五"工程管理类专业系列规划教材

房地产经济学

主　编　王　莹　唐晓灵
副主编　刘天利　王建斌　徐文凯

西安交通大学出版社
XI'AN JIAOTONG UNIVERSITY PRESS

内容提要

本教材探讨了房地产经济领域中的理论和方法，揭示了房地产市场运行的基本规律。全书分三篇共十二章：第一篇是房地产经济的基础理论，主要论述了房地产及房地产业的特征、房地产市场运行的一般规律及房地产区位理论；第二篇是房地产市场的微观分析，分别探讨了住宅、商铺物业、写字楼市场的运行规律；第三篇是房地产市场的宏观分析，主要讨论了城市、政府对房地产市场的影响。

本书可供工程管理、房地产开发与经营、房地产经济、土地管理等专业的本科生及研究生学习使用，也可供房地产、工程管理、土地管理等相关领域的学者、专业人士参考使用。

图书在版编目(CIP)数据

房地产经济学/王莹 唐晓灵主编. —西安：西安交通大学出版社，2010.10(2014.2 重印)
ISBN 978-7-5605-3724-5

Ⅰ.①房… Ⅱ.①王… ②唐… Ⅲ.①房地产经济学
Ⅳ.①F293.30

中国版本图书馆 CIP 数据核字(2010)第 180345 号

书　　名　房地产经济学
主　　编　王　莹　唐晓灵
责任编辑　孟　颖　葛　欢

出版发行　西安交通大学出版社
（西安市兴庆南路 10 号　邮政编码 710049）
网　　址　http://www.xjtupress.com
电　　话　(029)82668357　82667874(发行中心)
(029)82668315　82669096(总编办)
传　　真　(029)82668280
印　　刷　陕西奇彩印务有限责任公司

开　　本　787mm×1092mm　1/16　**印张**　14.75　**字数**　348 千字
版次印次　2010 年 10 月第 1 版　2014 年 2 月第 2 次印刷
书　　号　ISBN 978-7-5605-3724-5/F·244
定　　价　29.80 元

读者购书、书店添货、如发现印装质量问题，请与本社发行中心联系、调换。
订购热线：(029)82665248　(029)82665249
投稿热线：(029)82668133
读者信箱：xj_rwjg@126.com

普通高等教育工程管理专业规划教材

编写委员会

总序

高等学校工程管理专业是教育部1998年颁布的《普通高等学校本科专业目录》中设置的专业，是在整合原“建筑管理工程”、“国际工程管理”、“基本建设投资管理”及“房地产经营管理”等专业的基础上形成的，具有很强的综合性和较大的专业覆盖范围，主要研究工程项目建设过程中的计划、组织、指挥、控制、协调与资源配置等管理问题。工程管理专业旨在为国家经济建设和社会发展培养掌握土木工程技术、管理学、经济学及相关法律法规知识，掌握现代工程项目管理的理论、方法与手段，具备综合运用所学知识在国内外工程建设领域从事建设项目全过程的投资、进度、质量控制及合同管理、信息管理和组织协调能力的复合型高级管理人才。

随着我国建筑业、房地产业在国民经济中地位和作用的日益突显，工程管理人才需求呈明显增长趋势，同时也对工程管理专业毕业生提出了更高的要求。因此，如何进一步提高人才培养质量成为设置工程管理专业的高等学校面临的重要课题。而高水平的专业教材作为实现人才培养目标的载体，必将对人才培养质量的提高发挥重要作用。

西安建筑科技大学是全国最早设立工程管理专业的院校之一，该专业于1999年首批通过了“全国工程管理专业评估委员会”的评估，2004年和2009年分别以全票通过复评；2004年该专业被评为陕西省名牌专业，2008年又被评为国家级特色专业。近年来，西安建筑科技大学工程管理专业在人才培养模式创新方面进行的改革与实践取得了显著效果，得到了社会用人单位和同行的肯定。所以，西安交通大学出版社此次依托西安建筑科技大学工程管理专业的优质办学资源，联合省内外多所兄弟高校，编写出版了这套工程管理专业系列教材。

这套教材以专业必修课程为主，适当考虑专业选修课程。教材的作者都来自工程管理专业教学和科研第一线，对工程管理专业的教育教学与教材建设有切身的体会和感受，并有一些独到的见解。在教材编写过程中，编者结合多年的教学及工程实践经验，经过反复讨论斟酌，不仅从教材内容的准确性和规范性上下功夫，而且从有效培养学生综合运用所学知识解决工程实际问题的能力出发，注重贴近工程管理实践，对教材内容和结构进行大胆创新，力求使其更加适合学生今后从事相关专业工作的学习需要，更有利于应用型高级工程技术与管理人才的培养。同时，这套教材注意吸收工程管理领域的前沿理论与知识。

由于院校之间、编者之间的差异性，教材中难免会出现一些问题和不足，欢迎选用本系列教材的教师、学生提出批评和建议，也希望参加这套教材编写的教师在今后的教学和科研实践中能够不断积累经验，充实教学内容，以使这套教材能够日臻完善。

刘晓君

建设部高等教育工程管理专业指导委员会委员
建设部高等教育工程管理专业评估委员会委员
西安建筑科技大学教授、博导

2010年2月

前言

房地产是个既“古老”又“年轻”的概念，我们对它既“熟悉”又“陌生”。说它古老，是指物态的“房地产”几乎与人类社会同时产生，它是我们经济生活的空间载体，我们无时无刻不与它为伴，所以我们对它如此熟悉；说它“年轻”，是因为作为经济范畴的“房地产”的内涵和运行规律还在形成和探索之中，房地产领域的诸多现象，如房地产泡沫、房地产暴利又令我们迷惑，所以我们对它如此陌生。为了能够透过现象看本质，揭示房地产资源配置和房地产市场的运行规律，我们编写此教材，希望能为现在或将来投身于房地产行业的各方面人士提供有益的学习和思考的参考。

本教材是房地产经营与管理、土地资源管理等专业的专业基础课，为其他专业课程的学习提供了必要的知识准备。同时，它也是工程管理、公共管理等专业方向的主要课程之一，为学生寻找感兴趣的专业方向提供了重要的素材和启发。因此，为了能兼顾不同专业对本书的需求，本书在编写中努力实现以下三个目标：

一是内容系统、全面，但有所侧重。本教材从房地产经济的基础理论、房地产市场的微观分析及房地产市场的宏观分析三个层面全方位地介绍了房地产市场的运行规律，但每一部分的内容又有侧重，而且在重点内容的纵深分析上达到一定的深度。

二是从现象入手，理论与实证及实践应用并重。理论来源于实践，又推动实践的提升，房地产经济学就是在这样的逻辑循环中不断发展的。因此本书努力避免空泛地、脱离实践地介绍理论，而是如实地说明理论的实证效果及实践应用价值。

三是注重比较和创新。房地产经济现象不是我国独有的，它在任何一个市场经济国家都存在，但是我国的房地产市场又具有其特殊性，因此我们一方面力求广泛地进行国际比较，而同时又强调如何在已有的研究成果上理解我国房地产理论未来的发展方向。

总之，本教材在城市经济运行、发展的框架下深入浅出地探讨房地产经济领域中的主要理论和方法，以揭示房地产经济运行规律和房地产发展规律。

本教材的作者除了来自于西安建筑科技大学长期从事房地产经济教学和研

究工作的老师，还有来自于房地产实践的专业人士。王莹和唐晓灵为主编，副主编为刘天利、王建斌、徐文凯。编写分工具体如下：王莹负责本教材的编写思路和章节框架，编写了第1—2章、第4—7章的内容，并与王建斌合作完成了第9章内容；唐晓灵负责编写了第3章、第8章的内容；第10—12章由刘天利完成；徐文凯完成了各章数据、案例的采集和整理工作。另外，齐成乐、刘江艳、廖伟、王永和王超等研究生对全书进行了仔细的校对。

最后，衷心感谢西安交通大学出版社的魏照民、葛欢、孟颖等编辑老师辛勤、敬业的工作，他们细致认真、逐字多遍地编校全文，订正多处文句，并提出不少建议，这些都对本教材质量的提高有很大的帮助。

由于作者的能力和学术积累有限，书中定有一些认识不全面、分析不周全之处，恳请广大教师、学生提出宝贵意见和建议，以帮助我们不断更新和完善。

王　莹

2010年7月13日

目录

第一篇　房地产经济的基础理论

第二篇　房地产市场的微观分析

第三篇　房地产市场的宏观分析

第一篇

房地产经济的基础理论

第1章 绪论

重点内容

1. 房地产的基本概念
2. 房地产的特性
3. 房地产业的性质
4. 房地产业与国民经济发展的关系
5. 房地产经济学的研究对象

房地产是一种特殊的商品,房地产行业是一个特殊的行业,学习房地产经济学的目的在于充分体会、理解这一特殊性,以便在行业实践中较好地运用房地产相关理论和知识。本章作为开篇第一章,主要希望通过介绍房地产及房地产业的一些基本概念及特性,让读者对其有一些初步和全面的认识,并为以后的理论学习打下基础。

1.1 房地产

1.1.1 房地产的基本概念

房地产(real estate),从字面上讲,是房产和地产的总称。严格地说,房地产是指建筑地块和定着在建筑地块之上的建筑物、构筑物及其财产权利的总称。房地产既是现代生产中最基本的生产要素,也是我们生活中最基本的生活资料。

建筑地块是土地作为生产要素所实施的一种重要的经济用途,除此之外,土地还可以作为养力用地(种植、养殖用地)及富源(矿藏等)地。建筑物是指人工建筑而成,由建筑材料、建筑构配件和设备等组成的整体物,一般指房屋。构筑物是指房屋以外的建筑物,人们一般不直接在其内进行生产和生活活动,如烟囱、水塔、道路、隧道和桥梁等。因为我们不可以把房子买回家,所以我们在市场上交易的实质是与房子相关的财产权利,你拥有了一处房子,你就拥有了对它的占有、使用、收益和处分的权利。

从物质形态上看,地产是先于房屋建筑的天然存在物,它不仅完全可以作为一个独立的概念,而且还可以与房地产并列成为不动产独立经营。但是,房产作为地上物,依附于地产,房地相连，不可分割，而且只有有了房屋建筑以后，才有了房地产这个复合概念，因此，房地产是由建筑地块和以房屋建筑为主的建筑物组成的有机整体。具体来看，房地产可以包括以下几类，见图1-1：

- 房地产
  - 土地及地上物及其财产权利
    - 建筑物
      - 住宅物业
      - 非住宅物业
        - 工业物业
        - 商业物业
          - 商铺物业
          - 写字楼
          - 酒店
    - 构筑物：与建筑物有关的城市基础设施及其财产权利
  - 空置土地及其财产权利

图1-1 房地产的分类

我们这里只是做一般的划分，但并不是说所有的住宅就只能居住，不可用于办公搞商业，我们通常会看到一栋临街的大楼，下面一层，甚至一至三层都是商铺，上面是住宅或写字间，许多临街的建筑都是这样，不然就不能充分利用临街这块地的区位价值。另外有些小业主买公寓办公，一是成本低，二是如果公司经营不景气自己居住，或再卖出也比较容易。

我们在日常生活中，或许还会注意到与“房地产”类似的名词，如不动产、地产、物业等，这些词汇和术语是不是一样的呢？一般来讲，“房地产”和“不动产”在国内是通用的，但严格来讲，不动产除包括房地产外，还包括尚未与土地分离的农作物、林木种子等。而我国台湾地区更倾向用“不动产”的说法，我国香港地区习惯把房产与地产统称为“地产”，例如称房地产业为地产业、房地产商为地产商。因为在香港人眼里，只有土地是永恒的，地上物则可以拆除、重建。需要说明的是，无论是在我国内地还是在香港或台湾地区，“房地产（不动产）”与“物业”的概念都有区别。据李宗锷先生所著的《香港房地产法》一书的解释：“物业是单元性地产。一住宅单位是一物业，一厂房楼宇是一物业，一农庄也是一物业，所以物业可大可小，大物业可分成小物业。”而在我国内地，物业是指已建成投入使用的各类建筑物及其相关的设备、设施和场地。建设部及各地的《物业管理办法》均采用此定义。这里的建筑物可以是一个建筑群，如住宅小区、工业小区；也可以是单体建筑，如一幢高层写字楼、宾馆、商业大厦、停车场等；同时，物业也是对单元房地产的称谓，如一套住宅单元。从这些定义中我们可以看出，物业与房地产最大的区别在于使用的范围有差异。一般来说，物业用于指某项具体的房产、地产；而房地产通常用于整体概念。

1.1.2 房地产的特性

相对于一般商品而言，房地产具有特定的自然特性、经济特性。

1. 房地产的自然特性

房地产的自然特性主要包括：

(1)位置的固定性。房地产在空间所占的位置，既不能移动，也不能调换，我们不能像购买其他商品一样把房地产带回家。因此房地产的利用具有鲜明的区位特点，位置直接关系到房地产的利用价值。房地产业中有句古话，即城市房地产的三条最重要的特征：一是位置，二是位置，第三还是位置。因此它具有明显的区域特征，不同地方的房子不可以相互调剂余缺，导致了不同地方房地产市场冷热不均。北京、上海的房地产市场出现泡沫，但我国其他城市，尤其是西北地区的城市房地产市场价格上涨的幅度要比一线城市小得多。

位置的固定性还说明，在房地产市场上让渡的并非是房地产本身，而是附着于房地产上的各种权利。因此房地产产权的安排、变迁与交易是房地产市场运行的前提和主要内容。

但需要强调的是：虽然房地产的自然地理位置是不变的，但由于房地产的位置特性是周边自然、经济、社会等多种区位因素综合作用的结果，而且这些区位因素会随着城市化和现代化进程而不断发生变化，因此房地产的位置固定性具有相对性。

(2)承载性。从宏观角度讲，人类要生存和进化，就必须有纵向的时间阶段去延续它的发展史，有立体的空间场所去包容它的社会行为和经济行为，因此，时间和空间是人类存在的基本方式。用这种观点进行分析，不难看出，房地产虽然只是人类生产和生存需求的一个项目或一个组成部分，但它与其他生产和消费项目却不能等量齐观，它们的关系是承载者和被承载者的关系，房地产需求为其他生产或生活需要提供前提和条件。所以，从行为空间角度考察，可以说房地产作为生产或消费行为的承载者，是人类存在和发展的基础。

(3)耐久性。一般的物品在使用过程中会较快地磨损、消耗，但房地产的使用则具有长期性，一般可使用许多年。例如，房地产评估中规定钢筋混凝土结构的非生产用房的使用寿命是60年，砖混结构是50年。

高度耐久性使得存量房成为房地产市场中供应的主体，而新增开发量作为流量使得房地产存量发生变化，但从数量上看它往往只占存量很少的一部分。而且，耐久性使得房地产同时具有固定资产的特征，因此按照国际统计核算的惯例，住宅投资属于固定资产投资核算中的一类；而且消费者价格指数(CPI)作为观察通货膨胀水平的重要指标，衡量了所选定的一篮子与居民生活紧密相关的消费品和劳务购买价格的变化，但由于住宅在国际统计惯例中被看成资产，因此这一篮子价格中不包括住宅购买的价格，于是经济中出现了房价飞涨而通货膨胀水平走低的令人困惑的现象。另外，在房地产较长的寿命周期内，社会、经济环境的变化会引起房地产价值的波动，因此必须用动态分析的方法来进行投资、估价及房地产政策的制定。还有，房地产的耐久性使它成为一种良好的金融抵押品。

(4)异质性。异质性是房地产最重要的特征之一。由于房地产的位置固定，且不同位置的自然、社会、经济条件各不相同，再加上建筑物的式样、年限、朝向、装修、规模、设备等方面的千差万别，形成了房地产的异质性，不存在两宗完全相同的房地产。因此，房地产和劳动力一样，被称为完全异质性商品，又被称为完全差异化商品，这使得房地产市场不可能是一个完全竞争市场，而是一个交易费用比较高的具有区域性和垄断性的市场。为了降低交易费用，提高市场运行效率，房地产中介服务业(房地产估价、经纪、营销等)就显得非常必要。

(5)土地的不可再生性。没有土地就没有房地产，土地的特性会直接影响到房地产的特性。受地球表面陆地部分的空间限制，土地总面积是有限的，而且土地是由地貌、土壤、岩石、气候、植被等组成的自然历史综合体，是不可复制生产的自然资源。人类活动可以影响土地相对位置的变化及对土地的占有、分配和利用，但却无法创造土地。这一特征要求人类合理利用、珍惜和保护土地资源，务必重视房地产业的可持续发展。因而随着科学技术的进步，建筑物不断向高层空间发展以充分利用土地，而那些容积率很低的别墅必然要卖很高的价格。

2. 房地产的经济特性

房地产的经济特性主要包括：

(1)高资本价值。从房地产流量来看,一国每年新竣工的建筑物价值是一个国家最大的投资。据联合国统计,1976 年以来,每年新竣工的房屋价值占其国内生产总值的比重一般为 6%～12%(美国为 7%,新加坡高达 12%～26%,我国大约为 7%),房地产开发投资一般占其国内生产总值的 3%～8%,占固定资产总投资的 20%～30%。

房地产存量是指所有的建筑物和土地的价值之和,是国家财富中最大的一部分。日本国家财富中很大一部分都集中于土地和房屋,1987 年日本的国家财富中有 31.32%是土地,住宅占 3.24%,由于地价高涨,日本土地资产由 1985 年的 1673 兆日元上升到 1990 年的 2238 兆日元,占国家财富的比例上升到 33.1%。这一时期正好是日本泡沫经济的膨胀期,土地资产占 GDP 的 2%～5.5%;英美的土地价值与国家财富的比例比较稳定,大约为 10%,与 GDP 的比例为 1∶1。

(2)消费和投资双重性。房地产除了是一种重要的生活必需品外,它还是一种重要的生产要素,用于生产消费(如厂房),但由于房地产具有固定性、耐久性及稀缺性,因而它又是一种重要的投资品。

房地产投资和消费的双重性,为人们在进行房地产消费和投资之间的转换提供了更多的可能。购置一宗房地产既可以用于家庭消费,也可以出租赢利,在房价高涨或有需要的情况下还可以出售变现。然而与其他投资相比较,房地产的变现能力较低,流动性较差。其主要原因是:房地产价值大,交易双方在决策上都持十分慎重的态度;房地产的差异性使得投资者往往需要利用相当长的时间来了解市场,寻找合适的买者并进行讨价还价。但在通货膨胀的情况下,投资房地产比其他资产更具保值功能。

(3)房地产利用的外部性。房地产的利用及价值常常受其周围房地产利用及环境变动的影响,而某一房地产的开发与使用,也可能对其周围地段带来外部效应,这样就形成相互影响性或外部性。例如,某一房地产项目开发中修筑的一条小区外的道路,不但使得附近的居民或企业享受到了便利,而且也会使路旁的其他房地产或土地升值;相反,如果周边地区建起的是垃圾处理场或煤气加工厂,相关的不动产则必然大幅贬值。一条地铁线的修建,一个公园、超市、学校的建设都会对周边房地产的价值带来重要影响。

1.2 房地产业

1.2.1 房地产业的性质

由于房地产业在我国发展的时间并不长,国民经济核算体系中房地产业的核算方法也不完善,所以理论界和实务界对房地产业如何界定存在着分歧,同时,由于各国所依据的产业分类标准不同,因此在房地产业的性质定位上也存在着或多或少的差异。但目前已形成的基本共识是:房地产业是一个独立的产业部门,从事房地产投资、开发、经营、管理和服务等经济活动。

我国的产业分类主要是按照新西兰经济学家费歇尔首先创立并由英国经济学家克拉克发展的三大产业分类法而进行的,根据我国的《国民经济行业分类与代码》(GB/T 4754—2002),我国的三大产业分类为:

(1)第一产业:农、林、牧、渔业;

(2)第二产业:采矿业,制造业,电力、燃气及水的生产和供应业,建筑业;

(3)第三产业:流通、服务业。

由于第三产业包括的行业多、范围广,根据我国的实际情况,第三产业具体又划分为四个层次:流通部门(包括交通运输、仓储和邮政业,信息传输、计算机服务和软件业,批发和零售业,住宿和餐饮业);为生产和生活服务的部门(包括金融业,房地产业,租赁和商务服务业,科学研究、技术服务和地质勘查业,水利、环境和公共设施管理业,居民服务和其他服务业);为提高科学文化水平和居民素质服务的部门(包括教育,卫生、社会保障和社会福利业,文化、体育和娱乐业);为社会公共需要服务的部门(包括公共管理和社会组织,国际组织)。

根据上述分类标准,在我国,房地产业是以上 20 个门类中的第 11 类(代码为 K),是细分的 98 个行业中的第 72 个行业,包括房地产开发经营、物业管理、房地产中介服务和其他房地产活动。具体内容见表 1-1。

表 1-1 《国民经济行业分类与代码》(GB/T 4754—2002)(部分)

<table>
<tr><td rowspan="4">K
房地产业</td><td rowspan="4">72</td><td>721</td><td>7210</td><td>房地产开发经营</td><td>指房地产开发企业进行的基础设施建设、房屋建设,并转让房地产开发项目或者销售、出租商品房的活动</td></tr>
<tr><td>722</td><td>7220</td><td>物业管理</td><td>指物业管理企业依照合同约定,对物业进行专业化维修、养护、管理,以及对相关区域内的环境、公共秩序等进行管理,并提供相关服务的活动</td></tr>
<tr><td>723</td><td>7230</td><td>房地产中介服务</td><td>指房地产咨询、房地产价格评估、房地产经纪等活动</td></tr>
<tr><td>729</td><td>7290</td><td>其他房地产活动</td><td></td></tr>
</table>

房地产业与建筑业尽管紧密相关,但出于产业政策和经营管理的需要,更具体来说出于国民经济核算和统计的需要,它们分别属于不同的产业和层次,建筑业属于第二产业,房地产业属于第三产业的第二层次。所以,从一般经济理论广义的角度来说,房地产业是生产经营型行业,兼有第二、三产业的特性;从具体的狭义核算统计管理的角度来说,房地产业归类为第三产业。

另外,从国际上的产业分类来看,联合国的《全部经济活动行业分类国际标准》(International Standard Industrial Classification of All Economic Activities, ISIC, Rev. 4)处于国际上现有各类经济活动分类系统的中心地位,它为经济活动分类提供了国际认可的标准,从而便于国际间的数据比较、经济分析、决策及政策制定。2008 年最新修订的第 4 版的 ISIC 中,房地产业被列入 21 个门类中的第 12 类(代码为 L),具体内容如表 1-2 所示。

表 1-2 联合国《全部经济活动行业分类国际标准》(ISIC, Rev. 4)(部分)

<table>
<tr><td rowspan="2">L房地产活动</td><td rowspan="2">68</td><td>681</td><td>6810</td><td>自有或出租物业的房地产活动</td><td>包括：
·自有或出租房地产物业的购买、出售、租赁和经营，这些物业包括：公寓楼和单元住宅；非住宅建筑(展览厅、仓储建筑、商业大厦、购物中心)；土地
·提供能够持久使用，尤其以月或年为使用周期的住宅、装修或未装修的公寓及居住单位
·供自己经营(例如出租)的建筑的开发
·将不动产划分成单位，不包括土地的改良
不包括：
·出售性建筑项目的开发，见 4100(建筑施工)
·土地的划分和改良，见 4290(其他土建项目的施工)
·酒店、集成酒店或类似住宿的经营，见 5510(短期住宿活动)
·野营地、拖车公园或类似住宿的经营，见 5520
·工人招待所、合伙房或类似住宿的经营，见 5590(其他住宿)</td></tr>
<tr><td>682</td><td>6820</td><td>包括：
费用或合同基础上的房地产活动</td><td>包括：
·房地产代理和经纪活动
·费用或合同基础上的房地产买卖和出租中间活动
·费用或合同基础上的房地产管理
·房地产评估业务
不包括：
·法律活动，见 6910
·设施支持服务，见 8110(物业和景区服务)
·设施管理，比如军事基地、监狱和其他设施，见 8110</td></tr>
</table>

从表 1-2 中能够明显地看出出售性建筑项目的开发以及土地的划分和改良不属于房地产业，属于建筑业。这一点与我国有很大的不同，因为在我国它们都属于房地产业。与此类似，根据北美产业分类体系(NAICS)，美国房地产业包括房地产出租、物业管理、房地产交易代理、房地产价格评估及其他与房地产相关的服务，以出售为目的而进行的土地开发、房地产开发和房屋建设也属于建筑业，不属于房地产业。

除此之外，摩根士丹利公司(MSCI)和标准普尔公司 (S&P)共同推出的全球产业分类标准 GICS(Global Industry Classification Standard)以及伦敦金融时报(FTSE)的全球分类系统 GCS(Global Classification System)也是全球著名的产业分类标准。它们均为投资型的产业分类体系，其分类标准既以产品类型为基础，也结合了消费者的市场需求。从分类的结构来看，这类体系以消费特征为分类的主要依据，淡化了商品和服务的区别，也淡化了三大产业的概念，侧重考虑的是产品与产业投资价值的同一性，即从生产者向消费者立场转移。在西方国家和地区，由于房地产产品多被视为金融投资的工具，如由房地产产品衍生的“房地产投资信托”就是重要的金融产品，因此 GICS 和 GCS 都将房地产业归于金融业，这与基于三大产业划分基础上得到的行业分类标准有着很大的区别。

以上表明房地产业的内涵和性质是不断发展的，它会随着不同产业分类标准制定的目的的变化以及各地房地产业的经济活动实践的发展而变化。我国和其他国家在这方面存在较大区别,因此在进行国际间横向比较时要注意它们的不同内涵。

1.2.2 房地产业与国民经济发展的关系

1. 房地产业在国民经济中的地位

(1)房地产业是经济发展的基础产业。房地产是社会生产和其他经济活动以及科学、文化、教育、卫生等活动的基础、载体和空间条件,为人们提供学习、工作和生活的场所以及其他公共设施。因此房地产业的发展是社会经济持续发展的基础条件。

(2)房地产业是国民经济的支柱产业。支柱产业是指在国民经济中占有一定比重(一般高于5%),自身发展速度较快,对国民经济贡献较大的产业。这类产业关联度大,能带动其他产业发展,还有利于扩大就业,提高宏观经济效益和社会效益。

房地产业不论是其占国民生产总值的比重,还是其增长速度,都具备支柱产业的条件。以房地产业中最重要的组成部分——住宅产业为例,据联合国对70多个国家的调查,各国住宅建设投资约占该国国民生产总值的3%~8%,占固定资产总值的20%~30%,美国在1950—1973年的23年间,住宅建设投资占国民生产总值的比例平均为4.5 %,后来该比例略有下降。日本住宅投资占国民生产总值的比例在20世纪70年代高达7%,20世纪90年代上半期大体在5%~6%之间,一般比汽车制造、船舶制造、飞机制造等运输机械制造业稍低或持平。法国住宅投资占国内生产总值比例的走向与日本近似,20世纪70年代大体在6%~7%之间,1992年为4.9%。韩国住宅投资占国民生产总值的比例保持在4%~5%之间。另外,住宅是国家的一笔重要财富,存量住宅价值一般占国家固定资产总值的20%以上。住宅建设投资在固定资产形成总额中所占比例一般在20%~30%之间,德国1984年曾达到31.7%,英国1979年最低为16.5 %。中国的房地产业经过十几年的发展,每年完成的开发投资总额已从1991年的336亿元,增加到2007年的2.53万亿元,增长了75倍多;房地产业每年完成的固定资产投资在全部城镇固定资产投资中所占的比例近几年一直保持在23%左右;房地产业的增长速度高出国民经济增长速度的一倍,20世纪90年代年均增长速度为20%左右;2007年末其增加值占GDP的4.61%,其中北京、上海等城市房地产业产值已占GDP的7%左右。

房地产业产业链长,关联度大,能直接或间接地引导和影响很多相关产业的发展。房地产业的感应度系数和影响力系数[①]在国民经济各产业部门中处于平均水平之上。总体而言,房地产业涉及建筑、建材、交通、能源、冶金、轻工、电子、通讯、机械等50多个行业的2000多个品种。其中一些产业不仅与房地产业相关性较大,而且在国民经济中地位也较突出。一是房地产业对建筑业具有直接的带动作用。我国房屋建筑成本中70%是材料消耗,1995年我国城乡

① 产业的感应度系数和影响力系数是衡量产业间波及效果的重要指标。影响力系数是从一个部门对其他部门产生的波及影响的角度来反映各产业间的技术经济联系。感应度系数是从一个部门所受的感应程度的角度来反映各产业间的技术经济联系。在1995年33个部门影响力系数和感应度系数排序表中,影响力系数大于1的部门有18个,主要集中在除食品工业以外的制造业和建筑业,这些部门对其他部门的生产所产生的需求波及效果高于影响力系数小于1的农业和矿业等初级产品部门、食品工业、电力生产以及服务业等部门。感应力系数大于1的部门有13个,包括初级产品中的农业和石油开采业、商业和货运业等部门。这些部门大多属于基础产业和基础设施,它们对其他部门的需求感应程度高于感应力系数小于1的部门。当经济过热时,这些部门的投资扩张,有利于缓解国民经济的瓶颈。在内需不足、经济增长减速的条件下,投资发展影响力系数较大的产业对经济增长更有利。

住宅建设耗用了全国产量中14%的钢材、47%的水泥、20%的木材和40%的玻璃。而建筑业在促进经济增长、增加就业上也具有重要的作用。二是房地产业对建材工业、建筑设备工业、建筑机械工业以及冶金、化工、森工、机械、仪表等行业的发展具有重要促进作用。不仅如此,住宅消费还能带动诸如汽车、交通、家电、家具和文化产品等生产产品和生活产品消费的相应增长。关于这方面国内外已有大量实证研究,据美国、日本等国家统计,房地产业的产值增加"1",就能使相关产业的产值增加"1.5～2"。

发展房地产业有利于扩大社会就业,吸纳农村剩余劳动力。由于房地产业是劳动密集型产业,其发展能提供大量的就业机会,不仅如此,它的发展还可带动相关产业的就业。根据韩国、巴基斯坦、印度和墨西哥等国家的统计,房地产业每投资1万美元可为社会提供14个就业岗位。有关统计资料显示,我国当前房地产从业人员将近1000万,包括了规划设计、经营管理和销售、评估等多个专业门类的人才。更重要的是,房地产业在促进农村劳动力流动,增加农民就业方面也发挥了重要作用,因为房地产业能直接带动建筑业的发展,而建筑业是吸纳农村剩余劳动力最多的行业之一。根据北京市的测算,每增加1万平方米的建筑生产,可直接增加1000人的就业岗位。

房地产业既是基础产业,又是支柱产业,在很多国家和地区,房地产业作为经济的增长点,在拉动内需、促进经济增长方面发挥了重要作用。

2. 房地产业应与国民经济协调发展

房地产业的正常发展可以促进或带动国民经济的发展,但房地产业的不良发展又会对国民经济产生破坏作用。

20世纪80年代日本的泡沫经济刺激了股市和地产的投机行为,当时整个日本房地产业需求旺盛,投机盛行,房地产价格持续走高,到泡沫巅峰的1991年,全国6大城市的商业地价短短五六年的时间里竟上升了3倍多,然而泡沫经济破灭之后,日本大部分城市的房地产价格持续下跌,导致银行产生大量不良资产,呆坏账率大幅上升,至2003年3月,日本7家大型银行共核销了大约5.6万亿日元相关坏账。日本泡沫经济的产生和破灭对日本国民经济产生了极大的影响,它是自1990年后经济长期低迷的主要原因之一。我国台湾地区20世纪80年代的泡沫经济也造成地价飞涨、房屋空置等现象,带来许多社会、经济、金融问题。泰国20世纪80年代中期以来,经济快速发展,政府制订了加快房地产发展的政策,鼓励外资进入房地产业,引起地价飞涨,引发房地产投机,结果导致房地产供过于求,房屋空置率达50%,约40%房地产贷款成为呆账、坏账,约400亿美元的贷款无法收回,这是1997年泰国金融危机以及亚洲金融危机的导火索之一。我国1992年兴起的房地产热也造成银行出现大量呆账、坏账,对国民经济产生了严重的不良影响。

因此,房地产业同国民经济密切相关,特别同金融业关系更为密切,房地产业发展的好坏直接影响国民经济的发展,其过慢或过快的发展都将对国民经济产生阻碍甚至破坏作用。为了确保房地产业同国民经济发展的相协调,应深刻认识关系房地产业发展的八大关系①:部门经济与国民经济的关系、市场化与住房保障的关系、过分依赖与适度发展的关系、居住功能与过度消费的关系、外资进入与产业过热的关系、市场供需与结构性失衡的关系、适度降温与适

① 张永岳.调整转型期的中国房地产业发展——论中国房地产业发展中的若干重要关系[J].当代财经.2007(08):82-88.

度规模的关系、市场规律与社会公平的关系。发挥房地产业对国民经济的促进作用，避免其不利影响，对国民经济的发展至关重要，这也是房地产经济学研究的重要课题之一。

1.3 房地产经济学的研究对象

1.3.1 房地产经济学的研究对象和性质

房地产经济学是房地产经济运行过程的理论化和系统化，是揭示房地产经济运行规律的科学。从房地产的研究对象来看，房地产经济学是部门经济学，是应用经济学的一个分支。房地产经济学的应用性集中体现在以下三个方面：

(1)研究方法的"非原创性"。也就是说，房地产经济学研究是基于经济学的分类、在经济学的研究方法的基础上进行的，经济学的研究方法及其研究结论，构成了房地产经济学的方法论基础。

(2)研究内容的应用性。一般的经济学研究既可以集中于某个具体的社会经济现象及其背后的"抽象内涵"，也可以就宏观意义上的经济发展趋势进行解释和说明，其内容和对象是不特定的、不受某一特定经济领域局限的，而房地产经济学是有关房地产的部门经济学、产业经济学，它是以房地产市场或房地产行业为研究对象的。

(3)房地产经济学具有交叉学科的性质。①房地产经济学与资源经济学交叉。资源经济学主要研究土地开发利用和土地资源的合理配置，而这些同样是房地产经济学的研究重点。②房地产经济学与生态经济学交叉。房地产业的可持续发展理论与生态经济学的生态平衡理论具有一致性。③房地产经济学最主要的是与城市经济学交叉。城市经济学是研究企业和家庭区位选择的学科。尽管它还研究城市化问题、城市内劳动力空间分布的基本变化问题以及贫穷、教育、污染、犯罪等城市问题，但企业和家庭的区位选择问题是最传统和最核心的研究课题，而且地租理论、城市土地利用与内部空间结构、城市住房、城市经营中的土地经营都是城市经济学和房地产经济学的重要研究内容，因为我们研究的房地产本身就是城市中的重要元素。

房地产经济学是运用西方经济学原理分析国家、地区、社区和邻里对房地产价值的影响。它不研究一般经济学原理，也不是房地产实践的课程。一般经济学的课题集中研究社会如何利用有限的资源最大地满足人们的需要，而房地产实践的课程集中力量研究完成房地产交易所需要的专门技术。房地产经济学是一般经济理论和房地产实际应用知识之间的桥梁。因此房地产经济学通常是作为房地产相关专业的专业基础课程而设置的。

1.3.2 房地产经济学的内容结构

既然房地产经济学是应用经济学的分支学科，而应用经济学的发展又离不开理论经济学的指导，更离不开社会经济实践，无论在资本主义国家还是在社会主义国家，应用经济学都要适应社会经济发展的需要而不断扩展、不断充实，这样才能指导实践，因此，既从市场经济的基本经济规律出发，又重视我国的实际情况，既重视知识的继承，又兼顾发展中的新问题，是本教材编写的主导思想。为了贯彻这一思想，本教材在内容设置上既要清楚深入地介绍房地产相关的基础知识，又要对我国房地产发展实践中出现的问题或现象进行理论上的阐释。

由于房地产内涵丰富——不同类型房地产的经济规律既存在共性，又存在明显的差异性，因此有必要在介绍它们共性知识的基础上，再分别进行针对性的介绍。再者鉴于房地产业影响的外部性，房地产业与城市经济之间存在重要联系，而政府干预对房地产业的影响也非常显著，这两方面的内容都立足于宏观视角。所以，本教材的内容由以下三部分构成：第一部分是房地产经济的基础理论，主要介绍房地产及房地产市场的一些基础知识和理论。第二部分是房地产市场的微观分析，主要介绍不同物业市场的经济规律。第三部分是房地产市场的宏观分析，主要介绍城市、政府对房地产市场的影响。

专题

中国房地产业的"低碳时代"

沈思晨

随着2009年12月在哥本哈根举行的第十五次联合国气候大会的闭幕，"低碳经济"顿时成为全球热点，也逐步进入了我们的生活。毋庸置疑，"低碳经济"是以低能耗、低污染为基础的。二氧化碳的排放量主要来自工业生产过程中化石能源的消耗，房地产业作为跨越第二产业和第三产业的经济综合体，在生产过程中的碳排放量是不容忽视的。据统计数据显示，中国每建成1平方米的房屋，约释放出0.8吨碳。在房地产的开发过程中，建筑采暖、空调、通风、照明等方面的能源都参与其中，碳排放量很大。我国的住宅产业化自1998年正式提出，迄今为止已经有十余年了，由于资金和技术的限制，住宅产业化水平还是非常低下。"低碳经济"既为我国住宅产业化带来了不可多得的机遇，也对其提出了严峻的考验。

一、当前我国住宅产业化的现状

住宅产业化是指将资本和技术集中投入到住宅这一商品的建设中，实行专业化、规范化和一体化的大规模生产，最终为社会提供标准型、节能型和高质量的住宅产品。目前，我国住宅产业链已经形成，整个产业体系也基本构建完成，住宅产业已经进入了持续健康发展的新阶段。但是与发达国家相比，我国住宅产业化还存在许多亟待解决的问题。

第一，住宅产业链已经基本形成，各环节紧密依存。从目前我国实际情况来看，住宅产业已涉及投资决策、金融融资、土地取得、规划设计、招投标、建设施工、市场营销和物业管理等环节。其中建设施工环节所涉及的横向行业较多，比如钢铁、木材、水泥和工程管理等行业。产业链上的各个环节紧密相扣，相互依存；若是其中的某个环节出错，就有可能导致整个项目的失败。

第二，建设施工专业化程度低下，造成资源浪费。在我国，目前基本上是将整个施工项目外包给一个建筑商，而由一个建筑商完成所有的施工环节将很难保证施工质量。此外，施工各环节的专业化程度不高、管理混乱，造成了建筑材料和水资源的极大浪费，产生大量的建筑垃圾。据初步测算，我国住宅建设用钢占全国用钢量的20%，水泥用量占全国总用量的17.6%。这些建材制造业在国际上都被认为是碳高排放量行业。更为重要的一点是，我国目前住宅商品在交付时绝大多数都是毛坯房，完全装修的成品房比例不到20%，绝大部分消费者必须进行二次装修。根据住房和城乡建设部统计，我国每年因二次装修造成的浪费达到 300 多亿元，且 100 平方米左右的毛坯房在装修时清理出的垃圾就达 2 吨左右，这些垃圾最终都转化为二氧化碳排放到空气中。

第三，建筑物的节能和环保性能落后。据有关统计，在我国目前每年近 20 亿平方米的房屋竣工面积当中，只有 5000 万～6000 万平方米是节能建筑，只占 3%左右，也就是说有 97%属于高耗能建筑。其中 50%的能耗是供热和空调产生的，因为我国住宅建筑维护结构的保温隔热性能差，这意味着建筑物在使用过程中排放的二氧化碳大量增加。开发质优价廉的新型节能墙体材料，对住宅的照明、供热和制冷系统进行节能设计，是改变目前建筑节能性差、减少温室气体排放量的有效途径。

第四，劳动生产率低下，建筑施工周期长。同样建造一栋 300 平方米的别墅，在我国需要 5～7 个月的时间，交付使用的大多是毛坯房，而在欧美等发达地区只需要 1～2 个月时间，大批量使用机械施工和预制件，且交付使用的是装修好的成品房。

二、我国住宅产业化面临的机遇

"低碳经济"时代的住宅产业化无论是从政府强制性减碳，还是从房地产企业自身所承担的社会责任来说，我国房地产业迈向"低碳时代"都是必然趋势。在这样一个国际化节能减排的大趋势下，我国的住宅产业化面临着巨大的发展机遇。

第一，国家的政策和资金将更加倾向于新能源、新材料和新技术的开发。在 2009 年 12 月份召开的哥本哈根气候大会上，我国郑重承诺，到 2020 年，我国单位 GDP 二氧化碳排放将比 2005 年下降 40%～45%。从宏观层面上看，要统筹考虑减缓、适应、技术转让和资金支持，推动哥本哈根会议取得积极成果。为了完成 2020 年减排目标，我国将会在新能源、新材料和新技术方面投入更多的资金和劳动力。而这些行业的发展与房地产业是息息相关的，每一次新材料和新能源的诞生都必定会为房地产业带来一次新的变革，从而加快住宅产业化的步伐。

第二，政府对行业的强制性减排将促进住宅产业化的进一步发展。在不久的将来，我国政府承诺的减排任务必将会进一步分解到各个行业。住宅产业链集聚了大量的碳高排放量行业，其中，房地产企业、施工企业、原材料及设备与部品供应商是产业链的主要成员。为了完成国家强制性的减排任务，维持企业原有的利润率，作为住宅产业链上最大的经济综合体——房地产企业，只能在建筑施工环节压缩成本、增强建筑物的节能性能和减少建筑垃圾的产生。要实现这一目标，不仅仅要不断研发新材料、新技术，还必须优化或重组整个住宅产业链，促进大型房地产企业向住宅产业集团方向发展。

第三，"低碳建筑"的大规模建设需要高水平住宅产业化的支撑。"低碳建筑"无论是在生产还是在使用过程中都将明显减少二氧化碳的排放量。这就要求：在住宅建设过程中必须改变以往粗放式的生产方式，采用集约式的生产方式，减少施工过程中资源能源的浪费；住宅在使用过程中必须具备节能环保性能，更多地采用自然光和自然风以满足人们对室内光线和温度的要求。这一切都需要高水平的住宅产业化来支撑，尤其是要进行大规模"低碳建筑"的建设，必须采取工业化生产的模式，这样既可降低住宅在生产和使用过程的能源消耗，还可降低开发企业的建设成本，为社会提供大量高品质的"低碳建筑"。

第四，企业家的社会责任意识增强。在 2009 年的哥本哈根气候大会上，王石、冯仑、张在东三位中国地产领袖领衔的中国企业家发表了"主动减少碳排放"的企业界宣言。中国企业家以一种勇于承担社会责任的姿态，引领着自己行业的发展和变革。最早响应和实施住宅产业化的房地产开发企业——万科，在2007、2008和2009年三年中分别推出了5万平方米、20万平方米和80万平方米的住宅产业化项目。虽然目前我国只有万科一家房地产开发企业成为"国家住宅产业化基地"，但是企业家社会责任感的增强无疑将会成为住宅产业化强劲的推动力。

资料来源：沈思晨.中国房地产的"低碳时代"[J].经济导刊，2010(3)：62－63.

思考与练习

1.什么是房地产？房地产具体包括哪几类？

2.房地产的特性包括哪些？在这些特性中，房地产的位置固定性和异质性的具体涵义是什么？两者分别会对房地产市场带来哪些影响？

3.在日常生活中，还有哪些商品具有投资性？房地产与之相比有何不同？另外，还有哪些商品同时具有消费性和投资性？房地产与之相比又有何不同？

4.房地产业的界定在国内外有何差别？

5.为什么说房地产业是国民经济的支柱产业？

6.如何理解房地产业必须与国民经济协调发展？

第 2 章　房地产市场运行的一般规律

重点内容

1. 房地产市场的特性
2. 房地产市场的结构
3. 房地产需求及其影响因素
4. 房地产供给及其影响因素
5. 房地产市场均衡与非均衡的区别
6. 运用房地产市场均衡的四象限模型分析房地产市场的变化

本章中的很多理论及概念是从西方经济学供求理论中嫁接过来的，但房地产商品绝不是普通的商品，房地产位置的不可移动性及房地产消费和投资的双重性等特性决定了房地产市场运行规律有其一系列特殊性。房地产市场是市场的共性与房地产市场特性的统一。

本章从房地产的特性出发，运用供求理论一般原理分析了房地产需求、房地产供给的特性及房地产市场均衡和非均衡的表现，并通过房地产经济学中特有的房地产市场均衡的四象限模型深入阐述了房地产市场需求与供给、房地产价格与租金、房地产开发流量与房地产存量等多个变量之间的关系及其相互影响。

2.1　房地产市场概述

2.1.1　房地产市场的内涵和构成要素

房地产的商品性毋庸置疑，尽管土地和地上建筑物不能移动，但它们可以被人拥有、使用并带来利益，因此必然存在土地和地上物的交易，从而也就形成了房地产市场。从狭义上讲，房地产市场是指房地产交易的专门场所；从广义上讲，房地产市场是指房地产交易活动的总和或房地产商品流通中所有交换关系的总和。一个完整的房地产市场由交易的基本要素构成，包括交易主体、交易客体、交易的方式。各种市场形态的区分，就是由其主体、客体以及不同的交易方式决定的。

1. **房地产市场的交易主体**

房地产市场的交易主体是指参与房地产交易的当事者或利益相关者，包括房地产供给者、需求者和相关专业机构。

(1)房地产供给者。房地产供给者是指向房地产市场提供土地或房屋的经济行为主体，主要包括国家、房地产开发公司、企事业单位、个人、农村集体经济组织。

国家是我国房地产市场最重要的供给者之一。首先，国家是城镇土地的供给者。在我国，城镇土地归国家所有，国家通过出让的方式向市场提供土地。其次，国家是经济适用房、廉租房等具有福利性质住房的供给者。

房地产开发公司是房地产商品供给的骨干力量，它们的主要业务是开发土地和建造房屋。1991年我国国有土地有偿使用制度的推行，标志着房地产开发开始走上市场化轨道，经过近二十年的发展，房地产企业已成为房地产开发的主体，我国现有5万多家房地产企业，2007年销售额超过100亿元的房地产公司共计11家，平均销售额为190.55亿元。

企事业单位是土地和房屋的重要供给者。我国国有土地有偿使用制度推行以前，企事业单位通过国家的无偿划拨方式获得了大量土地，其中一部分土地的使用权会进入流通领域，参与市场交易。另外，长期以来我国企业不但要进行生产经营活动，而且还要为职工提供、分配住房等各种福利。改革开放后，随着住房改革的不断深入，企事业单位按照经济原则不断将福利住房以成本价出售或出租给职工，许多企事业单位通过集资建房的方式为单位职工提供廉价住房。但随着土地储备制度、住房市场化制度改革的更加深入，无论是土地还是住房，企事业单位供给市场的份额将越来越小。

个人是存量房市场的重要供给者。随着住房市场化改革的不断深入，越来越多的个人拥有了多种房地产的产权，而且这些房地产会通过出售或出租的方式进入市场。

农村集体经济组织是土地征用市场的唯一供给者。在我国，农业用地属农村集体经济组织所有，由于城市建设的需要，国家向农村集体经济组织征用土地，农用土地就转变为城镇建设用地。

(2)房地产需求者。房地产需求者是指房地产市场中用有偿方式取得房地产商品的所有权或使用权的单位或个人。房地产需求者包括消费者、投资者和以房地产作为生产要素的厂商。

(3)相关专业机构。房地产投资开发以及交易是一项涉及面广、工作量大、专业性强的经济活动，客观上需要各类投资咨询及中介服务机构，主要包括设计公司、房地产评估公司、房地产投资咨询公司、房地产经纪公司、物业管理公司等，这些机构是房地产市场中不可或缺的媒介。

2. **房地产市场的交易客体**

房地产市场的交易客体就是指房地产市场的交易对象。房地产市场与其他市场的根本区别在于房地产市场交易客体的特殊性。房地产市场交易的客体是土地以及建筑在土地上与土地结合在一起的房地产，包括地产和房产以及与它们相关的服务。

由于房地产不可移动，房地产市场上的交易对象实质上是房地产产权，即附着于房地产商品的一系列排他性的权利束。例如，政府将土地出让给房地产开发企业时，政府在获得房地产开发企业缴纳的土地出让金的同时，将一定期限的土地使用权让渡给了房地产开发企业。另外，个人从房地产开发商那里购买了一套商品房的实质是以一定量的货币换得房屋的所有权和一定期限的土地使用权，以及由这一组权利派生的一系列权利。为证明这些权利让渡的完成，需要到房地产交易中心产权产籍处办理房屋产权证书。

3. 房地产市场交易的方式

一般说来，房地产市场的交易方式主要有买卖、租赁、抵押、典当、交换、赠与、继承、代理、咨询等。如果是商品房买卖，可以是一次性付款，也可以是银行按揭贷款。不同的交易方式决定了其不同的交易程序和内容。

2.1.2 房地产市场的特性

房地产不是普通的生活必需品和生产要素，它的特殊性决定了房地产市场具有一些不同于一般市场的特性。

1. 影响范围的区域性

对于可移动的一般商品而言，一个地区、一个国家乃至全世界都可以成为该商品的交易市场。但对于房地产而言，由于其位置固定、不可移动，以及人口、环境、文化、教育、经济等因素的影响，房地产市场在各个区域间的需求情况各不相同，房地产市场供给和需求的影响所及往往限于局部地区，因此房地产市场的供给和需求具有高度层次性和差别性。只有同一区域内的房地产可以形成一个供给和需求可相互替代的供需圈，由此形成一个区域性市场。这决定了当某一区域的房地产供过于求或供不应求时，不可能与其他区域实行调剂来达到平衡。当供过于求时，由于不可能将建成的房地产运送到异地市场，导致本区域房地产市场价格下跌；当供不应求时，也不可能将其他地方的房地产运到本地市场，导致房地产价格上升并呈现刚性。因此，房地产市场的区域性最直接的表现是不同城市、同一城市不同区域的房地产价格存在差异，甚至差异十分显著，表 2-1 显示了 2009 年我国 32 个大中城市商品住宅平均成交价格从低到高的排序。

表 2-1 2009 年我国 32 个大中城市的商品住宅平均成交价格　　单位：元/平方米

洛阳	呼和浩特	乌鲁木齐	贵阳	长春	南昌	长沙	合肥	重庆	郑州	兰州	沈阳	哈尔滨	西安	南宁	太原
3049	3496	3532	3777	4060	4174	4309	4402	4624	4747	4845	4845	4902	4929	4940	5085
海口	成都	武汉	济南	青岛	天津	大连	南京	福州	苏州	广州	三亚	北京	杭州	深圳	上海
5088	5108	5501	5777	7206	7240	7317	7494	8166	8255	9488	13530	14341	14414	15441	15858

资料来源：上海易居房地产研究院.

从表 2-1 可以看出，2009 年我国商品住宅价格最高的上海市平均成交价格是 15858 元/平方米，但同一时期房价最低的洛阳市只有 3049 元/平方米，相差四倍多。同一城市不同区域的房价也可能会相差数倍，以西安为例，2009 年西安城北新建商品住宅每平方米销售均价约为 4100 元，但曲江新区新建商品房的销售价格基本上没有低于 7000 元/平方米。在房价较高的一线城市，不同区域房价相差三四倍的现象是很常见的。

2. 供给调节的滞后性

房地产的增量供给和存量供给的调节都是滞后的，因为增量房地产的开发建设周期长，从购置土地、设计、施工到项目竣工一般需要相当长的一段时间，少则一两年，多则三五年，而且房地产不可以实现异地调运，所以房地产供给往往不能及时随着需求的变化而变化。需求减少时，在建项目往往不可能中止，供给量的变化有很大的惯性；需求增加时，在建项目也无法提前上市。所以房地产市场上对房地产价格起主导作用的是房地产需求，而供给无法及时响应需求，使得房地产业对短期经济波动的反应往往滞后，而且有时表现为不敏感。

3. 交易的复杂性

房地产市场交易对象和交易方式具有多样性。房地产市场上进行交易的房地产不仅有各种各样的、不同用途的建筑物，还包括与其相关的各种权利和义务关系；交易方式不仅有买卖、租赁，还有抵押、典当及其他的让渡方式。因此交易过程复杂，需要具有专门知识的房地产经纪人协助完成，且交易过程中必然存在由信息不对称带来的各种风险。

4. 对金融业的依赖性

从单个房地产项目或单位物业来看，资金占用量大。购、建房都需要大量的货币支出，所以无论是生产还是消费都高度依赖于金融业。利率、资金的可得性，分期付款首付比例等金融政策的调整都会对房地产市场带来很大影响。同时房地产业的发展也会促进金融业发展，银行用于房地产的贷款和投资，在发达国家和地区通常占投资贷款总额的1/3，2009年我国上市银行房地产贷款(包括房地产开发贷款和按揭贷款)在整体信贷中占比例为20%左右。无论在国内还是国外，个人住房贷款都是优质资产。

5. 易受政府干预

房地产开发是地方经济和城市发展规划的一个有机部分，因此房地产业是政府调控最多的行业之一。政府控制土地，通过土地供应和城建规划，把住房发展纳入其中，从而直接控制该地区的住房发展模式。一个项目从选址、设计、建造、验收到销售，几乎每一个环节都要经过地方政府的严格审批和监督。

6. 投机性

房地产市场是一个投机性与投资性相结合的市场。其保值增值功能及房地产业高水平的投资回报能力，使其成为一个十分诱人的投资领域。同时由于房地产投资的风险性及房地产资源(尤其是土地)的稀缺性，又使其成为一个投机活动较多、投机性较强的领域，如存在于房地产领域内的“炒地皮”、“炒楼花”等投机活动，“热钱”、“温州炒房团”等概念也都是如此形成的。

2.1.3 房地产市场结构

市场结构是指一个市场上的交易各方之间、市场上已有的交易者与可能的进入者之间在交易和市场利益的分配等方面存在的市场关系。根据交易双方左右市场的力量和特点的差异，可将市场分为完全竞争市场、垄断竞争市场、寡头垄断市场和完全垄断市场四种结构，后三种市场结构都是不完全竞争市场。不同的市场结构下，市场的垄断竞争程度不同。房地产市场是典型的不完全竞争市场，它与完全竞争市场在各个方面的比较如表2-2所示。

房地产市场是区域性市场，在不同区域，由于同类房地产开发项目数量的不同，房地产市场有可能是完全垄断市场，也有可能是寡头垄断市场或垄断竞争市场。也就是说，三种不完全竞争市场结构在不同的房地产区域市场都有可能存在。在不完全竞争市场中，厂商具有一定的市场力(市场力是一种企业可以提高价格而同时不至损失全部销售量的能力，市场力的大小实质上反映了市场的垄断程度)。房地产开发商的市场力大小可以通过需求价格弹性、勒纳指数、行业集中度、赫芬达尔-赫希曼指数等指标来衡量。国内外一些研究者进行了此类研究，尽管由于所研究的房地产市场因时间、地点不同而结果有所差异，但总体说来，房地产的需求价格弹性是缺乏的，因此提价有利于房地产商增加总收益；另外，勒纳指数在 0.4～0.6 之间(勒纳指数的数值在 0～1 之间，越大表示企业的垄断势力越大)。这些结果都反映了房地产开发商在市场中具有较强的市场力。

表 2-2　房地产市场与完全竞争市场的比较

特征	完全竞争市场	房地产市场
买者和卖者的数目	大量参与者	少数参与者，在“卖方市场”上由卖者控制，在“买方市场”上由买者控制
产品标准化程度	不同卖家的产品同质，产品之间具有完全替代性	房地产产品高度差异化，不存在完全相同的两处房地产
价格和购买次数	价格相对便宜，且经常被购买	房地产价格昂贵，通常是家庭的最大一笔支出，且购买次数很少
进出壁垒	无市场壁垒，卖者进出自由	房地产项目投资需要大量的资金投入，具有较高的资金壁垒
产品知识和交易成本	买者和卖者对产品都有高度的认知，交易成本低	交易的专业性、复杂性强，交易成本高，买者和卖者对产品缺乏认知；市场的各种信息告知程度不够充分，且严重不对称，卖者处于绝对的信息优势

2.1.4　房地产市场分类

在美国，界定一个房地产市场范围的原则是：宏观经济因素对这个市场中所有物业的影响是一致的，只有这样，才能用宏观分析方法对这个市场进行研究。美国的房地产市场主要是按用途和地域来划分的。这两种划分标准在我国房地产市场也最常使用，除此之外，房地产市场类型还可以从运行层次、购置目的、交易对象、供货方式等不同角度来划分。

1. 按照用途划分

按照用途，房地产市场可分为住宅市场和非住宅市场。每一类房地产市场又可以细分，例如：住宅市场可以细分为普通住宅市场、高级公寓市场和别墅市场等。非住宅市场可以细分为零售商业市场、写字楼市场、工业物业市场、休闲娱乐物业市场等。

2. 按照区域划分

在选用区域标准时，一个独立的房地产市场至少应符合这样的要求：在这个市场中的交通应该很便利;在该区域内某一企业的员工可以居住在这个市场中的任何地方,居民也可选择在这个市场中任何地方的企业工作。其实这意味着满足这样要求的区域中的同类房地产产品之间具有一定的替代性,美国把符合此原则的区域叫大都市统计区(MSA:metropolitan statistics area,人口超过 5 万,小于 100 万)。在我国满足此要求的最大范围是城市的市区,一般不可能超出城市范围。例如:我们在西安工作,想买住宅,或想开公司买办公楼,如果觉得市区太拥挤,也太贵,我们可以在城南或高新区购买,如果希望再便宜些,还可以在城东、城西或城北地区甚至长安区购买,但不太可能到咸阳市或宝鸡市购买。西安市各个区域的房地产具有一定替代性,所以它们可以属于同一个区域房地产市场,而西安、宝鸡、咸阳的房地产不具有替代性,所以它们属于不同的区域房地产市场。我们可以将全国的房地产市场分为各城市房地产市场,如广州房地产市场、上海房地产市场和西安房地产市场。当然,随着高架桥、高速公路、快速干线等交通基础设施的修建,相邻的房地产区域市场有可能联结成为一个大的区域市场。

3. 按照运行层次划分

房地产市场常按照房地产流转过程被划分为三级市场:一级市场是土地使用权出让市场,即国家作为出让人将土地使用权出让给受让人形成的市场。我国的土地出让方式包括协议、招标和拍卖。二级市场是指一级市场的土地使用权受让人对土地开发和房屋建设完成之后,作为卖方与房地产买方进行交易而形成的市场,又被称为增量房市场或新房市场。三级市场是指将在二级市场取得的房地产再度进行交易而形成的市场,又被称为存量房市场或二手房市场。在城市扩张和人口快速集聚阶段,房地产交易主要集中在二级市场;而在房地产市场成熟的国家和地区,三级市场的交易量远远大于二级市场的交易量。在美国,80%的房地产交易发生在存量房市场,而我国存量房市场交易量在大部分城市普遍较小,比重只有 30%左右,但在一些大城市,例如北京、上海、深圳,二手房交易量近几年来迅速增长。2010 年 3 月,这三个城市的二手房的交易量分别达到了该城市新建商品房交易量的 2.3 倍、2.4 倍、3.5 倍。存量房交易量在全部房地产交易量中份额的大小实质上标志着房地产市场的成熟度。

4. 按照购置目的划分

房地产同时具有消费性和投资性,购买房地产可以自用也可以投资,因此按照购置目的,房地产市场还可以划分为投资市场和自用市场。房地产投资市场的买方是把房地产作为投资对象,期待通过房地产的保值、增值获得出售、出租收益来达到赢利目的;房地产自用市场的买方则以自用为目的,供自己生活、生产使用。由于房地产在自用的同时仍然可以发挥其投资功能(例如有人起初为了自用买了一套住宅,住了几年后在房市高涨的时候将房子卖出获利;也有人起初为了投资买了一套房子,但后来因为房市下滑,房价下跌,或房子确实很不错,于是自己搬进去住了),因此自用市场和投资市场之间在现实中很难有清晰的界限,同时投资和投机两者又很难区分,所以抑制房地产投资、打击房地产投机的宏观调控政策常常也会对居民的改善性住房需求带来负面冲击。

另外,房地产市场还可以按照交易对象划分为房屋、土地实体交易市场,与房地产有关的资金、劳务、技术、信息等服务交易市场;按照供货方式划分为现房市场和期房(楼花)市场;按照权益让渡方式划分为买卖、租赁、抵押、典当、置换、联营、入股等类型房地产市场。

2.2 房地产市场均衡的供求模型

2.2.1 房地产的需求

房地产需求表示在一定时期内，购房者在各种可能的价格下，愿意并且能够购买的房地产的数量。

房地产需求是购房者的主观意愿和客观购买力的统一体，是一种有效需求，即目前可以立刻实现。但在实践中，房地产需求还有另外一个概念，即房地产的潜在需求，指过去和现在尚未转化而未来可能转化为实际购买力的需求，表现为消费者对房地产的消费欲望。影响房地产潜在需求的最主要的因素是人口数量。

房地产需求具有多样性，房地产需求按照需求目的可以划分为生产性需求、居住性需求和投资性需求。生产性需求是用来满足工商、服务等行业对生产和经营场地的需要，主体是各类企事业单位以及个体工商业者，满足这类需求的房产是厂房、写字楼或商场、酒店等。居住性需求是指用来满足人们居住需求的房地产需求，主体是家庭，客体是住宅房地产。而投资性需求是用来满足人们保值增值需要的，主体可以是企业，也可以是个人。例如，我国香港地区的长江实业集团是全球最大的地产商之一，它在香港中环、铜锣湾一带拥有很多的商业物业，公司收入的70%都来源于物业的出租收入。投资的主体还可以是个人，一些人富有了，希望自己的财富不断升值，但存放在银行利息少，买股票、基金风险又大，而房地产保值增值功能强，于是投资房地产，投资的物业可以是住宅，也可以是商铺或写字间。

影响房地产需求的因素有很多，其中最重要的影响因素是房地产价格。根据需求定理，在其他条件不变的情况下，商品的需求量同自身价格呈反向变化关系，即商品的价格越高，商品的需求量将越小。但需求定理也有例外，吉芬商品、炫耀性商品、投资品等特殊商品的需求量同价格之间的关系是正向变化的。房地产在通常情况下也遵循需求定理，但房地产不但具有消费性，还具有投资性，因此有必要从投资性的角度进一步深入分析房地产需求和价格之间的关系，这部分内容我们将在住宅市场分析部分阐述。

除了房地产价格以外，一般而言，影响房地产需求的因素还包括以下几方面：国民经济发展水平与城市化水平、城市人口数量与结构、居民收入水平、消费者和投资者偏好、房地产信贷条件、对市场的预期及相关政策等因素。房地产类型多样，以满足各种居住、生产和投资需求，因此产生了不同的需求主体和目的，因而市场运行规律既具有共性，也具有各自的特殊性，需要分别分析。

2.2.2 房地产的供给

房地产供给是指房地产开发商或房地产持有者在某一特定时期内、某一价格水平上愿意并且能够租售的房地产数量。

房地产可以是土地、新建房屋，也可以是存量房。在以土地私有制度为主的国家和地区，如美国、英国等，土地供给的主体主要是土地所有人；在以土地公有制为主的国家和地区，如中国、中国香港、新加坡等，土地供给由政府垄断。新建房屋的供给主体是房地产开发商，由于土地是建造房屋必须投入的生产要素，因此新建房屋的供给量直接受土地供给的制约。存量房的供给主体是房屋产权所有人，他们以出售或出租的方式提供供给。

房地产供给受多种因素的影响，其中价格是最具决定性的因素。随着房地产价格的波动，房地产供给会发生相应的变化。按照经济学的供给定理，在其他条件不变的情况下，房地产价格越高，房地产供给将越大，这意味着房地产的供给曲线斜率为正，但不同类型的房地产对价格变化的敏感度是不同的。

除了价格以外，房地产供给还受经济发展水平、开发成本、税收、信贷、土地政策以及市场预期等多种因素的共同影响。

2.2.3 房地产市场的供求均衡

房地产的供给价格与需求价格相等，而且供给量与需求量相等时的经济状态就是传统经济学中的房地产市场的供求均衡状态。这种均衡是在市场完善的条件下，价格可以自行调节供需的均衡，它被称为瓦尔拉斯均衡，是一种静态均衡。

如图 2－1 所示，房地产供给曲线与房地产需求曲线相交于 E 点，E 点就是市场供求的均衡点，均衡价格是 P_e，均衡数量是 Q_e。从理论上讲，房地产市场总会达到均衡状态的，当房地产价格是达到 P_e 时，价格才会稳定。如果因某种原因导致了房地产市场的价格偏离 P_e，而处于 P_1，则对房地产供给者有利，此时，他愿意向市场提供更多的房地产，增加供给量，但此价格下的房地产需求会减少，从而使市场出现大量的空置，这时房地产供给方就会降价出售，使房地产价格下降，直到需求和供给相等，形成均衡。这种均衡状态是一种市场出清的状态，是买卖双方都能在同一价格下卖出和买到自己想要的房子，市场不会出现过剩或需求得不到满足的情况。

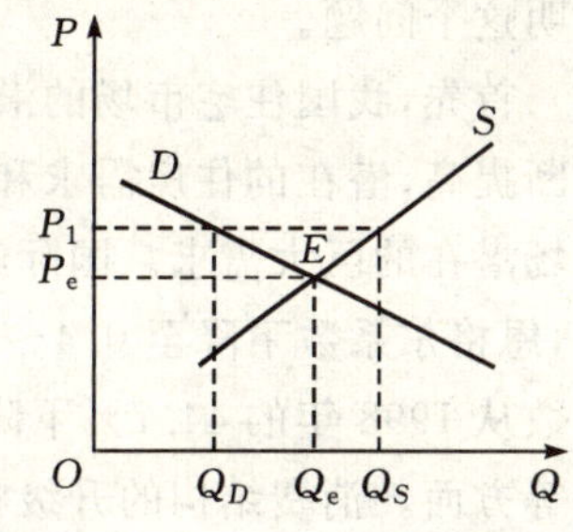

图 2－1 房地产市场供求均衡

但是，均衡状态是相对的、偶尔的，非均衡状态是绝对的、常在的。房地产市场的供求均衡状态在现实中非常少见，它只是表示一种长期的趋势，而更多的时候是市场失衡状态，是失衡状态不断向均衡状态调整的过程，这种过程可能是收敛的(最终能实现均衡)，也可能是发散的或是循环的(无法达到均衡状态)。而且，由于供给调节的滞后性，这种调整过程是非常缓慢的，供求均衡的调整也主要体现为房地产供给对房地产需求的响应过程。

然而现代经济学认为，在市场供求不能完全相等的情况下，经济也可以达到一种稳定状态，这种稳定状态被称为“非均衡”状态，从字面上看，非均衡好像是“不均衡”的同义语，但是在西方非均衡学派的文献中，所谓非均衡其实是非瓦尔拉斯均衡的缩写。就定义而言，非均衡是指市场不完善、信息不完备和价格无法对供需进行调节的情况下，各种经济力量将会根据各自的具体情况，调整到彼此适应的位置上，并在这个位置上达到均衡。由此可见，传统意义的非均衡不是一种“不均衡”状态，而是一种均衡状态。只不过它不是瓦尔拉斯理想状态即供需数量对等条件下的均衡，而是在现实生活中经常出现的供需在一定幅度内相互偏离条件下的均衡。在现实的房地产市场中，由于市场机制不完善、市场信息不完备性、市场存在垄断性和投机性，房地产市场的非均衡性非常显著。我国已有大量文献对此问题进行了分析。

2.2.4 房地产市场的非均衡[①]

从经济总量和结构的角度，可将宏观经济运行中出现的非均衡分为总量非均衡和结构非均衡两类。总量非均衡是指社会总需求和总供给在总量上不相等、不平衡。结构非均衡是指一个部门或企业内部若干个部门或企业之间的供求总量关系不对称、非均衡而引起的局部供求关系的非均衡。在现实宏观非均衡经济运行中，常常是总量非均衡和结构非均衡同时发生。我国房地产市场的总量非均衡和结构非均衡表现如下：

1. 总量上的非均衡

房地产市场总量的非均衡一般表现为潜在总需求大于有效总需求，实际供给大于有效供给，即超额需求与超额供给同时并存，或称短缺与过剩同时并存。

事实上，我国房地产市场在发展的过程中，存在着潜在需求巨大与有效需求不足的矛盾、大量商品房空置等非均衡问题。由于住房市场是房地产市场最重要的部分，下面以住宅为例说明这个问题。

首先，我国住宅市场的潜在需求巨大。我国国民经济持续稳定发展，城镇化、城市化水平不断提高，潜在的住房需求和居民的支付能力逐步提高。另外，我国消费结构升级也带来住宅市场潜在的巨大需求。国际经验表明，恩格尔系数与住宅消费支出比重呈反向变动，一般情况下，恩格尔系数下降至 0.4～0.5 之间，住宅消费比重增加 18%左右。目前我国城镇的恩格尔系数从 1998 年的 44.7%下降至 2007 年的 36.3%，这说明居民的消费重点已经转向住宅、教育等方面。消费结构的升级将大幅度提高居民住宅消费的比例，增加住宅消费需求总量。住房和城乡建设部数据表明，到 2008 年我国城镇人均住宅建筑面积已达到 28 平方米，相对于 20 世纪 80 年代初不到 8 平方米的水平，我国住宅业取得了很大的发展，但是和发达国家相比，我国城镇居民目前的住房水平仍然很低，如表 2-3 所示。

表 2-3 部分国家人均住宅建筑面积 单位：平方米

国家	人均住宅建筑面积	国家	人均住宅建筑面积
美国	61.3(1991 年)	丹麦	53(2003 年)
瑞典	43.6(2003 年)	日本	31.37(2003 年)
德国	41.3(1999 年)	中国	28(2008 年)

但是，我国住宅存在有效需求不足和大量商品房空置的问题。我国住宅市场的发展前景非常好，但这只反映了市场的潜在需求，住宅市场繁荣的表象仍掩盖不了一个不争的事实，即大量商品住宅闲置，截至 2009 年 10 月末，全国商品住宅空置面积达到 6835 万平方米。一方面新楼盘不断开工，商品住宅供应持续增加；另一方面大多数的中低收入者买不起住房，无房可住。这说明我国城镇居民住宅实际需求水平不高。

2. 结构上的非均衡

(1)产品结构的非均衡。首先，在全国或局部地区，在不同的时期和不同的城市，存在住

① 季朗超. 非均衡的房地产市场[M]. 北京：经济管理出版社，2005：63-68.

宅、办公楼、商品用房等结构上供求不一致、结构不合理的问题。其次，商品住宅与经济适用住房的比例不合理。由于经济适用房的土地是"免费"的，地方政府并不情愿拿出很多土地用于建设经济适用房而损失太多的土地出让金收益，再加上经济适用房的利润空间较小，开发商也更有热情开发商品住宅。再者，中高档住房开发比例不合理。目前，在房地产市场中，高档房、大户型住宅的供应依然相对过剩，而针对普通老百姓，特别是针对中低收入家庭的小户型、低价位商品房的房源还是比较少，从而出现了一部分高档、大户型住宅空置，而可供老百姓挑选的房子少而又少的现状。

(2)市场层次结构的非均衡。前面已经提到过，房地产市场可以分为一级、二级和三级市场，从市场层次结构发育程度来看，房地产市场的一、二级市场比较活跃，三级市场发育缓慢，也就是增量房市场和存量房市场存在非均衡状态。由于历史原因，我国城市旧房中很大一部分是原来的公房，房改后的公房构成城市房源的重要组成部分。尽管国家和一些地方陆续出台了一些鼓励公房入市的政策，但是一些地方公房入市及存量房上市交易的配套政策和措施不健全，实施不力，因此我国存量房市场发展迟缓，阻碍了工薪阶层及中低收入居民改善居住条件，制约了房地产市场化进程。

总之，均衡是最有效率的，但它是短暂的；非均衡是一种常态，但常常缺乏效率。提高效率就是要把非均衡的程度减到最小，实现资源的优化配置。

2.3 房地产市场均衡的四象限模型

房地产是一种耐用商品，同时具有生活生产资料和资产两种属性，因此可以将房地产市场分为针对生活生产资料的空间市场(space market)和针对资产属性的资产市场(asset market)。本小节通过对房地产空间市场和资产市场相互作用过程的解剖，更为全面直观地刻画了需求或供给的外生变量发生变动时对房地产市场产生的影响以及房地产价格、租金、开发量在变化后形成的新的均衡水平。

2.3.1 空间市场与资产市场的区别和联系

1. 空间市场与资产市场的区别

房地产可作为生活生产资料，为使用者提供一定的空间，发挥此功能的市场就是房地产空间市场，它也称为房地产使用市场或物业市场。在房地产空间市场上，空间需求来自于对房地产有使用需要的对象，无论他们是房主还是租户，也无论他们是家庭还是公司。对家庭而言，对房地产空间的需求取决于收入、占有空间的成本和其他商品例如食物、衣服或娱乐活动的价格。而对企业而言，房地产是生产要素，比如是厂房、办公室，需求量取决于厂商的产出水平和空间的使用成本。无论是家庭还是厂商，占有空间的成本就是为了得到房地产使用权而需要的年度支出，即租金。当家庭的数量增加或厂商扩大生产，房地产空间需求就会增加，租金就会上涨。

但值得注意的是，空间市场的租金不是实践中房地产租赁市场的租金，所以空间市场租金数量不是由我们通常意义上的房东和房客决定的，而是由所有房地产使用权需求者即全体房地产使用人(包括房主和房客)的需求数量和全体可供使用的房地产数量所决定的。只不过对于房主来说，租金是按物业产权价格和物业使用年限折算的每年的使用成本。由于房地产空间需求可以通过承租来实现，也可以通过购买来实现，而且购买在实际中是满足住房需求的最主要的途径，因此在一些文献中将空间市场直接称为租赁市场的说法并不准确。

房地产还是资本品，即可以直接通过其买卖来获得收益。房地产作为资产被买卖的市场就称为房地产资产市场。在该市场中，房地产所有权被交易，房地产价格在资产市场中形成。房地产的资产价格在很大程度上取决于希望拥有房地产资产的投资者数量和可以被拥有的房地产资产的数量。这样，无论是住房还是商铺，房地产的价格都取决于有多少人想投资和有多少可供投资的物业。

房地产资产的新增供给来源于建设领域，新开发量取决于房地产的价格与重置或建造成本的差别。从长期看，在房地产资产市场上，房地产价格等于包括土地成本在内的重置成本，但在短期里，这两个价格有明显差异，这是由房地产建设过程固有的滞后性所导致的。例如：当需求突然升高时，资产的供给却无法立即增加，价格就会升高，高于建造成本和土地成本之和，那么新的开发就会产生。当开发项目进入市场后，需求被满足，价格就开始回落，接近重置成本。

综上所述，房地产空间市场与资产市场的主要区别如表 2-4 所示。

表 2-4　房地产空间市场与资产市场的区别

	需求目的	需求实现方式	需求客体	实现形式
资产市场	投资	买	所有权	价格
空间市场	使用	租或买	使用权	租金

在实践中，资产市场和空间市场常常无法严格划分，只有当房屋所有人不使用自己的房子时，这两个市场才可以明显区分。

2. 空间市场与资产市场的联系

空间市场和资产市场尽管存在明显区别，但它们在房地产市场上通过租金和新开发量紧密联系在一起。

(1) 租金。空间市场决定的租金水平是决定房地产资产需求的核心，因为在购买一项资产的时候，投资者实质上想购买的是现在或未来的现金流入。所以空间市场上租金的变化立刻会影响资产市场的需求。

(2) 新开发量。开发量增加时，资产市场的供给量会增加，价格下跌，空间市场的租金也下跌。

房地产空间市场和资产市场的互动关系如图 2-2 所示。

简单来讲，空间市场的租金决定了资产市场的需求；空间市场的供给由资产市场决定。

另外，为了更为直观地显示两个市场之间的关系。美国学者丹尼斯·迪帕斯奎尔和威廉·惠顿(1996 年)提出了房地产资产市场和空间市场的四象限模型，这个模型已成为此方面分析的重要工具。

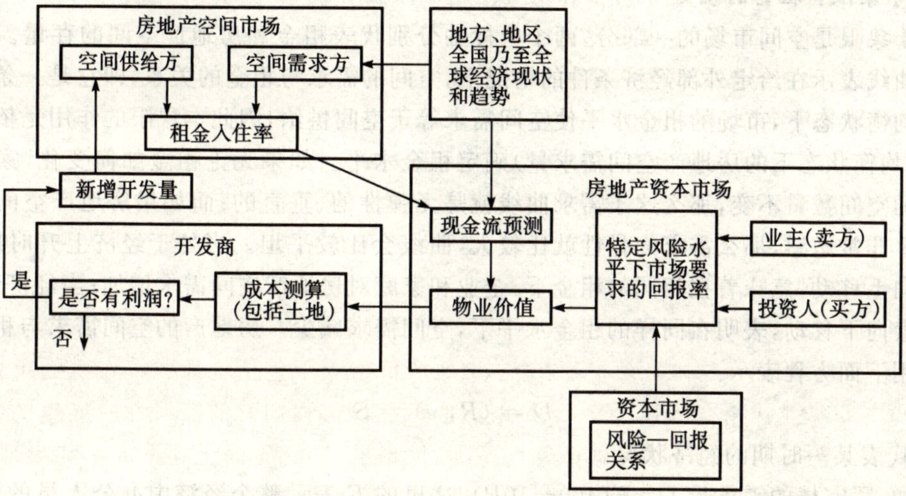

图 2-2 房地产空间市场与资产市场

➢2.3.2 四象限模型的构建

为了简化分析，假定资产市场和空间市场可以明显分开，即房地产产权人不使用自己的房子，他们要靠租赁市场上的房子来满足自己的需要，这样房地产市场上的房子先由投资者买来然后出租给房地产空间需求者。

四象限模型将平面划分为四个象限，右半部分(包括第Ⅰ、Ⅳ象限)代表空间市场，左半部分(第Ⅱ、Ⅲ象限)代表资产市场，两个纵轴分别表示新开发量 C 和租金 R 相连系。另外，两个横轴分别表示房地产价格 P 和存量 S。在四象限模型中，每一个象限对应一个方程，四个象限所对应的四个方程联立表示在市场均衡状态下房地产租金、价格、新开发量和存量之间的对应关系。四象限模型的示意图见图2-3。

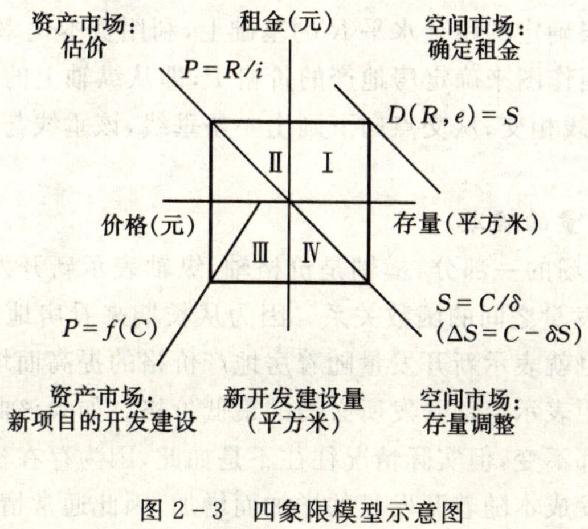

图 2-3 四象限模型示意图

1. **第Ⅰ象限：租金的确定**

第Ⅰ象限是空间市场的一部分，两个坐标轴分别代表租金和房地产空间的存量。向右下倾斜的曲线表示在给定外部经济条件的情况下，空间的需求与租金的关系，即它是一条需求曲线。在均衡状态下，市场的租金水平使空间需求等于空间供给，因此本象限的作用是依据空间存量(即均衡状态下的房地产空间需求量)确定租金水平。如果无论租金如何变化，家庭或企业需求的空间数量不变，那么这条需求曲线就是无弹性的、垂直的；而如果房地产空间的需求量对租金非常敏感，那么需求的弹性就比较大，曲线会比较平坦。当处于经济上升时期时，曲线就会向上移动，意味着在相同的租金下，企业和家庭对房地产空间需求增加；当经济衰退时，曲线则会向下移动，表明在同样的租金水平下，空间需求减少。房地产的空间需求与租金的关系可以用下面方程表示：

$$D = (R,\ e) = S$$

式中，e 代表某一时期的经济状况。

例如：写字楼的需求量 $D=E(400-10R)$，这里的 E 表示整个经济中办公人员的数量，它可以从就业的角度衡量某一时期的经济状况。当空间市场均衡时，$D=S$，因此，$R=40-S/10E$。

租金 R 也可以直接利用需求曲线得到，相对于横轴上的某一数量的空间存量，向上画一条垂直线到需求曲线，然后从交点出发向左画一条水平线，租金就可以确定。

2. **第Ⅱ象限：价格的确定**

这一象限是资产市场的一部分，横坐标代表房地产价格，纵坐标是租金，从原点发出的向左上倾斜的直线则表示租金和价格的关系。这条斜线的斜率代表了房地产资产的资本化率，即租金和价格的比值，这实际就是投资者通过拥有房地产希望得到的收益率。资本化率是一个外生变量，一般来讲，长期利率(房地产抵押贷款利率)、租金的预期上涨率、租赁风险及房地产政策(如税收)会影响资本化率的数值。所以当这几种因素发生变化时，资本化率就会发生相应变化，斜线会绕着圆点转动。当资本化率提高时，斜线以顺时针方向转动，当资本化率下降时，斜线以逆时针方向转动。根据这一关系，可以得到：

$$P = R/i$$

因此，可以在第Ⅰ象限确定的租金水平 R 的基础上，利用资本化率 i 来确定房地产资产的价格 P。同样，也可以利用作图来确定房地产的价格 P，即从纵轴上的某一租金水平出发画一条水平线与第Ⅱ象限的斜线相交，从交点向下画出一条垂线，该垂线与横轴的交点就是资产的价格。

3. **第Ⅲ象限：新开发量的确定**

第Ⅲ象限也是资产市场的一部分，横轴是价格轴，纵轴表示新开发量，这一象限的曲线 $f(C)$代表重置成本与新开发量之间的函数关系。因为从长期来看房地产的重置成本与房地产价格相等，所以这条曲线也就表示新开发量随着房地产价格的提高而增加，因此曲线向西南方向倾斜，斜线在横轴的截距表示启动开发所必需的最低价格。如果该曲线是垂直的，表示无论开发量是多少，重置成本都不变，但实际情况往往不是如此，因为存在建设瓶颈、土地稀缺性等其他制约，这些都使得开发成本随着开发量的增加而增加，因此通常情况下曲线是倾斜的。当实际开发量小于资产市场满足需求的供给量时，开发商获得超额利润，反之，则无利可图。斜线可用下列方程表示：

$$P = f(C)$$

例如：假设写字楼市场的 $f(C)=200+5C=P$，所以 $C=(P-200)/5$

如果从第Ⅱ象限给定的房地产价格向下垂直画一条直线到该曲线，再从交点处画一条水平线到纵轴，就可以得到该资产价格下的新开发量 C。

4. **第Ⅳ象限：存量的调整**

第Ⅳ象限也是房地产空间市场的一部分，从原点出发的曲线表示了开发量与存量之间的关系。在某一时期内，存量的变化 ΔS 等于新开发量减去以折旧率 δ 计算的折旧量，即：

$$\Delta S = C - \delta S$$

如果市场处于均衡状态，存量就不会发生变化，应有 $\Delta S=0$，这时开发量刚好抵消折旧量。所以有如下方程：

$$S = C/\delta, \text{或} \ C = \delta S$$

例如，假设写字楼的年折旧率是1%，则 $S=C/0.01$ 或 $C=0.01S$，所以，第Ⅳ象限的曲线实质上表示为了保持市场均衡和存量稳定所需要的新开发量。

以上四个象限的变量互相关联，首先从某一市场存量开始，在空间市场的第Ⅰ象限决定租金，租金再在第Ⅱ象限的资产市场上决定房地产价格，房地产价格再在第Ⅲ象限的资产市场上决定新开发量，新开发量在第Ⅳ象限导致存量的变化，当存量的终值和初值相等时，资产市场和空间市场，即房地产市场就实现了均衡。将上述四个方程联立，就得到了房地产市场均衡的数量模型：

$$\begin{cases} D = (R,\ e) = S \\ P = R/i \\ P = f(C) \\ S = C/\delta \end{cases}$$

如果以上面的写字楼市场为例，四个联立方程的具体形式变为：

$$\begin{cases} D = E(400 - 10R) = S \\ P = R/i \\ C = (P - 200)/5 \\ S = C/0.01 \end{cases}$$

求解，可以得到：$S=E\dfrac{800-4000i}{iE+2}$

当存量的终值和初值(需求量)不相等时，模型中的变量如租金、价格、新开发量、存量都没有达到完全均衡。如果初值较大，租金、价格、新开发量必然上升，相反，必然下跌来实现均衡，图中的矩形框被称为均衡矩形。这同时也表明，房地产市场中存量部分构成了供应量的主体，而增量部分只是存量调整的一种形式，从数量上看通常只占存量的一小部分。

需要指出的是，四象限模型有一定的局限性，它只是一个静态均衡模型，因此，它描述的是资产市场和空间市场的长期均衡，不适合用于分析房地产市场的短期动态变化。

2.3.3 四象限模型的应用

在我们前面的分析中，我们知道很多宏观经济因素都会对房地产市场中的很多变量有影响，如长期利率的变动将使资本化率变化，宏观经济的复苏会使需求曲线发生移动，而开发商的短期融资能力及税收政策的改变会影响到开发成本，这些变化都会体现在四象限模型的曲线变化中。所以我们利用四象限模型可以解释外生经济变量对房地产市场的影响，可以清楚地展现某一外生经济变量的改变所带来的房地产市场的一系列变化。

1. 经济增长对房地产市场的影响

经济增长时，生产扩大、家庭收入提高、劳动力增加，这些都会带来房地产使用需求的增加，第Ⅰ象限的需求线向上移动，从而在可使用的空间数量保持一定的情况下，带动了租金的提高。这种租金的提高又会导致第Ⅱ象限内资产价格的相应提高，这又会促使第Ⅲ象限内新开发量的增加，最后导致第Ⅳ象限内空间存量的增加。如图 2-4 所示，新的市场均衡为虚线所表示的矩形，它位于原均衡矩形的外侧，说明经济扩张会带来房地产市场各个经济变量的提高，但这些变量的增长不是等比例的，也就是说新均衡矩形的形状将会与原均衡矩形不同，这取决于各曲线的斜率，也就是各变量之间的变化弹性。假如新开发量相对于资产价格来说非常有弹性(第Ⅲ象限中的曲线几乎是一条垂直线)，那么房地产的租金和价格可能只有少许的增长，但市场上的新开发量和存量却可能会有大幅度的增长。

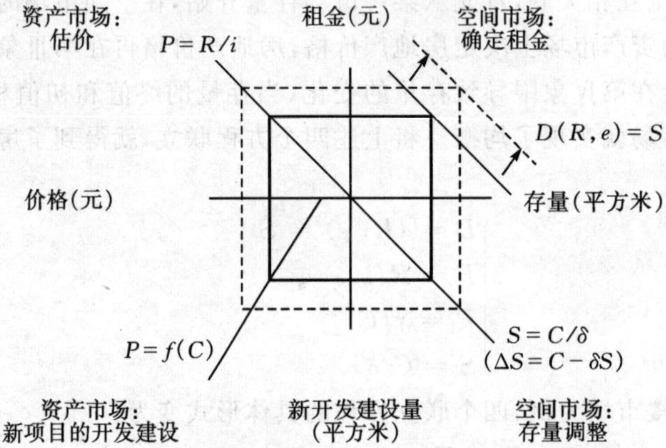

图 2-4　四象限模型：经济增长的影响分析

2. 资本化率变化对房地产市场的影响

长期利率、房地产投资预期风险、税收条件(折旧率和折旧方法的变化)都会直接影响资本化率(我们假设资本市场可以有效地调整每种资产的价格，这样每个投资者都可以赚到相同的风险调整下的税后收益率)，进而影响房地产资产的价格。例如，长期利息率的降低、房地产投资预期风险的降低以及房地产税收优惠政策都会使房地产投资者提高对房地产投资的兴趣，从而增加资产需求，使资本化率降低，资产价格提高，最后均衡时，价格上涨，新开发量增加，存量增加而租金下跌。例如在 1981 年美国颁布了《经济复苏税收法案》，大大缩短了出租住房的折旧时间，这使得这种资产的资本化率大大降低，促进了出租房的价格上升、建设繁荣和租金下调。

3. 开发成本变化对房地产市场的影响

短期利率升高、融资难度增加、城市规划和建筑法规的控制、拆迁成本的提高都会使房地产开发的成本增加，第Ⅲ象限的曲线左移。长期均衡后，新开发量降低、存量降低，而租金升高，价格升高。例如：20 世纪 80 年代美国政府对储蓄和贷款银行放松管制，允许他们对新的商业开发提供低廉的贷款而促进了开发，降低了租金和房价。

实际上，单一经济事件发生而只使某一条曲线发生移动的情况只是偶然现象，而更多的情况下，多种宏观经济变量同时发生变化而使几条曲线同时发生变动。比如当经济进入衰退期，不但产出和劳动力数量降低，导致第Ⅰ象限曲线移动，而且常常短期利率也会上升，这又会影响第Ⅲ象限的曲线，这种情况下房地产市场长期均衡下各经济变量的变化分析要考虑两种因素的综合影响，分析会变得比较复杂。但无论是单因素分析，还是多因素分析，我们都可以采用均衡矩形框工具。

专题

买房子到底买什么

大量实践已经证明，买房子和买小菜是不一样的，商品房的经济规律和一般商品的经济规律是不一样的。买其他商品买到的是一层空间(商品本身)，最多两层空间(商品包装)，买房子买到的是三层空间，这是动产与不动产的最大的不同。房子的第一层空间叫"单元"，无非是房产证上已经限定的范围，"××路××号××室"，面积为多少，这是属于自己的私密空间；第二层空间则是整个住宅小区内的公共部分，如小区花园、过道等；第三层空间是第一、第二层空间之外"一切的一切"。第一层和第二层空间合起来叫房产，第三层空间叫地产。房产的概念就是钢筋、水泥、门窗、水管、电线、马桶、浴缸等诸如此类的概念，凝固不变的概念，所以一点不稀奇；地产的概念就是位置的概念，环境的概念，可享用资源和设施的概念，土地上含金量和土地增值的概念，千变万化的概念，所以稀奇真稀奇。第一层空间是私有财产，私有空间；第二层空间是共有财产，共有空间；第三层空间是社会财产，社会空间。第三层空间主要指居住环境，既包括小环境，也包括大环境，既包括软环境，也包括硬环境，还有交通环境、卫生环境、治安环境、自然环境、人文环境、社会环境、生活环境、生态环境。买商品房实际上买的是三层空间，买了房产和地产的总和，虽然很多人以为自己只买了两层空间。第三层空间是房地产特有的空间，因此也就成为我们分析房地产市场的出发点和归结点，第三层空间的规律和理论也就构成了房地产独特的经济规律和理论。

第一、第二层空间是"有限空间"、"不变空间"和"付费空间"。套内面积和小区面积都是可以精确计算的，不会多一分，不会少一寸；有的就是有的，没有的就是没的；既不会平白无故多出来，也不会平白无故少下去，每一件东西都要自己掏腰包(最近小区里想增加几样健身器材，业委会就要大家一起掏钱)。交了房子，小区建设结束，什么都凝固下来，永远成为"休止符"和"完成时"。第三层空间是"社会空间"，不属于房地产买卖合同规定的内容，无法计量(因此也就不能成为"一件东西")，你想有多大就多大，而且说变就变。有的也是无，无的却是有；今天有的(比如旁边的破房子)，明天又没了；今天没的(比如附近的地铁站)，明天却有了，第三层空间永远是"省略号"和"未来式"。有人说，我的房子在通州，第三层空间能不能只算到通州？不行！通州连着朝阳区。能不能只算到朝阳区？也不行！朝阳区连着北京城，北京城还连着渤海湾经济圈！如果通州或者朝阳区或者北京城或者整个渤海湾经济圈有了新发展，增加了新设施、新资源，你都可以享用，而且不用为此掏钱！所以第三层空间又是"可变空间"和"免费空间"。

任何环境的改变都可能影响第三层空间。一般来说,大城市比小城市大且环境好,现在的环境比过去的好(一方面城市在扩展,另一方面城市在变好),大城市比小城市、现在比过去,花在第三层空间的成本总是在提高,这就是我们前面所说的房子不是越来越“房”,而是越来越“地”,房价中地价的比重总是不断提高的道理。从发展趋势来看,房价永远是昨天最便宜。经济飞速发展的中国是这样,国外也是如此。排除经济危机和市场的短期波动,房价在时间上是没有选择的,房价的选择主要是在第三层空间。

资料来源:俞坚. 房地产:第三层空间[M]. 上海:上海人民出版社,2008:3-4.

思考与练习

1. 相对于普通消费品,房地产市场的特殊性主要表现在哪些方面?
2. 房地产市场的市场结构更接近于哪类不完全市场?
3. 什么是房地产的需求,如何理解房地产需求的多样性?
4. 房地产需求和房地产供给哪个是房地产市场的主导力量?为什么?
5. 什么是房地产市场的非均衡?
6. 在不同时期,我国房地产市场的非均衡性是如何表现的?
7. 房地产空间市场与资产市场的区别和联系分别是什么?
8. 如果买房人都使用自己的房子,而不是出租给别人,那么四象限模型分析将会做哪些变化?

第3章 区位理论

重点内容

1. 区位的特征
2. 区位因子
3. 阿隆索的土地区位与利用模型
4. 商业区位论
5. 住宅区位论

“地段”就是特定地块的具体位置，用经济学的术语说就是区位。土地的区位不同或者同一区位土地的用途不同，往往会产生极不相同的区位效果，从而获得极不相同的经济效益、社会效益和生态效益。因此区位是影响房地产价值的首要因素，区位理论是房地产经济学的重要基础理论。本章将从区位的特征入手，简单介绍农业、工业、商业以及住宅区位论的发展，以及针对不同类型的区位，介绍影响其价值的因素。同时说明区位论在房地产业发展中的作用。

3.1 区位理论概述

区位理论为房地产业的发展提供了理论指导，房地产业的发展必须遵循土地区位规律。在宏观方面，为了保证社会的整体利益及城市规划的整体实施，促进房地产业的健康发展，必须使不同地区、不同地段的所有土地获得最佳用途，从而取得最佳的经济效益、社会效益和生态效益。这些都决定了房地产业的发展必须遵循区位规律。在微观方面，房地产企业为了获得最大限度利润，必然要寻找最佳的城市区位，用地企业也要购买能够取得最大效益区位的土地，而事业单位、机关和居民也在寻找经济上能承受又在自己活动范围的最佳位置的房地产。可见，无论从宏观角度，还是从微观角度，区位理论都能对房地产业的发展起到积极的指导作用。

3.1.1 区位

“区位”一词最早源于德语的“standort”(意为“站立之地”)，1937年杜能的《孤立国》译成中文时，始用“区位”概念，意为“分布地区或地点”。一般来讲，区位指某一经济事物或经济活动所占据的空间位置以及该位置与其周围微观主体或中观环境之间的经济地理关系。根据区位上经济活动内容的不同，区位可以分为：农业区位、工业区位、商业区位、住宅区位、其他区位（金融业、保险业、教育文化事业、政府服务业、交通运输业等）。

区位既是地理学的概念，以自然地理位置为依托，又是经济学的范畴，以人类经济活动、经济联系以及人类对经济活动的选择和设计为内容。概括地讲，它具有以下几个特征：

(1)双重性。区位既是一个地理学概念，也是一个经济学概念；它以自然地理位置为依托，同时又表示该位置上的经济联系。

(2)动态性。区位的自然地理位置是固定不变的，但是区位由于具有了经济学内涵而处于动态变化之中，因为，构成区位的经济性因子一直处于变化之中，比如，位于偏僻小镇的工厂由于铁路、公路等交通干线的修筑而使区位特征改变、区位等级提高；处于背街的一家商店会由于街道的改建使其处于十字路口的位置上，其区位质量也可得到明显改善等。

(3)层次性。从区位的选择与设计的内涵出发，可以将区位分为宏观区位和微观区位。宏观区位是指某项经济活动从宏观区域尺度上看，应当选择在哪个地方，如房地产商在选择哪个城市作为发展的基地时，它实际上是在作宏观区位的设计与选择。微观区位是指某经济活动拟在选定的区域或城市中的哪个地段展开。如房地产商选定上海作为其房地产开发的主要地区，他下一步面临的问题就是选择上海的哪个街区或地段作为投资的具体地点。

(4)等级性，即区位质量的等级性。区位质量是指某一区位对特定经济活动带来的社会经济效益的高低，是一个相对概念。这也即是区位的经济贡献，其实质是经济活动对该区位所拥有的资源，包括土地、资本、劳力、技术、管理乃至信息等的利用效果。区位质量的高低呈现出随地点不同而不同的差异性。比如，对于商业区位，随着与市中心的距离由近至远的变化，区位质量一般会发生由高到低的等级分异。

(5)稀缺性。稀缺性是指对某一类经济活动或是不同的经济活动而言，对优良区位的供给总是小于对其的需求，因而说它是稀缺的。区位的稀缺性是导致区位需求者之间进行激烈的区位竞争的根本原因。

(6)相对性。同一区位会因区位经济活动类型的差异而产生不同的区位效益，因而区位质量的好坏亦具有相对性。如风景优美的城市郊区是山地式别墅住宅开发的优良区位，但对商业活动而言却是一个劣等区位。

(7)设计性。区位的设计性是指区位的被动性，即区位具有典型的人为设计色彩。人类可根据自身经济活动的需要，发挥主观能动性，在不违背生态和经济规律的前提下改善区位质量、提高区位效益。例如，为提高住宅的区位质量，房地产商可以兴建通往市区的便捷公路，以有效降低通勤成本。西安的曲江新区是著名的国家级文化旅游度假区，大型音乐喷泉、大唐芙蓉园、曲江池遗址公园、唐城墙遗址公园、大唐不夜城等文化生态旅游景区的建设使曲江的区位质量大幅度提高，从而使那里的地价大幅提高。

3.1.2 区位因子

区位因子，亦称区位因素，是指构成区位或者影响区位经济活动的诸种因素。区位差异一般由区位因子及其组合的不同而引起。概括地讲，区位因子主要包括以下几种：

(1)自然因子，主要指影响区位质量的自然资源、自然条件和地理位置等。

(2)地价因子，主要指直接影响工业、商业和住宅业区位的地租、地价因素。

(3)交通运输因子,处于不同位置的自然和经济要素的结合要通过交通运输来实现。交通运输的可获得性及其价格对区位影响尤甚。

(4)生产要素因子,包括劳动、资本等要素的数量、质量、组合及其价格水平。

(5)公共服务因子,包括教育、消防、治安、电力供应、供排水条件及其他基础设施。

(6)科学技术因子,主要指科学技术水平及其发展趋势。

(7)制度文化因子,包括经济制度、政治制度、法律制度等正式的制度安排和地域文化观念、风俗习惯等非正式的制度因素。

(8)市场因子,主要指决定区域市场规模、结构、分布及其发展潜力的诸多因素,特别是居民收入水平及其分布特征。

(9)信息通讯因子,主要指影响区位的信息网络和通讯条件。

(10)政策因子,包括中央或地方政府的税收、规划、资源保护、住房、公共设施等政策。

3.1.3 土地区位论的产生和发展

区位论就是关于人类社会经济活动的场所及其空间经济联系的理论。它主要研究人类经济活动的空间选择与设计的基本法则,探索一定空间内经济活动分布、组合以及区位演化的基本规律,研究生产力空间布局及其相互关系。与区位的分类相对应,关于经济活动的区位理论主要有农业区位论、工业区位论、商业区位论和住宅区位论,这也是它们产生的先后顺序。近代区位论发端于19世纪20年代的德国,以农业经济学家杜能的《孤立国》的发表为标志。

杜能(J. H. V. Thiunon,1783—1850年)是最早系统研究农业区位的德国农业经济和农业地理学家,《孤立国》的问世标志着以农业经济社会为背景的农业区位论的建立。当人类社会进入到工业经济时代以后,适应工业经济活动区位决策的实际需要,工业区位理论于20世纪初也产生并得到了迅速发展。

1909年,德国经济学家韦伯(A. Weber,1868—1958年)发表了《工业区位论》一书,运用工厂区位因子分析的方法,对当时的鲁尔工业区进行了研究,奠定了现代工业区位的理论。

随着工业化进程的推进,社会生产活动开始更多地受到市场因素的直接制约,市场作为区位决策的一个重要的变量也开始在区位经济决策中受到格外的关注。适应这种需要,不仅工业区位论得到进一步的完善和发展,以研究商业经济活动区位特征与决策的商业区位论也应运而生。

20世纪30年代,德国地理学家克里斯塔勒(W. Ohristaller,1893—1969年)根据聚落和市场的区位,于1933年写了《德国南部的中心地方》一书,提出了中心地理论,即城市区位论。其中讨论了商业区位的宏观分析和商业区位活动的空间范围。

从20世纪20年代开始,由于城市化进程的迅速推进,伴随着城市人口的急速剧增,住房问题日益得到各国政府的重视,住宅业作为一个独立的经济增长点得到了快速发展。在这种社会经济背景下,产生了揭示城市住宅区位形成、变化规律,探讨住宅区位决策依据的住宅区位理论。此后,西方区位论在理论和方法上经历了发展、成熟的过程,如由单一区位因素的研究发展为集中区位因素的研究,进而发展为多种区位因素的综合研究;从微观经济角度的研究逐步发展为宏观与微观经济结合的研究。这些研究为日后的区位论、空间经济学等发展奠定了良好的基础。

3.1.4 土地区位选择与利用的基本理论

消费者或企业选择土地区位的最终目的是为了实现自身利益的最大化，所以可以说经济活动的区位选择是由企业的利润最大化原则和住宅使用者或其他非企业使用者的效用最大化原则决定的。

1964 年，美国土地经济学家阿隆索（W. Alonso）出版了其著作《区位与土地利用》（Location and Land Use），提出了土地区位选择及利用的总体规律。在此书中，他提出了城市租金梯度曲线和同心圆土地利用模式图，见图 3－1。租金梯度是由一系列的竞价租金线组成的地租线。竞价租金表示土地使用者愿意为使用某块土地支付的最高租金。不同的土地用途将会有不同的租金梯度，那么五条竞价租金线分别表示每类用途在离市中心的某一个位置上所愿意支付的最高租金。从图上我们发现，从市中心向外 x_1 公里，用途 a 是土地的主导使用方式，从 x_1 公里到 x_2 公里，用途 b 是土地使用的主导方式，如此类推，距离市中心不同远近的土地都有对应的主导使用方式。

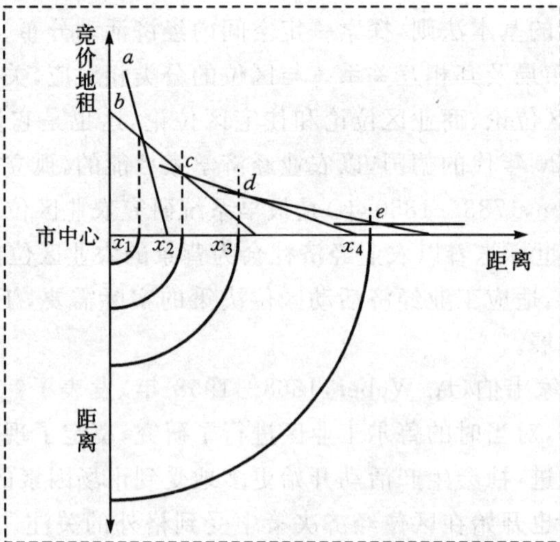

图 3－1 竞租曲线

在竞价租金相交的地方，出现了土地用途的转变，土地用途转向能够支付得起高租金的经济活动。用途的转换是通过价格机制实现的，在信息完备的土地发展商和使用者之间的竞价将决定这个城市范围的租金模式，在使用者之间分配不同的地块以保证土地被最大、最好地利用，土地将以最适合的方式使用以实现最大利润。所以竞价租金梯度曲线则决定了由谁使用这块土地和为此支付多少。阿隆索据此考察了欧洲 10 国和美国 35 个州有关土地租金与土地用途关系的数据，得出这样一个结论：在距离市中心 1000～1500 米范围内的同一块土地上，商业、住宅和工业用途租金的比例为 4：2：1。距离市中心越远，商业用途与住宅用地的租金、地价就越接近。在实际中，a 类土地是中心商务区（CBD），b 类土地是转换区域，c 类和 d 类分别是低收入和高收入住宅区，e 是农地。CBD 的梯度线是最倾斜的，因为这里的地块非常有限，竞争就非常激烈，越向外，梯度越倾斜，因为地块越多，而竞争越和缓。随着城市人口和居民收入的提高，对土地的需求量将增多，整个城市地区的竞价租金也将提高，这样，里层的用途就会向外层扩展，城市同时向外扩张。

阿隆索的理论也遭到了一些批评。有人认为土地发展商和使用者能够获得的信息是不完全的，而且，理论没有考虑具体建筑物和土地的特色，例如，一旦办公楼、商铺和工程等建好了，他们就不能被移走或转换成其他用途，所以这样的使用惯性使得土地在很长时间里都被次优地使用着。类似的，许多大型物业在市场需求降低时无法部分转成其他用途或部分退出使用。还有，因为各类物业都是不同质的，它们在使用年限、规模、设计、布局和区位都存在差异，每一块地都是独特的，这一点常常使房屋所有人享有一定程度的垄断权而减少了与其他物业的竞争。再有，阿隆索没有考虑公共部门用地和特定土地用途的外部性和溢出性。但是，他的模型中最为可贵之处在于，它展示了土地市场的特殊性质，并强调了城镇土地利用中的效率原则。

3.2 非住宅区位论与土地利用原理

3.2.1 农业和工业区位论

1. 杜能的农业区位论

农业区位论研究农作物的空间布局和耕作制度问题，以提高农业产出和收益。此领域最有影响的理论就是杜能的农业区位论。

杜能是19世纪初德国经济学家。他于1826年完成了他的名著《孤立国与农业和政治经济学的关系》，简称《孤立国》，创立了农业区位论。杜能认为，在距离市场远近不同的地块上，经营农作物的种类与集约化程度不能都一样，不可强求一律。因此，不能笼统地认为农业经营的集约化程度越高，农业效益就越大。它应用了当时在理论研究中普遍采用的抽象法，假设存在这样一个孤立国：

(1)肥沃的平原中央只有一座城市，且位于中心，其他都是农村。农村只与该城市发生联系，即城市是“孤立国”中农产品的唯一销售市场，而农村则依靠该城市供给工业品。

(2)平原土地是匀质的，即土地的自然肥力处处相等，气候、水文等自然条件处处相等，土地均适宜农业耕作。

(3)城市与农村只有陆上交通，马车是唯一的交通工具。

(4)远离城市的地方是与世隔绝的未开垦的荒野；矿山和盐场均在城市附近。

(5)运费与农产品重量和产地到市场的距离成正比。

(6)农业经营者以获取最大经济收益为目的，并根据市场供求关系调整他们的经营品种。

他认为在什么地方种植何种作物最为有利完全取决于每种农作物生产能产生多少剩余利润用于支付地租 R。而地租完全是由农业生产成本 E、农产品市场价格 V 与把农产品运达市场的运费 T 等三个因素决定的，所以：

级差地租＝农产品销售价－农业成本－运输费用

即
$$R=V-E-T$$

利用这个公式，杜能计算出了各种农作物组合的最合理分界线，并将孤立国划分为自由农作圈、林业圈、轮作农业圈、谷草农作圈、三圃式农作圈和畜牧圈等六个同心农作圈层，第六层以外是完全没有开发价值的荒野，如图 3－2 所示。

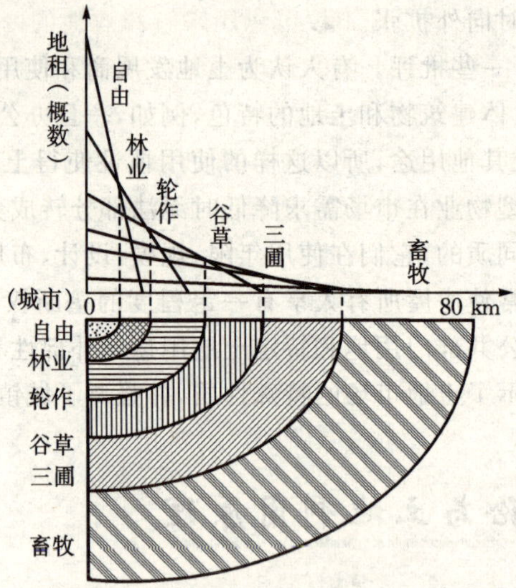

图 3－2　杜能环

第一环——自由农作圈：距城市最近，主要生产易腐、不适于长途运输或者重量大、单位重量价值低，需及时消费的农产品，如蔬菜、鲜奶和园艺作物等，其集约度和收益最高。

第二环——林业：这里主要生产单位产品体积、重量大，运费高的产品，例如薪柴、建筑用材、烧炭用柴等。

第三环——轮作式农业：以集约方式种植谷物和饲料农作物，实行二年轮作。

第四环——谷草式农业：为谷物、牧草、休闲轮作地带。

第五环——三圃式农业：是距城市最远、也最粗放的谷物种植带，实行三年轮作，并有33％荒地。

第六环——畜牧业：是杜能环的最外圈，生产谷物仅用于自给，生产牧草用于养畜，生产畜产品如黄油、奶酪等供应城市市场；据杜能的计算，此圈距城市在51～80公里处；再远的地方，地租为零，则为无人利用的荒地，可作为作为猎用。

杜能从级差地租出发，得出了在距离城市远近不同的地区应配置不同作物，采用不同经营方式的结论，并指出随着与中心城市距离增加，农业经营方式由集约变为粗放。由于级差地租的存在，到目前为止，各国农业布局特点虽然经历了很大变化，但杜能的理论得到了很多学者的实证。但是也有反证的例子，如辛克莱尔对美国中西部的许多大城市周围土地利用的研究表明，这里存在着与杜能环规律相反的土地利用模式，称为“逆杜能环”。原因主要是由于大城市周围的农地随时可转化为城市用地，收益远高于农业用地，所以农民随时准备放弃农业用途，对耕地投入就少；而距城市较远的地方，农地难以转化为城市用地，对农业的投入就较多，集约程度就高；现代交通技术及冷冻保鲜技术的进步，使得农产品可以远距离运输，也对杜能环起了破坏作用。

总体上说，杜能的农业区位论由于采用了高度抽象和孤立化的分析方法，抽象掉了许多影响土地利用因子，因而遭到了一些后继的区位论研究者的批评。但从总体上来看，他还是成功地抓住了影响当时农业土地利用的关键因子：土地位置和距离，揭示了土地区位利用的核心机制——级差地租模型，从而第一次系统地阐明了距离摩擦或空间摩擦对土地的农业区位利用的深刻影响。级差地租模型的基本原理不仅可以用来解释农地的区位利用，而且对于工业、商业和住宅业等经济活动的区位选择和土地的合理利用也有重要的指导意义。

2. 工业区位理论

工业区位理论的奠基人是德国经济学家阿尔申尔德·韦伯。其理论的核心就是通过对运输、劳力及集聚因素相互作用的分析和计算，选择工业产品生产成本最低、利润最大的点作为工业企业的理论区位。运输费用、劳动成本和集聚与分散因子是韦伯定义的影响工业区位三个基本因子，劳动成本和运费因子被他称为一般区域性因子，集聚与分散因子被称作地方性因子。

韦伯按照由简单到复杂的逻辑顺序分析形成了早期的工业区位论：第一步只考虑运费对工厂区位的影响，以确定最低运费区位，即韦伯的"运费指向论"；第二步是在此基础上进一步考虑劳动成本因子，由于工资率差异导致劳动成本差异使得运费指向的工厂区位发生第一次偏离，即韦伯的"劳动力指向论"；第三步是在前两步基础上又考虑了集聚与分散因子，由于集聚与分散因子的区位经济作用使得运费和劳动力综合指向的工厂区位发生第二次偏离，即韦伯的"集聚指向论"。

工业区位论是关于工业经济活动的空间法则的理论。工业区位论与房地产的联系在于：工业区位论研究的一个核心内容是工厂的区位决策问题，而工厂的区位决策问题，从房地产经济学的角度来看，实际上也就是工业房产的区位选址问题。因此，工业区位论客观上构成了指导工业房产区位投资决策的理论基础。事实上，国外房地产经济学者在进行工业房产的投资分析时，也习惯于把工业房产的区位因素分析列为一项重要的内容。

3.2.2 商业区位论

商业区位论的产生相对来说要晚于农业区位论和工业区位论。起初，商业区位论的问题并没有被作为一个独立的对象进行系统而深入的研究，而是由经济学家和经济地理学家在研究工业区位和城市区位问题的过程中提出并加以研究的。商业区位论实质上就是研究商业活动的空间结构。

城市商业空间结构就是城市商业活动中销售和消费因素相互作用的动态平衡关系在商业业态及其等级、规模、组织等方面的空间体现。它有两重含义：一是内在的研究客体是销售和消费因素相互作用的动态平衡关系，具体讲就是各种商业业态和细分市场在区位、规模、服务、形式和总量上相互决定过程中的协调和冲突关系；第二重含义指外在的表现形式是各种商业的空间网络结构。商业空间结构具体表现为商业活动的物质形态、区位选择、规模等级、中心地结构等以及商业活动的需求面，如消费偏好、消费行为、出行方式、消费能力等。因此商业空间结构研究是将商业活动的物质空间和社会空间整合为一体的动态研究，决定了城市商圈和空间组织形式特征，以及商业活动与其他城市功能在空间组合上的规模、等级、方式、区位和空间结构。商业区位论最初只从供给面的角度研究商业活动的空间组织形式，在不断发展中，逐渐将消费者的购物决策和选择作为研究区位的重要因素。

1. 中心地理论

中心地理论是由德国城市地理学家瓦尔特·克里斯塔勒(Walter Christaller)和德国经济学家奥古斯特·廖什(August Losch)分别于1933年和1940年提出的，20世纪50年代起开始流行于英语国家，之后传播到其他国家，被认为是20世纪人文地理学最重要的贡献之一。克里斯塔勒于1933年发表《德国南部的中心地原理》而建立了中心地理论。克里斯塔勒建立中心地理论旨在探索决定城市数量、规模及其分布的规律。与此同时，他对商业区位活动的许多问题，特别是商业区位的宏观问题，如城市商业活动的登记、商业服务的范围、服务类型的空间分异等宏观区位问题都作了较深入的探讨，为商业区位问题的研究提供了一套基本概念和基本的分析框架。因而，他被尊为商业区位论的开创者之一。其理论前提是：

(1) 中心地分布的区域为一个均质的平原，人口分布均匀。

(2) 具有统一的交通系统，且同一规模的所有城市，其交通便利程度一致，运费与距离成正比。

(3) 消费者都到离自己最近的中心地购买商品。

(4) 相同的商品和服务在任何一个中心地价格和质量相同。

(5) 中心地职能在同一中心地集聚。

在此条件下，他对商业区位理论的贡献集中体现在两个方面。

第一，揭示了商业区位活动的宏观分异规律。

他认为，城市与周围地区是一种共生关系。一定规模的生产地(包括工业生产和农业生产)必将产生一个适当城镇，它构成其周围地区的中心地，而周围地区则构成其腹地。中心地的职能是为整个区域提供商品和服务，是全区的商品集散地；而腹地不仅向城市供应必须的农产品，而且又是城市商品和服务的一个巨大的消费市场。他同时还指出，中心地有大小之分，提供的商业服务内容和商业辐射范围已存在差异：高级的中心地，即规模较大的城市，有能力和必要向全区提供较全面、较高级的商业服务，所以适宜布局品种齐全、档次较高的商业服务设施，如提供贵重物品、耐用消费品的大型商场，提供完善医疗服务的医院，提供品种齐全的非耐用品的零售百货商店等。此类中心地数量较少，商业服务半径较大。比较而言，低级中心地，即小城市仅可以提供档次低、种类较少的商品和服务，其主要布局的商业企业包括小百货商店、副食品商店、加油站、教堂等，这类中心地商店服务半径较小、数量较多、分布也较为广泛。这种商业活动的内容和布局特点的城市间差异，我们称为商业区位活动的宏观分析。

同时，他认为，有三个条件或原则支配中心地体系的形成，它们是市场原则、交通原则和行政原则。在不同的原则支配下，中心地网络呈现不同的结构，并共同导致了城市等级体系(urban hierachy)的形成。克里斯塔勒认为，在开放、便于通行的地区，市场经济的原则可能是主要的；在山间盆地地区，客观上与外界隔绝，行政管理更为重要；年轻的国家与新开发的地区，交通线对移民来讲是“先锋性”的工作，交通原则占优势。克里斯塔勒得出结论：在三个原则共同作用下，一个地区或国家，应当形成如下的城市等级体系：A级城市1个，B级城市2个，C级城市6～12个，D级城市42～54个，E级城市118个。

第二，阐释了中心地商业区位活动的空间范围。

商业活动的空间范围是指商业企业一旦在中心地定位，其商品和服务所能供应的或吸引的范围。在中心地理论中，克里斯塔勒也对商品和服务的空间范围提出了开创性的观点。他为商品和服务的供应范围定义了两个界限：一个是下限，又称内侧界限；另一个是上限，又称外侧界限。

所谓上限，是指中心地商品和服务的最大半径。这个半径是由中心地所在区域对该商品或服务的现实需求所决定的，而现实需求又取决于消费者购买某种商品或服务须支付的“实际价格”。此处的实际价格等于消费者在中心地商场的购物价格，再加上为购买此物所作的空间移动费用，即运费。若距中心地过远，购物者需支付的运费增加、时间延长，这种不利因素可以导致消费者购买的行为发生改变：要么不购买，要么到别处购买。所以，克里斯塔勒的商业服务上限就是中心地提供某种商品或服务的绝对性空间界限，它是由消费者的需求力量规定的区位商业活动的空间范围。所谓下限，是指为维持正常利润，中心地提供某种商品或服务所必须达到的空间界限，这是由商业企业的供给力量为中心地商业活动所规定的空间范围。

如果上限和下限均很大，就拥有较高级的中心商品和服务，这种中心地为高级中心地；如果上限和下限均较小，则只适宜拥有低级的商品和服务，这种中心地为低级中心地。

以上简略介绍了克里斯塔勒的商业区位论思想，尽管其存在着对消费者行为的复杂性考虑不够，缺乏对需求增加、交通发展和人口变化对中心地系统变化影响的研究等问题。但他提出了商业区位分析的主要概念并对商业区位的宏观布局进行了卓有成效的研究，这些成果对商业区位论的影响十分深远。

中心地理论的另一位开拓者是德国经济学家廖什，廖什和克里斯塔勒几乎是同时，但是又完全独立地发现了内容相似的中心地系统。

在以后的几十年里，又有一些学者发展了克里斯塔勒的中心地理论。在商业中心地等级研究过程中，卡瑞(Kurry)认为，对于左右对称的城市空间，具有所有商品和服务职能的中心地将在城市中心区布局；对于非对称的城市空间，高级中心地不在中央集中，而是呈点状或带状分布。另外，他还强调城市内部较为常见的四边形的交通线路的作用，构建了 $k=2$、$k=4$、$k=5$、$k=9$ 的中心地四边形系统模型，补充和发展了中心地理论，但是，人口的均匀连续分布仍是其不变的假设。

另外，戴维斯(Davies，1976)提出了“次级购物中心等级发展模型”(A Model of the Development of Hierarchical Sub-System Shopping Centers)，揭示了在不同细分市场环境下的次级中心地的六个等级发展演变过程。相对于传统的中心地系统，高收入居民的服务中心地系统变化不大，中心地数目较少，且在地域格局上有一定的稳定性；低收入居民的服务中心地系统无论是商圈，还是等级结构都发生很大的变化，与高收入和中等收入条件所对应的中心地相比，同等级别的中心地(当然是指次级中心地)服务指向更加单一，数量也相对较多，等级较低；而中等收入居民的次级中心地的变化要视高收入和低收入居民的中心地的变化与分布情况。

2. 城市地域结构模型

商业设施是城市地域结构的组成部分，城市地域结构的变化在很大程度上影响着城市的商业布局。对于现代化城市地域结构的模式的研究，早期曾有美国学者提出的同心圆模式、扇形模式(功能区模式)和多核心模式；中期曾有日本学者提出的多中心模式，以及中国和前苏联学者提出的分散集团模式；近期则普遍提倡一种多层向心环带模式。一些大城市由于受到距离衰减规律的影响，会呈现出经济和人口的密度随城市中心向四周逐渐减低的趋势。因此，现代大城市的地域结构一般都明显地呈现向心环带状，由城市中心向外依次是：中央商业区(CBD)、中心外缘带、中间带、市区边缘带、卫星城镇带。商业在不同地域上的分布也体现出不同的特征。中央商业区乃是全市商业、服务业和金融中心，这里银行、大型商场、专业商店、高级宾馆、风味餐厅及各类文化娱乐场所高度集中，呈凝聚型分布态势。中心外围带是中央商业区的支配、供应区，分布有较多的对外交通场站、批发业货栈和食品厂、服装厂等单位，由于这里原是居民聚居地区，故而仍广泛分布着一般商店和服务行业机构，但其分布大体均匀。中间带是主要的居民区，有众多居住小区和居住街，商业、服务网点均匀分布，可就近满足居民需要。市区边缘带是城市与郊区的结合部，交通比较便利，同卫星城镇和外地联系方便，停车旅馆、贸易货栈、大型超级市场也在此应运而生。这里商业、服务设施的分布视交通道路和居住区的分布而定，有些条件适宜地段则有可能发展成为城市商业的次中心。卫星城镇带地域最为开阔，有大量工业、科教等单位穿插分布在农田村落之间，商业、服务中心的分布一般属于随机型，但在个别小城镇或某个工业区内部，也呈现局部凝聚型分布格局。

1965 年，美国学者贝里(Berry)对芝加哥大都市区商业形态区位分布进行实证研究，提出“都市区商业地域结构模型”，将商业地域结构分为三大类型：第一大类型，CBD、地域中心地、社区中心地和近邻中心地，呈同心圆状分布；第二大类型，传统的购物街、沿主要干线分布的商业地域、在郊区形成新的带状商业地域、高速公路指向的商业集聚地域，一般呈带状分布；第三大类型，专业化地域，如各种类型的“街”或“区”等。

不过，现代城市地域结构的环带状商业分布格局并非固定不变的。20 世纪 60 年代以后，随着社会的发展和经济的进步，城市商业布局亦相应地出现新的变化。这些变化具体表现在：

(1)随着城市交通条件的显著变革与改善，许多发达国家在城市外围陆续修筑了不少高速公路和快速道，为顾客到市区边缘带的新商业中心购物提供了方便。时间原则代替了空间原则，成了新的商业网布局的重要原则。

(2)由于城市中心区中产阶级以上家庭纷纷外迁到城郊新建住宅区，家庭人均收入较低的阶层聚居在市中心区内，便出现了顾客购物潜力的离心倾向，一些交通方便、接近新居住区或卫星城镇的外围地区遂成为吸引顾客购物潜力的有利区位。

(3)在新的商业网络设计中越来越重视消费者空间行为的研究，充分考虑到消费者对市场区位的反应和需求特点，以及消费者对市场的了解和购物心理，从而促使商业设施的内部构成产生巨大的变化。在新型商业中心区，将把大型商店、各类专营名牌商店、中档商店和廉价商店等多种类型的商业网点紧凑地组合在一起，以满足不同层次的消费者的购物需要。

3. 商业区位的地价模型

1966 年，加纳(B. J. Garner)进一步对商业中心的等级职能与地价之间的关系进行了深入研究。主要成果包括：

(1)高门槛的经济活动(如百货、服装、珠宝等)，往往靠近地价峰值区，占据着地租最高的城市土地，在其周围，按门槛递减顺序排列着其他职能活动，如银行、餐馆、面包店、家具店、家用电器店等。

(2)任何商业中心的核心区，总是被那些能显示商业中心最高级别的职能经济单位所占据。

(3)随着整个商业中心级别的增高，低级别经济职能单位将被排斥到低地价地区，在商业中心的边缘地带布局。

(4)在任何一级商业中心的典型职能中，每一项职能的次序也是按门槛高低的顺序排出的。

加纳的商业中心模式把高门槛职能与支付租金的能力等同起来，他根据一系列的城市土地地租的投标曲线，构造了不同等级商业中心的空间模式，指出按照地价的高低，从市场地域的中心到边缘区依次分布着区级、社区级和邻里级商业中心。

加纳模型因描述了具有不同承租能力的零售商业活动单位的空间侵袭、排斥与迁移过程，具有动态描述能力。城市发展初期的中心性较低，在交通的交叉部分分布着最低等级的邻里商业中心。随着市场规模的增大，城市中心性增强，竞标能力较高的社区中心职能的介入使邻里中心职能被迫外移。同样的道理，城市中心将逐渐由区级商业中心职能垄断，以致最后形成CBD。但是，这个模型隐含着城市中心用地空间无限弹性的十分不现实的假设，事实上，中心区商业空间由高级中心职能垄断，低等级服务被排斥于该中心之外围地区。

当然加纳理论也有其不足之处：商店的位置并不总是与距地租峰值区的距离有关，而且商用土地的地租也并不完全是由距中心点的距离来决定的。针对这些不足，道宁(P. B. Downing)进一步阐述了土地面积、人口分布、经济收入分布状况、交通及便捷性的不规则状况等对城市商用土地地租的影响，使加纳模式更加合理客观。加纳模式是在土地价值论思想的基础上建立起来的，体现出了地价对商店布局的影响，对合理布局商业网点具有一定的指导意义。

4. **零售引力模型**

美国学者威廉·J. 雷利(W. J. Reilly)根据牛顿力学的万有引力的理论，利用三年时间调查了美国150个城市，在1931年提出了"零售引力规律"，即是对一个地区的市场边界进行分析。雷利定律引用引力模型的两个主要因素是规模和距离，规模对应牛顿引力模型中的质量。雷利认为，一个城市从其周围地区的城镇吸引的零售贸易，同城市的人口规模成正比，同城市的距离的平方成反比。

1949年，康弗斯(P. D. Converse)对雷利模型进行了若干修正，提出了雷利—康弗斯(Reilly - Converse，1948)分界点(断裂点)公式：

$$d_{ix} = \frac{d_{ij}}{1 + \sqrt{P_j / P_i}}$$

式中：d_{ix}——城市 i 到断裂点的距离；

D_{ij}——城市 i、j 之间的距离；

P_i——城市 i 的人口规模；

P_j——城市 j 的人口规模。

尽管康弗斯在修正零售引力模型时引进了消费者行为的概念，但该理论仍有一些缺陷：一方面，它只考虑人口和其他吸引力与距离之间的相互作用，而忽略了商业设施性质及其分布方面的因素，事实上，这一点对于任何一家商业中心的引力非常重要；另一方面，它仅考虑互动商业中心与消费者互动关系的供给面，即仅仅考虑消费者对购物中心规模及距离的反应，而忽略了需求面，其实顾客的"认知距离"会受购物经验的影响，如商业环境、品牌、服务态度等，这些通常会使顾客愿意走更远的路。

5. **消费者购物行为及决策过程模型**

商业活动注重销售和消费这个供给和需求相互作用的层面，商业活动的研究不仅包括各种商业业态的区位、规模、商品种类、经营方式、组织方式、促销手段和创新能力等，同时还将消费者的年龄结构、民族特点、社会阶层属性、收入水平、购买力、消费偏好、出行方式等作为自己重要的研究对象。其中，商业业态是商业活动研究的重要内容。商业业态就是商业的经营状态，它是针对某一目标市场，体现经营者意向与决策的商店，其内容包括商业设施及其区位和规模、价格、商品配送、销售和服务等。需要说明的是，商业业态所对应的商店既可以是有形的实体商店，也可以是无形的虚拟商店(virtual store)。它既反映了商店的形态和形象，又与细分的目标客源市场相对应。在城市市场经济日趋成熟化和城市居民消费日益多元化的今天，能否最大限度地满足消费者的消费需求与偏好，快捷、有效、连续地完成销售活动已经成为商业经营成败的关键。因此，城市商业空间结构的研究应反省偏重商品供给研究的传统，充分意识到消费者因素的影响以及商品供给与需求的平衡关系。

美国经济学者戴维·哈夫(D. L. Huff)在消费者选择和决策的行为模型方面的开创性研究验证了诸如主观距离(subjective distance)等变量要素在决策活动中的重要性。他于1963年提出了关于预测城市区域内商圈规模的模型——哈夫概率模型。哈夫概率模型基本法则依然是引用万有引力原理。它提出了购物场所各种条件对消费者的引力和消费者去购物场所感觉到的各种阻力决定了商圈规模大小的规律。哈夫模型区别于其他模型的不同在于，其认为应该用描述地方间互动"概率面"(probability surface)来替代消费者与中心地方之间的决定性配置模型。

哈夫认为从事购物行为的消费者对商店的心理认同是影响商店商圈大小的根本原因，商店商圈的大小规模与消费者是否选择该商店进行购物有关，通常而言，消费者更愿意去具有消费吸引力的商店购物，这些有吸引力的商场通常卖场面积大，商品可选择性强，商品品牌知名度高，促销活动具有更大的吸引力；而相反，如果前往该店的距离较远，交通系统不够通畅，消费者就会比较犹豫，因此哈夫认为消费者前往某一商业设施发生消费的概率，取决于该商业设施的营业面积、规模实力和时间三个主要要素。商业设施的营业面积大小反映了该商店商品的丰富性，商业设施的规模实力反映了该商店的品牌质量、促销活动和信誉等，从居住地到该商业设施的时间长短反映了顾客到目的地的方便性。而且，一个零售商业中心对消费者的吸引力可与这个商场的营业面积成正比，与消费者从出发地到该商场时间成反比。因此消费者光顾某个购物中心的概率为：

$$P_{ij} = \frac{S_j / T_{ij}^b}{\sum_{j=1}^{n} S_j / T_{ij}^b}$$

式中：P_{ij}——i 区消费者光顾 j 购物中心的概率；

S_j——j 区商店的吸引力，以商店的规模表示；

T_{ij}——从居住区 i 到购物中心 j 所用时间；

b——实验确定的系数，以经验来估计出行时间对购物出行的影响。

那么，i 区消费者可能到 j 购物中心消费的期望数量 E_{ij} 为：

$$E_{ij} = C_i \cdot P_{ij}$$

式中：C_i——i 区消费者数量；

P_{ij}——i 区的某一个消费者选择 j 购物中心购物的概率。

哈夫概率法则的最大特点是将消费者空间行为理论抽象化，更接近于实际。而且它将过去以都市为单位的商圈理论具体到以商店街、百货店、超级市场为单位，综合考虑人口、距离、零售面积规模等多种因素，将各个商圈地带间的引力强弱、购物比率发展成为概率模型。但是，在哈夫模型中通常用卖场的面积来代替卖场的吸引力，即使面积相同，不同类型的卖场如百货店、超市、商业街也具有相同的吸引力，因此仅用卖场的面积来代替卖场吸引力有些偏颇。

3.3 住宅区位论与土地利用原理

3.3.1 住宅区位理论概述

住宅区位(residential location),不仅仅是指住宅在城市区域(空间)中所坐落的地理位置,而且包括由该位置出行的便捷程度(即通达性),以及居住在该位置所获得的非经济方面的满足程度。具体说来,就是指住宅坐落的地理位置和以此为基点进行工作、上学、购物、就医、娱乐等出行活动所需的交通成本(包括货币成本和时间成本),以及该位置的自然环境、社会人文环境等对居住者身体和心理等方面的影响。

对住宅区位论的产生和发展贡献较重要的学者和理论主要包括伯吉斯的“同心圆带状住宅区位论”、霍伊特的“扇形住宅区位论”、哈里斯和乌尔曼的“多核心城市结构下的住宅区位理论”、阿隆索的“费用替代住宅区位论”,以及伊文思的“社会集聚住宅区位论”。以上几位城市经济学者各自从不同的角度阐释了一种或几种区位因子对住宅区位形成的影响及其作用机制,但每一种理论的角度不同,下文分别进行简单介绍,以便读者能对住宅区位论的发展轮廓有一个基本的认识。

3.3.2 伯吉斯的“同心圆带状住宅区位论”

伯吉斯于1925年提出了如下基本观点:城市住宅分布呈现出以城市中心商务区的几何中心为圆心的带状结构,从市中心到市郊,住宅档次由低到高、居民家庭收入由低到高逐次变化。这就是伯吉斯的收入因子影响下的城市住宅区位分异理论。伯吉斯以芝加哥为例,通过对城市土地区位利用的分异情况的实证研究,揭示了城市住宅的空间分布规律。根据他的研究结果,芝加哥城市土地的住宅利用可分为四个地带,由内向外依次是:

1. 高级住宅衰退带

位于四个住宅带的最里层,是围绕市中心商务区的圆带状的住宅分布区。此地带被伯吉斯称为“迁移地带”,因为在城市发展的初期,这里分布着收入较高层次的高级住宅,随着土地大规模地被工商业利用,住宅区位质量逐渐下降,不再适宜于高级住宅的分布,高收入住宅开始迁出,因高收入阶层迁出,这里就逐渐成为贫民窟或一些较低档的商业服务设施基地,如仓库、典当行、二手店商店、简便的旅馆或饭店等。这个地区也就成为城市中贫困、堕落、犯罪等状况最严重的地区。

2. 低级住宅区

低级住宅区紧邻高级住宅衰退带,主要是由产业工人(蓝领工人)和低收入的白领工人居住的集合式楼房、单户住宅或较便宜的公寓组成,这些住户主要是从过渡区中迁移而来,以使他们能够较容易地接近不断外迁的就业地点。

3. 中级住宅区

低级住宅区的外围是中级住宅区。这里主要居住的是中产阶级,他们通常是小商业主、专业人员、管理人员和政府工作人员等,有独门独院的住宅和高级公寓和旅馆等,以公寓住宅为主。

4. 高级住宅区

高级住宅区即伯吉斯的"通勤带",位于城市的郊区,这里的自然环境比较优越,交通便利,住宅区位质量最高,为高级住宅分布区。入住此区的居民,其家庭收入都比较高,他们在市内上班,却在郊区居住,需要乘车或驾车上班,因此又称为通勤区。此区住宅的布局特点是:多数街区有完善的交通设施,如高速公路、铁路等。

伯吉斯解释说:由于19世纪芝加哥的飞速发展,越是新的住宅离市中心越远。收入较高的家庭由于市区住宅区位质量的恶化需要也有能力向外搬迁,远离市中心的新住宅就成了他们的首选目标。留下的旧住宅则由中低收入家庭居住,而收入较低的居民住在离中央商务区最近的旧房中。收入较高居民不断外迁,收入较低的居民则不断的由旧宅迁入稍新的住宅中,最旧的住宅被腾空而拆除,最后让位于中央商务区的商业房产。这就是住宅区位格局形成的"过滤机制"。

伯吉斯的"同心圆带状住宅区位论"作为一种实证性理论,对19世纪初期芝加哥市住宅区位分异特征及其形成机制给予了很好的说明,为以后的城市经济学者研究包括住宅在内的城市经济、城市地理问题提供了一种有价值的分析模式,这是伯吉斯理论的最突出的贡献。但它同时也存在一定的缺陷,这方面也有不少学者提出了批评意见。主要的观点认为,该理论所阐明的城市住宅的空间分布结构与大多数城市现实的住宅区分布结构不相符合。政府并不会强制性地规定低收入阶层家庭必须居住高收入家庭迁出以后留下的旧宅,因为各国政府现行的住房保障政策以及住房金融部门提供的优惠性的住房消费信贷支持,完全可以使相当一部分城市中低收入居民有能力购租新房。从住宅供给角度看,开发商可以但并不必然去开发市郊区位的住宅,市区内部实际上也存在着适于住宅开发的优良区位。所有这些现象的存在足以使伯吉斯关于住宅区位格局形成机制的"过滤论"对现实的解释力降低,伯吉斯理论的修正和发展不仅是实践的需要也是理论本身的需要。

3.3.3 霍伊特等人对伯吉斯理论的发展

1. 霍伊特的扇形理论

1939年,霍伊特(Homer Hoyt)的《美国城市住宅附近的结构和增长》一书,在批评巴吉斯同心圆理论的基础上提出了扇形住宅区位论。他对美国64个中小城市及纽约、芝加哥、底特律、华盛顿、费城等城市和住宅区的分析中发现,城市住宅区并非呈现伯吉斯所说的同心圆状分布,而是成扇形发散状,而且住宅区倾向沿着空间摩擦和时间摩擦小的路径由中心向外延展,通常的拓展路径是便利的交通路线,见图3-3。

他认为,由于特定运输线路线性可达性(linear accessibility)和方向惯性(directional inertia)的影响,各功能用地往往在其两侧形成。他还把市中心的可达性称为基本可达性,把沿辐射状运输主干线所增加的可达性称为附加可达性。轻工业和批发商业对运输线路的附加可达性最为敏感,多沿铁路、水路等主要交通干线扩展;低收入住宅区环绕工商业用地分布,而中高收入住宅区则沿着城市交通主干道或河岸、湖滨、公园、高地向外发展,独立成区,不与低收入的贫民区混杂。

当城市人口增加,城市用地需要扩大,高收入的人就从原居住区搬迁到新的声望更高的地方,原来的高收入住宅区的房产变为低租金的住宅,供贫民居住,出现土地利用的演替。但大部分低收入阶层,由于经济和社会因素的理智的内聚力,很难进入中产阶级和高级住宅区居

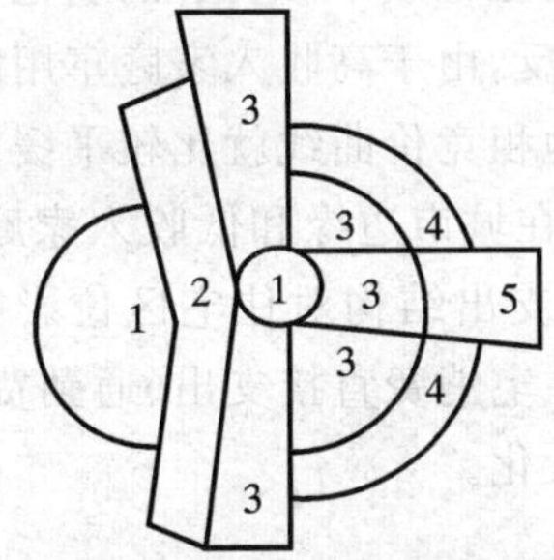

1——中心商业区　2——批发和轻工业区　3——低收入居住带

4——中收入居住带　5——高收入居住带

图 3-3　扇形模式图

住，只能在原有贫民区的基础上向外作条带扇形状延伸发展，因此，城市各类土地利用在空间上呈现出扇形结构。

2. 多核心理论

乌尔曼(E. L. Ullman)和哈里斯(C. D. Harris)于 1945 年在研究同心圆带状理论和扇形住宅区位论的基础上，提出了城市多核心总体结构框架下的住宅区位分布理论。其核心观点是城市的中心往往不止一个，而是由多个中心组成的，并指出形成城市多中心的因素有四个：

(1)某些活动需要彼此接近，而产生相互依赖性；

(2)某些活动互补互利，自然集聚；

(3)某些活动因必须利用铁路等货运设施，且产生对其他使用有害的极大的交通量，因此就排斥其他使用而自己集结在一起；

(4)高地价、高房租吸引较高级的使用，而排斥较低品质的使用。

在这四个因素的作用下，城市实际上是靠这些城市中心及其附近的工业、商业和住宅业的联合扩张来发展壮大的。在多个城市中心和城市总体扩张过程中，形成了与之规模和特点相适应的住宅区位格局。工人住宅区(一般为低级住宅区)仍然处于城市住宅总体格局中的最内层，致使分布的空间形态不太规则：既不是圆带状，也非扇形，而是一种块状结构。不过，我们仍然发现其大致的区位特征：这种低级住宅主要围绕商业区、工业产业区分布，这不仅因为这种住宅区的居民多为工人，其收入水平较低，无力购买高级住宅，还因为选择这种区位的住宅距离工作地点较近，可以有效地降低每天的通勤成本。中级住宅区仍然位于低级住宅区的外围，而高级住宅的分布则更多地位于城市边缘区甚至郊外。

3.3.4　距离与住宅区位：阿隆索"费用替代住宅区位论"

在前文中已介绍了阿隆索的竞租曲线，他解析了城市内部居住分布的空间分异模式。根据经济收入作为预算约束条件，居民住宅区位决策主要取决于选择一定区位住房的实际居住费用。实际居住费用由两个部分组成：一是购租一定区位的城市住宅需要支付的直接费用，二是到市区上班所需要的通勤费用；消费者会通过住宅费用与通勤费用的比较，选择可使实际居住费用最低的距离，由此距离决定适意的住宅区位。

在任何区位，低收入家庭的土地需求总是少于高收入家庭，由于低收入家庭享用的土地较少，区位成本(通勤费用)的变化比土地成本(地租)的变化相对更为重要，这就导致了低收入家庭的地租竞价曲线比较陡直。相反，由于高收入家庭享用的土地较多，土地成本的变化比区位成本的变化相对更为重要，因而地租竞价曲线就比较平缓。于是，城市内部居住分布的空间分异模式就表现为高收入家庭居住在城市边缘和低收入家庭居住在城市中心。后来，阿隆索又在综合考虑家庭收入和家庭消费支出结构对住宅区位影响的基础上，提出了区位平衡理论。其基本思想是：消费者通过寻找住宅消费直接支出、通勤费用支出和购买其他商品或服务三种支出的合理组合，使家庭效用最大化。

3.3.5 聚集因子与住宅区位

1985 年伊文思在其《城市经济学》中指出："某些外界事物和住宅位置的选定是有很大关系的，但在对经济理论的分析中，却完全被忽视了。这些外界事物，往往诱使类型相同的人们，希望彼此住得近些。"他把导致这一现象的因素归结为"与导致工业聚集的外部经济相类似"的社会聚集经济。它们主要包括：

其一，从社会心理学角度看，志向、爱好相同的人容易成为朋友，因此，人们趋向于有相似特点的人居住一个地区；其二，不同的人们需要不同的服务，需要类似服务的人往往居住在同一地区，这在少数民族地区尤为明显；其三，人们都希望有一个良好的自然、社会环境，而高收入阶层容易做到这一点。

以上通过几种主要的住宅区位论的介绍，直接或间接地探讨了影响住宅区位的几个关键因子：收入、距离、住宅价格、社会集聚等。事实上，影响住宅区位的因素还有很多，如土地本身的自然条件、历史因素，还与一个国家或地区社会经济发展水平、城市化进程以及土地资源丰度密切相关。我国是一个发展中国家，城市化的总体水平不高，土地资源严重短缺，如何合理规划和利用宝贵的城市土地，如何安排和选择住宅区位更是理论工作者、政府要深入研究和关注的问题。因此城镇规划与管制、政府住宅保障政策对住宅区位的影响非常重要。

另外，在城市土地利用规划中长期存在两种针锋相对的思路：一种是"分散主义"，主张在大城市周围建设"卫星城"或"卧城"，把居民疏散出去：一种是"集中主义"，主张建立"立体城市"，住宅向高层发展。这两种思路虽然不是直接的住宅区位问题，但与住宅区位密切相关，是住宅区位决策不得不考虑的问题。

专题

房地产区位价值的变化与塑造

案例一：深圳 CBD 的区位转移

深圳原为边陲小镇，1980 年特区成立以来，短短 20 余年发展成为 400 余万人口的特大城市，在 2000 年 4 月《深圳市城市总体规划》公布之前，罗湖一直是城市的中央商务区，是金融、商贸、娱乐、办公、通信的中心。该区共有金融机构 500 多家，金融服务网点 300 多个，27 家外资金融机构在这里设立了代表处。几乎全国各大证券公司都在罗湖设立了总公司或分公司，股票交易市场遍布罗湖。各类商业银行、股票交易市场、期货市场、外汇调剂市场、金银专业市场在罗湖的建立,构造了一个多元化的金融网。罗湖区有占全市70%左右的大型商场,60%以上的星级酒店,完成了近70%的社会商品零售额。可以说,罗湖代表了深圳的繁华,“不到罗湖等于没到深圳”的罗湖之所以能够成为深圳的CBD是由于特区最早起步于罗湖,它毗邻香港,设有进出香港的海关。20世纪八九十年代,这里成为深圳人和香港人置业的首选,自然成为深圳经济第一次集聚的中心。

然而自从《深圳市城市总体规划》确定福田中心区为深圳的CBD之后,深圳的中心逐渐从罗湖转向福田,之所以出现这种情况是由以下几点造成的:

(1)福田处于深圳市地理中心,位于深圳5个规划组团的中央部位,有大容量公共停车场、便捷的公交系统,处于市内交通枢纽地带。规划规定市政府西迁至福田中心区,使商业中心与文化行政中心叠合。

(2)福田的对外交通条件发生巨大变化。靠近福田中心区的皇岗口岸,在20世纪90年代还只是货运出口通道,2004年变成为深圳地铁一期工程与香港西北铁路连接的客运交通通道。皇岗口岸未来可能成为我国跨境客流最大的口岸。这一变化使罗湖成为“明日黄花”。

(3)深圳的经济重心西移。从商业活动上看,罗湖区西部华强北新商圈崛起,集聚大型商场数十家,与罗湖东门商圈、国贸商圈连成一片,显示出深圳商业中心西移的趋向。从商务活动看,1988—1997年10年间办公房出租,无论出租面积还是增长率,福田区都高于罗湖区,居全市之首,见表3-1。

表3-1 深圳各区办公房出租面积与增长率

	全市	福田区	罗湖区	南山区
增长幅度(万平方米)	26.48~152.46	9.07~81.37	13.31~55.24	4.09~15.86
增长速度(%)	59	89.7	41.5	38.5

(4)罗湖商业商务空间趋紧,福田商业商务空间潜力巨大。经过20余年的快速发展,罗湖土地开发趋于饱和,二手楼盘交易方圆缩减,处于“缩量整理”状态,且多为旧户型,老化陈旧。而福田正好相反,楼盘放量供应,多为新户型、新设计,即使是二手楼市也是“旧楼中的新楼”、“旧而不落后,呈现出一派生机勃勃的景象”。

资料来源:王如渊,李艳茹.深圳中心商务区区位转移及其机制[J].经济地理,2002(2):165-170.

案例二:加拿大温哥华协和社区建设

太平洋协和社区位于加拿大温哥华中心城区的滨水地带,占地83万平方米,自1991年开始由太平洋协和股份有限公司(简称“和谐公司”)投资30亿加元兴建,总建筑面积110万平方米,是一个容纳1.6万人的城市社区。其宗旨是创造一个与北美大陆传统的低密度的松散郊区截然不同的高密度、平易近人的新型居住空间。

1.历史性的转变

太平洋协和社区所处的佛斯和盆地,19世纪末是一条主要的水上交通运输干道。1886年通过该地横穿北美大陆的铁路建成,使这里成为工业文明的发达之地。后来铁路从原址迁出,工业污染源也随之迁出，州政府征购了所有土地，1986 年在这里举行了大型的国际展览，提高知名度，1988 年以公开竞争的方式将土地售予协和公司。协和公司接手后，建设了开阔的绿地和放浪墙、滨水步道等一系列环境基础设施和社会服务设施。与之一街之隔的温哥华历史文化保护区耶鲁城，在太平洋协和社区开发的触动下，也加紧了修复建设，与铁路一期建设的一批砖石和木构的历史建筑得到很好保护，并进行了住宅开发。整个地区适应后工业经济社会要求，发生了历史性的转变。

2. 宜人的环境建设

太平洋协和社区采取了一系列净化环境的措施，通过管网，将污水排放到远离城市的污水处理厂处理，投入巨资净化污染的土地，对海岸进行特殊设计，改善鱼类和海底生物的聚集环境；修建了五个巨大的公园，占地 25%，绿环面积超过 10 平方米/人；在长达 3000 米的海岸线上，建设一条宽阔的滨水大道，供行人和自行车使用；用建筑物和绿地围合成几个封闭的空间，增加了环境的私密性；沿海滨建设多种类型的开敞空间，为人们体育活动、观看比赛、散步、骑车、跑步、静坐、阅读、休息、就餐、交谈、赏鸟、私人会面、公众集会提供场所。

3. 便利的生活设施

建设 4000 平方米多用途的社区服务中心，内设影视厅、演奏厅、健身房、手工作坊、会议室、成人教育机构、小卖部和室外圆形剧场。建设幼儿护理、文化娱乐、体育活动、艺术创作的场地设施，以及学校和图书馆。在滨水带建设商业中心和商业街，配套各种餐饮、服务、娱乐设施，使社区居民足不出区就能满足日常生活的一切需求。

4. 多重有机的组合

居住区由高层塔楼和低层居住区组成。高层塔楼一般高度为 15～32 层，基底面积都小于 580 平方米，不允许采用板式建筑，注意保护城市北部以雪山为背景的城市景观，错落地坐落于城市的北部，避免住宅间的视觉干扰，保证室内和街道有足够的阳光；并且由本地建筑师设计，保持明显的地方特色。低层住宅以院门、绿地、矮墙与街道分开，建设人性化、家庭化的居住单元。

太平洋协和社区勾勒出一幅后工业社会自助方便、环境舒适的生活图景。

资料来源：白光润. 应用区位论[M]. 北京：科学出版社，2009：45-46.

思考与练习

1. 什么叫区位？区位具体有哪几个特征？

2. 区位理论在房地产业发展中的作用有哪些？试结合某一地点，分析该地点的区位状况。

3. 分析影响工业区位的主要因素有哪些？

4. 简述商业地域结构模型。

5. 结合伯吉斯的“同心圆带状住宅区位论”分析当地房地产住宅现状。

6. 如果你是一个房地产投资者，应如何根据土地区位理论进行有关房地产投资微观区位的选择？

第二篇

房地产市场的微观分析

第 4 章　土地市场的运行规律

重点内容

1. 土地市场的结构
2. 地租理论的评价
3. 社会主义城市地租
4. 土地供给分析
5. 土地需求分析
6. 我国城市地价体系

土地是房地产的重要构成，它不仅是一种非常重要的社会财富，还是一种至关重要的生产要素，土地及其形成的市场在整个经济体系中占有十分重要的地位。本章首先介绍了我国土地市场发展的历史沿革，以及形成的我国当前土地市场结构中的各级市场。地租是市场经济下土地价值的直接表现，本章在地租一节内容中阐述了不同经济学流派及不同经济学家的地租理论，并做了简要的评价，在此基础上分析了社会主义城市地租的具体形式。城市土地价格是近几年我国经济中的热点问题，本章通过介绍市场经济条件下土地价格受供给和需求的因素影响，来说明土地价格形成及变化的机理，同时介绍了我国土地供给及土地开发的基本情况。此外，本章还介绍了我国地价体系中各个地价的含义及关系。

4.1　土地市场的结构

4.1.1　我国土地市场发展的历史沿革

在 1954 年颁布的新中国第一部宪法中规定“土地归国家所有，任何组织或者个人不得侵占、买卖、出租或者以其他形式非法转让土地”，这显示了旧的国有土地使用制度的主要特征：行政划拨、土地无偿使用、无限期使用，以及不准转让。旧的土地使用制度的实质是计划经济体制下的土地资源配置制度，因此不存在土地市场。这种土地使用制度在当时的历史条件下曾发挥过积极作用，但随着城市经济发展和人口规模的扩大，这种土地使用制度的弊病日益显现，尤其在 1978 年我国改革开放后。旧的土地使用制度的主要问题是不利于土地资源的合理配置和高效使用,集中表现在以下几方面:大量的土地资源浪费和资产价值的流失;大量单位又无法获得土地资源,对城市的经济社会发展、功能分布和合理布局形成体制障碍;企业成本失准,难以准确衡量经济效益;城市的房地产业无法进入良性循环,连简单再生产也无法维持。

1987年,深圳市率先试行土地使用有偿出让的制度,揭开了国有土地使用制度改革的序幕。同年,上海市政府颁布了《上海市土地使用权有偿转让办法》,用地方法规的形式确保土地有偿转让的规范化实施。这些举措使国有土地使用制度改革从理论探索阶段走向实践探索阶段,冲破了土地供应单纯采用行政划拨的旧土地使用制度的束缚,创立了以市场手段配置土地的新制度,也标志着中国土地市场开始建立。

1988年,全国人大七届一次会议通过的宪法修正案,以国家根本大法的形式规定了"土地使用权可以依照法律的规定转让"。当年年底修订的《土地管理法》进一步规定"国家依法实行国有土地有偿使用制度"、"国有土地和集体所有的土地的使用权可以依法转让"。自此,全国各城市开始建立房地产交易所,各银行开始成立房地产信贷部。1990年5月,国务院宣布,允许外商进入中国内地房地产市场,并发布了《城镇国有土地使用权出让和转让暂行条例》、《外商投资开发经营成片土地暂行管理办法》,标志着我国土地市场管理走上了有法可依的轨道,土地使用制度改革由此在全国开始开展。1998年12月《土地管理法实施条例》发布,我国土地使用制度改革和土地管理的法律体系初步形成。

此后,城镇国有土地使用制度改革由沿海推及内地,由增量土地延至存量土地,由内用土地拓展到涉外土地,由早期的工业用地扩展到住宅和商业用地。20世纪90年代初期,全国各地纷纷探索对原来的存量土地即行政划拨用地制度的改革,重点放在如何使之根据市场需要合理流动。随着20世纪90年代前半期出现的"土地热"和"开发区热",土地出让收入成为各城市经济发展的新引擎。在一些地方过量供应的土地后来又被闲置。为了切实保护耕地,防止国有土地资产流失,完善土地市场,规范土地审批行为,防止土地供应过度,在近十年里,政府颁布了一系列规范土地交易的具体政策,通过宏观调控有效地保障了土地对经济、社会和城市发展的合理供给和利用。

2001年国务院颁发的《关于加强国有土地资产管理的通知》明确指出"商业性房地产开发用地和其他土地供应计划公布后同一地块有两个以上意向用地者的,都必须由市、县人民政府土地主管部门依法以招标、拍卖方式提供"。自此,经营性国有土地招标拍卖供地作为一种市场配置方式被正式确立。2004年3月国土资源部、监察部联合下发《关于继续开展经营性土地使用权招标拍卖挂牌出让情况执法监察工作的通知》,通知规定国有土地使用权必须以公开的招标拍卖挂牌出让方式进行,并确定当年8月31日为协议出让经营性土地使用权的最后期限。2007年9月28日国土资源部正式出台了《招标拍卖挂牌出让国有建设用地使用权规定》,以法规的形式正式确定了建设用地使用权出让方式的转变。

经营性土地实行招标拍卖挂牌在我国土地使用权制度改革中具有里程碑意义,它可以使土地供应完全通过市场机制,力求土地使用权出让的公平、公正和公开,遏制腐败寻租行为,净化土地市场。但由于经济和城市的迅猛发展,市场对土地的需求量很大,政府每年向市场提供的土地供应量无法满足市场需要,导致各地土地价格纷纷上涨,出现了一大批天价地王,从而也引发了关于土地价格是推动近几年全国各大中城市商品房价格持续快速上涨的重要原因的广泛争论，因此土地调控成为我国2005年以来以稳定房价、调整住房供应结构为主要目标的房地产行业宏观调控的重要手段。

鉴于我国土地资源贫乏的现实，"十一五"规划纲要明确要求："十一五"期间我国耕地保有量不能突破18亿亩的最低红线。因此"实行最严格的土地管理制度"一直是此轮房地产宏观调控的基本原则，但为了避免紧缩土地供给持续过热的商品房市场带来更加不利的影响，调整土地供应结构、盘活闲置土地是此轮房地产宏观调控的主要目标。具体措施包括：严格控制土地计划指标，包括农转非计划、耕地占补平衡计划、经营性用地计划、经济适用房供地计划等；强化对地方政府的土地监管体制，在国土资源部设立国家土地总督察办公室，在全国各地设立九个土地督察局；严肃执行对违法占地、批地不建、滥用非农建设用地、滥设经济开发区和囤积土地等现象的清理整顿；同时，在建设项目立项过程中，强化审核土地和控制使用土地。面对不断上涨的房地产价格，土地供应结构和住房供应结构应作相适应的调整。为了顺利开展土地调控，各地相继建立土地收购储备制度和机构，各地政府动用资金设立专门机构进行土地的前期开发和储备，实行净地"招拍挂"转让，其目的是调节土地供需总量和结构，平抑市场价格，即在市场低迷时，购进部分土地，增加土地储备总量；在市场上扬时，释放储备土地，扩大土地供给。

我国实施农村土地归农民集体所有，城市土地归国家所有的土地所有制制度。如果把国家为城市建设征用农民土地看做是一种市场行为，我国城市土地市场由三个层次构成：土地一级市场、土地次级市场及土地征用市场。

4.1.2 土地一级市场

城市土地一级市场又称土地出让市场或批租市场，土地使用权出让是指国家以土地所有者的身份将土地使用权在一定年限内让与土地使用者，并由土地使用者向国家支付土地使用权出让金的行为。

1. 出让年限

土地使用权出让最高年限按用途确定：①居住用地七十年；②工业用地五十年；③教育、科技、文化、卫生、体育用地五十年；④商业、旅游、娱乐用地四十年；⑤综合或者其他用地五十年。

2. 出让方式

土地使用权出让可以采取协议、招标、拍卖或挂牌方式。

协议出让是指市、县人民政府国土资源行政主管部门（出让人）根据土地的性质和功能与土地使用者以土地的公告市场价格为基准，经过协商确定土地价格，并将土地使用权让给土地使用者的行为。

招标出让是指出让人发布招标公告，邀请特定或者不特定的自然人、法人和其他组织参加国有建设用地使用权投标，根据投标结果确定国有建设用地使用权人的行为。

拍卖出让是指出让人发布拍卖公告，由竞买人在指定时间、地点进行公开竞价，根据出价结果确定国有建设用地使用权人的行为。

挂牌出让国有建设用地使用权，是指出让人发布挂牌公告，按公告规定的期限将拟出让宗地的交易条件在指定的土地交易场所挂牌公布，接受竞买人的报价申请并更新挂牌价格，根据挂牌期限截止时的出价结果或者现场竞价结果确定国有建设用地使用权人的行为。

尽管上述几种方式都是有偿供地的方式但适用范围各不相同，协议方式具有政府对地价较易控制、灵活性大的特点，但没有引入充分的竞争机制，缺乏公正性，不利于公平竞争，容易滋生以权谋私、权钱交易等腐败现象。针对协议出让中的种种问题，2003 年 6 月 11 日，国土资源部以 21 号部令发布了《协议出让国有土地使用权规定》，该规定明确了招标拍卖挂牌的范围，规定：商业、旅游、娱乐和商品住宅等各类经营性用地，必须以招标、拍卖或者挂牌方式出让。前款规定以外用途的土地的供地计划公布后，同一宗地有两个以上意向用地者的，也应当采用招标、拍卖或者挂牌方式出让。在 2007 年 9 月 28 日国土资源部发布的《招标拍卖挂牌出让国有建设用地使用权规定》中又明确将工业用地（不包括采矿用地）纳入招标拍卖挂牌出让的范围。由此可以看出，招标、拍卖、挂牌方式成为一般的出让方式，而协议方式是特殊情况，招标、拍卖、挂牌出让的范围比协议出让的范围大得多。随着土地使用制度改革的进一步深入和土地市场的完善，政府会越来越多地采取主动供地的方式，从长远来看，协议方式应当会逐渐消亡。实际上，目前的挂牌出让方式已经具备了协议出让方式的优点，同时也最大限度地避免了协议出让方式的不足。

另外，如果土地使用者按有偿方式补交土地使用权出让金（称作补地价），或以转让、出租、抵押等方式获得收益抵缴土地使用权出让金后，可以进入土地次级市场进行流转。在现实生活中，许多经过划拨取得的土地使用权往往不通过公开渠道进行交易，而是采用绕过土地行政部门的管理和监督私下交易方式来完成，如私下将土地出租或转让给其他使用者，收取租金或转让费；或以土地使用权入股与其他单位、个人合资兴办经济实体，获取红利。这造成我国土地市场收益的严重流失。但随着招标拍卖挂牌方式的深入推行，这类土地隐形市场将会越来越少。

3. 出让金的支付方式

出让制度又被称为批租制，也就是土地使用者必须把使用期内的年租金的折现值一次性支付给土地出让方，这就是我们通常所说的土地出让金。采用这种方式的好处在于，城市政府可以一次性地获得大笔土地出让收入，作为改善城市基础设施的资金保证。但是，从受让方来看却是一个沉重的负担，特别在目前我国商品房价格居高不下的情形下，按照通常的房地产项目开发实际，土地成本在房价中约占 30％左右，因此欲降低房价，有必要考虑从降低地价开始。于是，一些学者建议实行土地年租制。

年租制，就是由受让方每年按期交纳土地使用权租金。年租制的最大优点是，对开发商来说，可以降低开发经营风险，对居民购房来说，可以有效降低首次付款的负担。但是，年租制目前仍有许多问题尚待研究，比如，如何确定合适的租期，如何根据利率、通胀率等因素的变化调整年租水平，年租收缴的交易费用多大，实行年租制的土地如何进入次级市场以及是否影响其土地产权的流动性。显然，年租制与批租制的差别并不仅仅是付租方式的差别。

4.1.3 土地次级市场

土地次级市场是指土地一级市场上取得的土地使用权的转让与再转让形成的市场，包括土地使用权的转让、出租和抵押等。这发生在土地使用者之间,转让包括出售、交换和赠与。原土地使用权转让时,原土地使用权的出让合同和登记文件中所载明的权利、义务也随之转移。与政府垄断的土地使用权一级市场不同,次级市场是竞争的。

4.1.4 土地征用市场

我国农村土地归农民集体所有。但按我国法律规定,国家出于公共利益的需要,可以依法对农村土地进行征用。征用土地时须向土地所有者支付征地补偿费,征用后土地所有权转为国有,再由城市政府代表国家配置土地使用权。可见,位于城乡结合部的土地征用市场实际上是我国土地市场结构中唯一的一个土地所有权交易市场。

2006 年 2 月 22 日,在国务院新闻办公室举行的新闻发布会上,香港凤凰卫视记者提问:"目前因征地引发的农村群体性事件已占全国农村群体性事件的 65%以上,国家将采取什么措施来保障失地农民的权益?"中央财经领导小组办公室副主任陈锡文回答说:"最终将逐步推行征地制度本身的改革。"目前城市建设和工业建设每年从农民手中征用近 20 万公顷土地(西安市的城区面积是 10.66 万公顷),这不仅带来了耕地减少和国家粮食安全问题,而且还有被征地农民经济补偿和失地农民就业和社会保障问题。这是因为我们现行的征地制度存在着很多弊端。

首先,对政府的征地行为缺乏有效约束。

《宪法》规定:"国家为了公共利益的需要,可以依照法律规定对土地实行征收或者征用,并给予补偿。"由于"公共利益"的范围缺乏明确界定,各级政府不仅在城市基础设施建设、发展教育文化和社会公益性事业等方面大规模征用农民耕地,而且进行招商引资,用于开发区、房地产等商业性项目建设也征用农民土地。

其次,对失地农民的补偿标准过低。

有调查显示,2004 年造成群众信访、上访的原因,多数都是由于地方政府截留、挪用、拖欠征地费,侵占农民的利益而造成。按照《中华人民共和国土地管理法》第 47 条规定,国家建设征用土地,建设单位应支付土地补偿费、安置补助费以及地上附着物和青苗的补偿费,土地补偿费和安置补助费的总和不得超过土地被征收前三年平均年产值的 30 倍。按亩产值 1000 元测算,土地补偿费和安置补助费的总和最高为 3 万元/亩。即使采用最高补偿,也往往不足以完全补偿农民失地后创业、安置工作的费用。

据统计,1998 年以来,各类征地给农民的补助费为平均每亩 12164 元,安置补助费每人 2344 元。从西部来看,根据征地补偿安置办法,土地补偿和安置补助费最高标准只有 1.8 万元/人,仅相当于 2002 年当地城镇居民可支配收入的 1.5 倍。

现行的征地补偿以土地原有用途即农业收益为基础,由于土地用途不同,土地收益高低相差惊人:从事工业开发用地的收益可达到农业用地的数百倍,从事第三产业开发用地的收益甚至可达农业用地的数千倍,这从被征土地的高额出让费便可以得到证实。这与国外存在着明显的差异,国外土地征用所支付的地价一般等于或接近于被征地所在地所在区域土地市场价格,以保证土地所有权交易的公平合理性。我国的征地补偿费用很少考虑市场地价,而表现出明显的不公平,而且补偿未必都能落实到农民手中。

最后，对征地农民的长远生计缺乏有效安置。

据调查，目前多数地方政府的安置是一次性发放安置补助费，被征地农民自谋职业。由于农民自身条件有限，缺乏在职业市场上的竞争能力，失去土地后，很容易陷入失地又失业的困境。在这种情况下，失地农民就成了"种田无地，上班无岗，低保无份"的三无游民。

4.2 地租理论

地租理论可以解释土地资源和土地资产的重要性及不动产产权的特殊意义，也可以解释土地资源在各种用途之间的竞争与配置。而且地价的数量还会对土地租赁方式和国家的租税政策产生重要的影响。这是一个在经济学术史上存有争议且流派纷呈的论题。但从总体来看，主要可以分为两大理论派别：一派是效用价值论；另一派为劳动价值论。

4.2.1 租与地租

租(rent)在经济学中有特殊意义。在日常生活中，一般人认为"租"是因使用他人的物品而支付给所有人的代价，如房租、地租等。当经济学家使用"租"这个词时，"租"则有了不同的意义，是指所有的生产要素在生产过程中获得的超过成本的报酬。地租是租的一种，任何社会只要存在着土地所有者和不占有土地的直接生产者，且后者在土地利用中有剩余生产物被前者占有，就有产生地租的经济基础。

马克思认为，地租是土地使用者由于使用土地而缴给土地所有者的超过平均利润以上的那部分剩余价值。马克思按照地租产生的原因和条件的不同，将地租分为三类：级差地租、绝对地租和垄断地租。前两类地租是资本主义地租的普遍形式，后一类地租仅是个别条件下产生的资本主义地租的特殊形式。

西方经济学则把地租定义为物主将其所有的土地、房屋租给他人使用所获得的报酬。按照这个定义，地租分为契约地租和经济地租两类。契约地租又称商业地租，是指物主将土地或其他财物出租给承租者，承租者按租赁契约支付给房主的租金。经济地租又称理论地租，有广义和狭义之分。广义上讲，经济地租是指人们使用任何生产要素所获得的超额利润；狭义上讲，经济地租是指人们利用土地所获的超额利润，即土地总收益扣除总成本的剩余部分。一般所谓地租，是针对狭义地租而言的。更简单地讲，地租是给予土地所提供的经济服务的报酬。

4.2.2 地租理论发展脉络

建筑物作为劳动产品，其价值主要取决于投入的劳动成本和其他要素成本。但是由于纯粹的土地并非人们的劳动产品，是自然地产物，因而对土地的价值、价格理论的争议颇多，而研究的核心则是地租的源泉和决定因素、土地价格的本质和形成。围绕着这两大问题，从经济学产生之时就出现了大量认识，几乎所有的古典、新古典经济学家都对地租和地价问题有自己的观点。这些观点从时间上可以划分为四个时期，这四个时期地租理论的代表人物及主要观点见表4-1。

表 4-1　不同时期地租理论的主要观点[①]

时期	代表人物	主要观点和贡献
17 世纪中叶到 19 世纪初	配第	提出极差地租的最初概念，土地价格＝年租×12
	魁奈	提出“纯产品学说”，农业中因自然界的帮助而生产的剩余产品(纯产品)以地租的形式归土地所有者所有
	杜尔阁	“纯产品”是由农业劳动者生产出来，由于土地私有权的存在使这部分纯产品归土地所有者所有
	斯密	系统地研究地租理论的古典经济学家。研究了绝对地租、级差地租、建筑地租、第一性地租、派生性地租等
	安德森	提出了土地相对肥沃的概念。地租来源于生产土地产品的劳动，土地产品的价格决定地租，而不是相反
	威斯特	级差地租以土地耕种的下降序列为前提。土地产品的边际收益是递减的
	李嘉图	在劳动价值论的基础上阐明地租理论；只承认级差地租，否认绝对地租的存在
19 世纪上半叶	萨伊	提出“三位一体”的分配论：工资是劳动的补偿；利息是资本的补偿；地租是使用土地的补偿
	马尔萨斯	地租是自然对人类的赐予
	杜能	创建农业区位论。主要研究级差地租Ⅰ中由于位置的优劣不同而产生的地租
	马克思、恩格斯	把劳动价值论贯彻到地租理论的始终。资本主义地租是剩余价值的转化形式之一。地租分为三种形式：绝对地租、级差地租、垄断地租。土地价格是地租的资本化
20 世纪初到 20 世纪下半叶	马歇尔	创立均衡价格论。地租只受土地需求的影响，而决定于土地的边际生产力
	克拉克	地租是土地这个生产要素对产品的生产所作的一种贡献，地租是一种“经济盈余”
	胡佛	建立了竞价曲线理论，这种理论能同时处理不同类型土地使用的竞标
	阿隆索	解决了城市土地地租、地价的计算问题
	丁伯根	土地的影子价格
	康托洛维奇	土地的影子价格
	萨缪尔森	地租是否成为决定价格的成本，取决于观察问题的角度

① 曹振良. 房地产经济学通论[M]. 北京：北京大学出版社，2003：244-245.

另外，上述地租理论从学术流派可以大致划分为古典经济学、马克思主义政治经济学、新古典经济学及现代经济学等几个主要代表性理论。

1. 古典经济学的地租理论

人类进入资本主义时代以后，地租成为社会经济生活中日益重要而普遍的现象。因此，经济学家在资本主义制度发展的早期古典经济学产生的时候就开始对地租问题进行了研究。

英国古典政治经济学创始人威廉·配第对地租理论的形成和发展作出了开拓性贡献。他在名著《赋税论》中首次提出，地租是劳动产品扣除生产投入、维持劳动者生活必需后的余额，并指出，由于土壤肥沃程度和耕作技术水平的差异，以及产地距市场距离的不同，地租、地价因而也不同。威廉·配第为级差地租理论的创建奠定了初步基础。

法国重农学派的代表杜尔阁在1776年发表的《关于财富的形成和分配的考察》一书中指出，由于农业存在一种特殊的自然生产力，所以能使劳动者所生产出来的产品数量在扣除为自己在生产劳动力所必需的数量后还有剩余。这是自然恩赐的“纯产品”，也是土地对劳动者的赐予。这种纯产品是劳动者用自己的劳动向土地取得的财富，但却为土地所有者占有，这就是地租。土地所有者之所以能不劳而获占有“纯产品”，是因为他们拥有法律保护的土地私有权。杜尔阁初步揭示了地租与土地所有权的关系。

英国经济学家詹姆斯·安德森最早研究了级差地租理论的基本特征。马克思称之为“现代地租理论的真正创始人”。安德森的级差地租理论主要包括：相同的市场价格是形成地租的前提。他说：“等量谷物，不论它来自哪一个等级的土地，可以按照统一价格出售。”他发现土地肥沃程度不同而形成的级差地租，即级差地租Ⅰ。他认为，等量资本投入肥力不同的各级土地，产量不等，但是其产品是按照统一市场价格出售的。因此，耕种较肥沃的土地所得的超额利润，转化为级差地租。同时他指出，地租来源于生产土地产品的劳动，土地产品的价格决定地租，而不是相反，而且他否定绝对地租。

英国古典政治经济学的理论完成者和杰出代表大卫·李嘉图运用劳动价值论研究地租，对级差地租理论作出了突出的贡献。他在1817年出版的《政治经济学与赋税原理》一书中，集中地阐述了他的地租理论。他认为，土地的占有产生地租，地租是为使用土地而付给土地所有者的部分。他提出地租产生需要两个条件：土地的有限性和土地肥沃程度及位置的差异。他认为，土地产品的价值是由劣等地的生产条件，即最大的劳动消耗决定的。因而，优等、中等地的产品价格，除补偿成本并获利润外还有超额利润，因而形成了级差地租。这实际是马克思论述的级差地租Ⅰ。对所谓的级差地租Ⅱ，他也做了考察。他认为，随着对产品需要的增加，要不断扩大种植劣等地，在“土地边际报酬递减规律”的作用下，新投入耕种的劣等地的产品决定产品价格，原耕种的土地就必然出现级差地租，但否认绝对地租的存在。

萨伊是从效用价值论来考察地租的。他认为“人力所创造的不是物质而是效用”。他认为生产出来的物品具有效用时，人们就给这种物品以价值。在这基础上他提出生产三要素论，即劳动、资本与土地。凡生产出来的价值，都应归于劳动、资本和土地三者作用的结果，并从生产三要素论转向三位一体的分配论，即工资是劳动的补偿；利息是资本的补偿；地租是使用土地的补偿。后来西方经济学的地租理论，都是以萨伊的这个地租理论为依据的。

杜能是德国农业经济学家，农业区位论的创始人。他对地租理论的贡献是重点说明了土地位置与地租的关系。在他的名著《孤立国》一书中首次系统地论述了土地位置与地租的关系。他认为，某一种产品的产地价格和产地直销中心与市场的距离密切相关。即某种产品产地价格通常等于中心市场价格与产地至中心市场间运费的差额。这个运费实际是区位地租。(主要研究级差地租Ⅰ中由于位置的优劣不同而产生的地租)

英国政治经济学家托马斯·马尔萨斯在其著名的《人口论》和1815年发表的《关于地租的性质及其进一步的研究》中,从一个自然主义者的角度阐述了地租是"自然对人类的赐予"的观点。他提出地租是总产品价格中的剩余部分,或者用货币来计算是总产品价格中扣除劳动工资和耕种投资利润后的剩余部分。产生这个剩余部分的原因,一是土地的性质(指土地的肥力),土地能生产出比维持耕种者的需要还多的生活必需品。二是土地所生产的生活必需品具有特殊的性质,由此,生活必需品在适当分配以后,就能够产生出它自身的需求。如粮食的充裕可以加强人口增长的趋势,形成新的需求,使粮食价格支付各种费用后还有剩余,从而形成地租。三是肥沃土地的相对稀缺性。而土地的性质是剩余产品产生的主要原因。因此地租是"自然对人类的赐予",它和其他垄断无关。

2. 马克思主义的地租理论

地租理论是马克思政治经济学的重要内容,它建立在劳动价值论和剩余价值理论的基础上,着重考察了资本主义农业地租,科学地解释了地租产生的原因、条件和源泉。在《资本论》第三卷第六篇中,马克思集中而系统地论述了资本主义的地租理论。他指出,地租是土地所有权在经济上的实现,而土地所有权是人们的社会关系在土地问题上的表现。在农业的资本主义生产关系中涉及三个阶级之间的关系:一是土地所有者;二是租地的农场主(资本家);三是农业雇佣工人。由于土地被大土地所有者垄断,农业资本家为了获取利润必须向大土地所有者租地,再雇佣失去土地的劳动者为农业工人从事农业生产,由此产生了土地所有者和经营者之间的经济关系,联结这个经济关系的纽带就是地租。因此农业资本家向土地所有者租来大片土地,雇佣农业工人进行生产,建立起资本主义农场。在资本主义农业中,农业资本家投资于土地,如同将资本投资于工商业部门一样,必须获得平均利润。如果得不到平均利润,他就会将资本转移出农业部门。同时,土地所有者把土地租给农业资本家,作为土地使用者的农业资本家为了得到在这个特殊生产场所使用自己资本的许可,要在一定期限内按契约规定支付给土地所有者一个货币额。如果土地所有者得不到地租,他宁愿让土地荒芜。这样,农业资本家所获得的剩余价值,必须大于平均利润,以便把它分为两部分,其中,相当于平均利润的那部分剩余价值,为农业资本家所有;超过平均利润以上的那部分剩余价值,则以地租的形式付给土地所有者。所以,资本主义地租是农业资本家为了取得土地使用权而缴给土地所有者的超过平均利润以上的那部分剩余价值。它本质上是农业雇佣工人所创造的剩余价值的一部分。

那么,为什么在农业部门中,农业工人所创造的剩余价值,在农业资本家获取平均利润以后,还有一个余额作为地租缴给土地所有者呢?马克思通过分析资本主义地租的两种形态,即级差地租和绝对地租,从而科学地回答了上述问题。

(1)级差地租。马克思认为资本主义的级差地租是经营较优土地的农业资本家所获得的,并最终归土地所有者占有的超额利润。级差地租来源于农业工人创造的剩余价值,即超额利润,它不过是由农业资本家手中转到土地所有者手中了。形成级差地租的条件有三种:①土地肥沃程度的差别;②土地位置的差别;③在同一地块上连续投资产生的劳动生产率的差别。上述差异,使土地客观上具有不同的等级,进而使不同等级的土地,在投入等量劳动的条件下,形成不同的级差生产力。这种以使用不同等级土地或在同一土地上连续追加投资为条件产生的土地级差生产力是产生级差超额利润的物质基础,从而也称为级差地租的物质条件或自然基础。马克思按级差地租形成的条件不同，将级差地租分为两种形式：级差地租Ⅰ和级差地租Ⅱ。

级差地租Ⅰ，是指农业工人因利用肥沃程度和位置较好的土地所创造的超额利润而转化为地租（即由前两个条件产生）。在任何情况下，用于农业的土地（首先是耕地）其肥力和位置总是有差别的。劳动者在不同肥力或位置的土地上耕种，其劳动生产率必然有差别。在较优土地上产量高，产品个别生产价格较低；相反，在劣等土地上耕种，产量低，产品个别生产价格就相对较高。然而在市场经济条件下，同样产品在市场上是按同一价格销售的，而且市场价格是由劣等地条件的个别生产价格决定的。这样，经营优、中等地的农业资本家的个别生产价格低于社会生产价格，就能获得一定的超额利润。

级差地租Ⅱ，是指对同一地块上连续追加投资，由各次投资的生产率不同而产生的超额利润转化为地租。随着人口增加和经济发展，农业用地被非农部门大量占用且日益稀缺，农产品也是许多加工业的基本原料来源，这样社会对农产品的需求越来越多，推动农业日益采用集约化经营方式。实行集约化经营，就是要在同一块土地上连续追加投资，每次投资的劳动生产率必然会有差异，只要高于劣等地的劳动生产率水平，就会产生超额利润。可见，由追加投资带来的超额利润，是级差地租Ⅱ的实体。不论优等地还是劣等地，只要追加投资所获得的较高劳动生产率形成超额利润，在资本主义土地私有制的条件下，最终都会转化为级差地租Ⅱ，落入土地所有者手中。但转化的时间和方式与级差地租Ⅰ不完全相同。地租额的高低是在土地出租时在租约中确定的。地租额一经确定后，在租约有效期间，由农业资本家连续追加投资所生产的超额利润，全部落在农业资本家手里。但到租约期满后，土地可能产生的级差地租Ⅱ，在缔结新租约时，就会全部转归土地所有者占有。

由此可见，级差地租产生的条件是自然力，即优越的自然条件。但自然力不是超额利润的源泉，仅是形成超额利润的自然基础，因为它是较高劳动生产率的自然基础。级差地租产生的原因是由土地有限而产生的资本主义经营垄断。正是由于这种有限的优越自然条件被部分经营者垄断，因而能获得持久而稳定的超额利润。而当土地所有权存在的条件下，这部分超额利润就要转化为级差地租，归土地所有者占有。

(2)绝对地租。在市场经济条件下，使用级差生产力低下的劣等地不可能产生级差超额利润，因而也不需要支付级差地租，这是否意味着土地所有者可以不要任何代价将这些土地交给使用者使用呢？答案是否定的，土地使用者仍然要向土地所有者支付地租，否则，土地所有权在经济上将得不到实现。马克思把这种只要使用所有者的土地绝对需要支付的地租称为绝对地租。也就是说，绝对地租，是指土地所有者凭借土地所有权垄断所取得的地租。绝对地租既不是农业产品的社会生产价格与其个别生产价格之差，也不是各级土地与劣等土地之间社会生产价格之差，而是个别农业部门产品价值与生产价格之差。

由于农业资本有机构成低于工业，等量资本在农业中可吸收较多的劳动力，在剩余价值率相等的条件下，可产生较多的剩余价值。在工业生产中，由于不同部门存在以资本转移为特征的自由竞争，因而能引起剩余价值在不同部门之间进行重新分配，形成平均利润率。而在农业中，由于存在土地所有权的垄断，资本的自由流动受到限制，从而导致农业部门生产的剩余价值不参与平均利润率的形成过程。这样，由于农业资本有机构成低而多获得的剩余价值就留在农业部门，构成超额利润，即绝对地租的实体。因此，农业资本有机构成低于社会平均资本有机构成是绝对地租形成的条件，而土地所有权的垄断才是绝对地租形成的根本原因。因此，不仅使用劣等地要支付绝对地租，而且使用中等地和优等地所支付的地租中，也包含着绝对地租。

(3)垄断地租、建筑地段地租及矿山地租。马克思指出级差地租和绝对地租是资本主义地租的两种基本形式。此外，在资本主义制度下，还存在垄断地租、建筑地段地租、矿山地租等形式。

垄断地租是由产品的垄断价格带来的超额利润转化成的地租。某些土地具有特殊的自然条件，能够生产某些特别名贵又非常稀缺的产品。比如，具有特殊风味的名酒就用某些特别地块出产的原料(包括水)酿制而成。这些产品就可以按照不仅大大超过生产价格，而且也超过其价值的垄断价格出售。这时的垄断价格只由购买者的购买欲望和支付能力决定，而与一般生产价格或产品价值所决定的价格无关。这种垄断价格产生的超额利润，由于土地所有者拥有对这种具有特殊性质的土地的所有权因而转化为垄断地租，落入土地所有者手中。

建筑地段地租是指工商业资本家为获得建筑多种建筑物所需土地而支付给土地所有者的地租。建筑地段地租同农业地租的明显区别在于，农业中土地的肥沃程度和位置对级差地租有决定作用，而对于建筑地租，则是位置起着决定作用。同时，垄断价格对建筑地租起着很大作用。

矿山地租是指工业资本家为取得采掘地下矿藏的权利而向土地所有者支付的地租。由于矿山的数量有限，也存在着经营的垄断，使矿产品必须按劣等生产条件决定的生产价格出售，因而优等矿山可以取得超额利润而转化为矿山地租。

(4)土地价格。马克思指出，土地价格的实质是地租的资本化。“土地不是劳动产品，从而没有任何价值。”但土地却具有价格。这是因为资本主义土地能够自由买卖，因此它与一般商品一样，也可以用货币来表示它的价格。但土地价格并不是它的价值的货币表现，而是由于土地的稀缺性、土地所有权的垄断，垄断者可以凭借土地所有权得到一定的收入，即地租。因此土地价格并不是土地本身的购买价格，而是土地所能提供地租的购买价格。换言之，地价是一定时期内地租的贴现值之和，用公式可以表示为：

$$P=R/r$$

其中：P——地价，R——地租，r——利率(在评估里常称为土地还原利率或资本化率)。

上述公式表示无限期持有土地的价格，也可以看成土地所有权的价格。尽管现实中仍有相反的观点：地价决定地租。因为若地价上涨，将引起各类地租、房租上升。日本土地经济学家野口悠纪雄曾经指出，作为常识性见解，地价决定地租容易被大众接受，但由于它不能一贯地得到实际中地价与地租互动关系的实践检验，因而没有得到土地经济学界的一致性认同。因此马克思的地租决定地价的观点在经济学上一直占据了主流地位。

3. 新古典经济学及现代经济学的地租理论

新古典经济学和现代经济学主要采用均衡分析、边际分析、供求分析的方法，主要研究城市地租问题，侧重研究地租的形成、地租的作用等，并从市场和制度两方面入手。

马歇尔创立了均衡价格理论，是马歇尔经济学说的核心和理论基础。他把供求理论同边际效用论、生产费用论融合为一体来解释地租的形成。马歇尔把土地收益分成两部分：一是基于自然赐予的特性，而不是由人为的努力取得的收入，这是土地的纯收入，是真正的地租；二是对土地的投资使土地改良获得的收入。他认为，地租也是受供求作用支配的，但是由于土地的供给是固定不变的，因此，地租只受需求的影响，大小取决于土地的边际生产力。克拉克则认为地租是土地这个生产要素对产品生产所作贡献及土地生产力的报酬。

胡佛提出了竞价曲线束来说明不同使用者之间的关系，他从土地利用出发，建立土地供需函数，而土地供需函数是不同类型城市土地使用者相互竞标的结果。因此他的贡献在于能同时处理许多不同类型土地使用的竞标问题。阿隆索的突出贡献在于将空间作为地租问题的一个核心进行分析，成功解决了城市地租计算的理论方法问题。

萨缪尔森认为土地供给数量是固定的，因而地租量完全取决于土地需求者的竞争。如果某一块土地完全无弹性地向某一行业提供，并且没有其他方面的用途，那么无论它从该行业获得何种程度的收益，它都会在那里使用。这样，土地得到的收益在任何一家行业内的企业看来都是与其他成本相同的成本。但是，作为整个行业的观察者来讲，必须认识到，土地收益是一种由产出价格决定的土地租金，而不是决定价格的成本。所以，地租是否成为决定价格的成本，这取决于观察的角度，对单个企业或某一行业看来是决定价格的成本，而对整个社会而言则可能是对无弹性供给要素所支付的纯经济地租。

4.2.3 地租理论分析

这些丰富的地租理论从各自的基本假设和分析方法出发，但同时又相互借鉴、继承创新，它们的分歧主要表现在两个方面：一是关于地租产生的原因；二是关于地租的来源。这是进行地租理论探讨不可回避的两个基本问题。

1. 地租产生的原因

一元论：强调土地的自然物质特性、土地稀缺性和效用性。

土地资源具有稀缺性，而且具有效用性，可以为人类提供巨大的效用。它是人类赖以生存的劳动对象和基本的劳动资料，为生命的存在与繁衍提供栖息之所，为人类的所有生产、生活提供一切初始条件。土地资源具有使用价值，这一点是土地自然资源转化为经济资源从而具有价格的内在依据。

二元论：既强调土地的自然物质特性又强调土地的资本特性，经过改良的土地是由土地物质和土地资本构成，土地价值也是二元的。它实际上是对马克思主义劳动价值论的发展。

未经人类劳动改造的土地是纯粹的自然之物，是一元性的土地；已加入人类劳动的土地则是自然之物与劳动之物，即“土地物质”与“土地资本”的二元复合体。对土地物质的支付称为地租，对土地资本的支付称为土地资本的租金(包括土地资本的利息和折旧)。但在实际生活中把对土地物质和土地资本的支付合称为地租或土地租金。土地物质的租金和价格，完全取决于在人们对土地所有权和使用权垄断前提下的土地服务和土地本身的供求关系。土地资本既具有使用价值又有劳动价值。

2. 地租的来源

现代西方地租理论秉承了19世纪上半叶资产阶级经济学家的思想，这种思想一般都不涉及地租存在的社会经济根源。他们认为，按照边际生产力理论，各种生产要素都能创造价值，劳动、资本、土地各要素分别按各自的贡献取得报酬，即工资、利息和地租。因此，产品的收益可以用下式表示：

$$P\times Q=w\times N+r\times K+R\times L+B$$

P、Q是产品的价格和产量，w、r、R分别表示工资、利息和地租；N、K、L分别表示劳动、资本、土地的使用量；B表示企业家才能这一生产要素获得的报酬。因此现代西方经济学地租理论认为由于土地具有使用价值，土地本身就是地租产生的源泉。现代西方地租论在揭示价值在要素间的现实分配和地租的实现形式时具有合理成分。只是这种实现地租的形式依靠的是对土地所有权的垄断和土地交易的供求机制。

马克思的地租理论是对古典经济学地租理论的继承和发展，它以坚持劳动价值论为出发点，主要从生产关系的角度对农业地租进行了分析。马克思的地租理论包括了新古典地租理论中未包含的地租形成与维持的社会关系。可以用下式表示：

$$PQ=C+V+M$$

PQ 是产品价值，C 为生产资料的价值补偿，M 为劳动者所创造的剩余价值。马克思认为只有工人的劳动才创造价值，工人创造的剩余价值 M 是可变资本（工资 V）的价值增值，它包含了利息、地租与企业纯利润；土地不创造价值却以地租的形式参与对剩余价值的分割。

我们认为，两种地租理论均有合理成分，也有不足。马克思主义的劳动价值地租论可以科学地揭示地租的真实来源；西方经济学的效用价值地租论则可以成功地阐释现实地租或实现的地租的决定机制。换言之，劳动价值地租是土地市场上的一个长期均衡租金，而效用价值地租则是土地市场的一个短期均衡租金。因此，两种地租在逻辑上并不矛盾，可以相互结合以解释现实中的地租形成机制。

4.2.4 社会主义城市地租

前面章节系统地介绍了各个流派的经济学家对地租理论的分析和发展，但这些地租理论都是资本主义社会的产物，都是针对资本主义土地私有制提出来的，那对于我国当前社会主义市场经济是否有借鉴意义呢？其实无论是马克思主义的地租理论还是现代西方经济学的地租在今天依然具有旺盛的生命力，这是因为这些地租理论蕴含了科学性，它们深刻地揭示出市场经济条件下地租的一般规律，不仅针对土地私有制的资本主义社会，而且同样适用于存在着土地所有权的社会主义社会。马克思说，不论地租有什么独特的形式，它的一切类型有一个共同点：地租的占有是土地所有权借以实现的经济形式。在社会主义制度下，地租并没有因为土地私有制的消灭而消失。社会主义社会虽然建立了生产资料公有制，消灭了土地的私有权，但是并没取消土地所有权。有土地所有权就会存在地租，要取消地租，不仅要废除土地私有权，而且要废除一切土地所有权。这就是说，只有到了共产主义社会，不仅取消了土地私有权，而且取消了一切土地所有权的时候，绝对地租才能消失。社会主义社会不仅存在土地所有权，而且存在着土地所有权和土地使用权的分离；不仅存在绝对地租，还存在级差地租，甚至垄断地租。因此地租理论中有关城市地租的内容对我国城市土地管理以及房地产业发展有着直接的借鉴意义。本部分将主要分析城市地租在房地产业中的具体表现。

1. 城市地租的含义

所谓城市地租是指住宅经营者或工商企业为建筑住宅、工厂、商店、银行、娱乐场所，租用城市土地而交付给土地所有者的地租。在我国，城市土地属于代表全民利益的社会主义国家所有。在相当长的时期内，由于没有树立社会主义初级阶段的观念，没有实行社会主义市场经济体制，人们一直把地租看成是土地私有制的产物而加以否定，与此相联系，在实际工作中实行了城市土地无偿无限期使用制度。改革开放以来，特别是随着社会主义市场经济理论和体制的确立，人们逐渐认识到社会主义条件下仍然存在城市地租。因为城市土地的所有权和使用权仍然处于相分离的状态。在这种状态下，就存在土地所有权如何在经济上实现的问题。

当然，在社会主义条件下的城市地租，它不归属于任何私人所有，而是归国家所有。进一步说，社会主义土地经营垄断使城市土地级差生产力转化为级差地租。社会主义土地所有权垄断使垄断利润转化为绝对地租。

2. 城市地租的形式

(1)城市级差地租。城市级差地租产生的条件同样是土地等级不同，但这种等级差异主要是由于土地位置的差异或连续投资带来的，按级差地租形成的条件不同，城市级差地租也可以分为级差地租Ⅰ和级差地租Ⅱ。

由于位置不同而形成的级差地租是级差地租Ⅰ。不同的位置将直接关系到占用该地块的经营者的收益高低，也就决定着级差地租量的多少。究其原因，城市土地地理位置好坏直接关系到它所能带来的集聚效益的大小。

所谓集聚效益，从总体上说是指各种群体(如工厂、商店群等)和个人在地域空间上集中所产生的经济效应。集聚效益可以分成两大类，一类是企业内部的规模经济效益，它适用于单独的厂商。另一类是企业外部的集聚效益，它包括区域化经济效益和城市化经济效益两个方面的内容。区域化经济效益主要是指在一个特定的区域空间内，一个特定行业的厂商享受该区域内同类厂商的数量和功能所带来的经济效益。城市化经济效益则具有更广泛的含义，即一个城市地区内全部经济活动对一个厂商的专业化分工协作所产生的经济效益，以及城市提供各种专业服务和城市基础设施等系统功能所带来的经济效益。而企业的外部集聚效益主要产生于各企业在城市土地上所处的位置，所处的位置越优越，所获得的企业外部的集聚效益就越大，具体表现在以下几方面：

首先，城市土地位置的优劣决定着企业距离市场的远近、运输时间的长短和运费的高低。

其次，城市土地位置的优劣决定着市场容量的大小，从而直接决定着企业销售额。

再次，城市土地位置的优劣还决定着获得其他生产要素，特别是信息等特种资源费用的高低。商业地租是城市地租最典型的形态，人口和集聚程度对商业企业具有更大的意义。作为商业地租实体的超额利润是与商业企业所在位置所决定的顾客密度及其营业额等指标成正相关的。如在中心商业区，由于消费者的多元购买行为，使彼此连接成线或成片的商业用地，对消费者具有更大的吸引力。在繁华的商业街区经营商业较之零星散落的商店，更易吸引消费者。这些都造成了同一城市内处于不同位置的土地具有不同的级差生产力。

最后，由于连续投资而带来的级差地租被称为级差地租Ⅱ。城市土地和农村土地一样也可以进行集约经营，即在同一块土地上进行连续追加投资。在城市经济发展过程中，这种连续不断的追加投资是经常发生的，而且是大量的。连续投资一方面表现为政府在城市市政基础设施上的追加投资。这种追加投资，将进一步增加追加投资区域内级差生产力Ⅱ和级差超额利润Ⅱ。连续投资还可以表现为企业的追加投资。如企业在原有的地区或特定的区域内，不论是建造新的工厂或商店等，以扩大企业的布点，还是通过改建、扩建，以提高原有土地空间的使用效率，如通过适当增加建筑物的层次或进行建筑物的装潢等，都可以提高该土地的级差生产力Ⅱ和级差超额利润Ⅱ。连续投资如果发生在国有土地有偿出让之前，那级差地租将以较高的土地出让金的形式归国家所有，而如果连续投资发生在国有土地有偿出让期间，在此期间，级差地租将归企业所有。城市级差地租也同时反映了城市土地的区位价值，房地产的价格与区位紧密联系，因此与城市级差地租直接相关。

(2)城市绝对地租。社会主义市场经济条件下的绝对地租是土地所有权借以实现的经济形式之一，它由于国家城市土地所有权的垄断及土地所有权与使用权的分离而产生。如果没有绝对地租，就意味着土地所有权的废除。城市土地是作为二三产业活动的场所、基地和空间条件使用的，因此城市绝对地租主要由二三产业提供。绝对地租不同于级差地租，它是劣等地所需交纳的最低限度的地租，因此，城市绝对地租是由农业地租的，确切地说是由毗邻城市或城市边缘地区的农业用地的地租决定的。城市最低等级的土地即为不提供城市级差地租的土地，它处于城市边缘地区，与周边的农业用地相接，相对于农业用地它是优等地。所以农业地租是城市绝对地租的基础。

(3)城市垄断地租。城市地租除了级差地租和绝对地租这两种基本形式之外，还存在着一种个别的、特殊的地租形式，即城市垄断地租。所谓城市垄断地租，是指城市中某些具有独特性质的土地，其独特的优越性与稀缺性导致其产出品能以垄断价格出售，由此所产生的垄断超额利润转化来的地租。产出品的垄断价格既不是由商品的生产价格决定，也不是由商品的价值决定，而是由购买者的需求和支付能力决定。因而，具有这种购买欲望和支付能力的人越多，其价格也就越高，垄断地租就越多。垄断地租的大小与土地所有权无关，土地所有权只是决定这个垄断利润的归属。生产青岛啤酒的地下优质矿泉水为青岛啤酒提供了一种垄断价格，这个垄断价格会产生超额利润及垄断地租。还有，这种垄断地租在城市某些特别繁华的中心地段、特别著名的旅游景点一定程度上存在着。

4.3 城市土地价格

4.3.1 土地供给分析

在城市土地市场，土地资源能否得到优化配置，土地资产能否实现保值增值，关键在于地价能否真正反映土地的市场交易本质，能否发挥其作为土地市场机制核心的作用。供求关系作为决定价格最直接的因素，因此对于供求关系研究有助于更深入地把握土地市场运行动向。

1. 土地供给的含义及影响因素

土地供给通常分为自然供给和经济供给。土地自然供给指地球所能提供给人类社会利用的各类土地资源的数量，包括已利用的土地资源和未来可利用的土地资源。它不受任何人为因素或社会经济因素的影响，数量固定不变，因而是无弹性供给。我国土地的自然供给极其有限，全国可开垦的宜农荒地资源仅约3330多万公顷，其中40%～50%为天然草地，主要宜于种植牧草；另外16%～20%分布在南方山丘地区，主要适宜发展木本粮油；其余如果全部开垦，仅可得净耕地800万公顷。我国人均土地面积在世界上190多个国家中排110位以后，耕地面积排在126位以后。

土地经济供给是土地在自然供给及自然条件允许的情况下，随着土地利用效益的提高而增加的土地供给量。鉴于土地具有多宜性，土地利用效益存在差异，因此，土地经济供给包括由于各种用途土地利用效益(社会效益和经济效益)变化而发生相互转移数量的供给，以及由于条件改变使未被利用土地转化为可被利用土地数量的供给，具有弹性。例如，随着城市的发展，城市建设用地的需求增加，必然引起城郊农田转变为建设用地，这就增加了城市土地的经济供给。但由于这种改变受到各种制约，因此土地经济供给缺乏弹性。土地供给曲线可以用

图 4-1 表示。图中垂直线 L_0 为土地自然供给数量，S 为土地经济供给曲线。在市场经济条件下，由于市场主体对经济利润的追求，在一定时间内，土地经济供给与土地价格存在着极其密切的关系。通常在土地价格不太高时，若地价升高，会引起土地经济供给增加，相反，地价下降，会引起土地经济供给减少。由于受土地自然供给制约，城市用地经济供给不会随地价增长而无限制增加，当地价超过某一水平时，土地经济供给数量就难以增加。除了土地价格以外，影响土地经济供给的因素还包括：

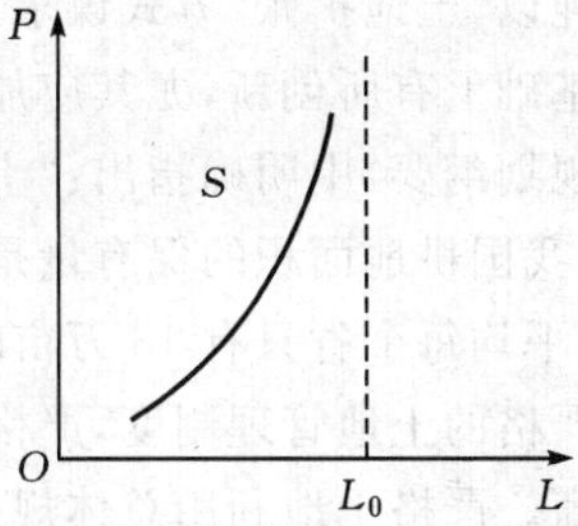

图 4-1 土地供给曲线

(1)自然供给。土地自然供给量越多，则经济供给量就相应增多。

(2)技术进步。技术进步提高土地利用能力，可使原来不能利用或利用效益不高的土地投入使用，增加土地经济供给量。

(3)土地规划。土地规划决定土地开发规模和利用方式，从而直接影响各类用地经济供给。如城市规划中对某些地块的使用限制就直接影响到土地供给，规划限制建筑的结构、建筑的用途、建筑的区位与周围环境。

2. **我国城市土地供给现状**

城市土地供给属于经济供给，表现为城市用地规模的扩大：一方面，城市空间范围增大，使得城乡边界向外扩展，需要将包括农用地在内的非建设用地转为城市建设用地；另一方面，通过对存量土地深度开发和利用，提高土地利用效率，调整建设用地结构与利用方式，充分挖掘土地利用潜力，在土地绝对供应量不变的情况下增加土地产出效益，从而相对增加土地经济供给量。

因此城市土地市场供给主要取决于农用地转为城市建设用地潜力和城市存量土地利用潜力。从地域上看，城市土地有三个层次：第一层次是城市市区(建成区)的土地，即城市建设用地；第二层次是城市规划区内，目前大部分仍为农副业生产和村镇占用；第三层次是城市行政区土地，包括城市规划区和农村土地。城市土地供给主要来自城市建成区和城市规划区，其中规划区决定农用地转为城市建设用地的潜力，建成区决定城市存量土地利用潜力。2009 年全年全国房地产开发用地供应 102840.16 公顷，同比增加 36.7%，占土地供应总量的 32.2%，同比下降 1.8 个百分点。其中，居住用地供应 76460.89 公顷，同比增加 38.8%；居住用地供应量占房地产开发用地供应总量的 74.3%，同比提高 1.1 个百分点。商服用地供应 26379.27 公顷，同比增加 31.1%；商服用地供应量占房地产开发用地供应总量的 25.7%，同比下降 1.1 个百分点。

实际上，我国长期以来一直存在城市扩张占用耕地过多、城市存量土地粗放利用的现象。近年来，我国很多城市出现了低效率的“城市蔓延”，城市用地规模扩展过快。1997 年到 2007 年十年间，全国城市用地面积(建成区面积)由 2.08 万平方公里扩大到近 3.55 万平方公里，城市用地规模增长弹性系数为 1.4，高于合理的城市用地增长弹性系数 1.12 的水平。以陕西为例，从 1997 年至 2007 年，陕西省城市化水平从 36.16%上升到 40.61%，仅上升了 4.45 个百分点。而城市总面积由 398.96 平方公里，扩大到 653.34 平方公里，净增了 254.38 平方公里，提高了 63.7%，增长人口的人均增长城市建设用地为 111.4 平方米，高于发达及发展中国家平均水平 1/3 以上。显然，城市发展所占用土地的增长与城市化水平不相适应。我国城市单纯以"土地扩张"方式谋求发展的传统模式已无法适应新形势的要求，土地的利用方式应在此基础上有所创新，尤其应加强土地的节约集约利用。我国《国民经济和社会发展第十一个五年规划纲要》中明确指出："十一五"期间，我国耕地面积必须保证不能少于18亿亩，而"十五"末，我国耕地面积的保有量是18.27亿亩，因此这五年每年减少的耕地必须控制在600万亩以内，平均每个省只有18万亩略多一点，因此《规划纲要》中同时指出，"加强土地资源管理，实行最严格的土地管理制度，严格执行法定权限审批土地和占用耕地补偿制度，禁止非法压低地价招商。严格土地利用总体规划、城市总体规划、村庄和集镇规划修编的管理。加强土地利用计划管理、用途管制和项目用地预审管理。""管住总量、严控增量、盘活存量，控制农用地转为建设用地的规模"，这将是我国未来很长一段时间土地管理的指导方针。为了能有效地实现上述目标，使地尽其用、地尽时用，按序开发，必须制定基于科学的土地供应时序的城市住宅用地供应计划，保证城市化的进一步发展和城市的可持续发展。

3. **房地产开发用地供给与开发情况分析**

1998年至今，是我国房地产业高速发展的重要时期，房地产企业大量购置土地用于开发商品房，但是与此同时，大量购置的土地闲置，并未开发，造成城市存量土地的低效使用。而这种"土地囤积"的现象也一直为社会各界所诟病，成为房价高居不下的重要原因之一。根据中国统计年鉴(2008)，表4-2计算了1998—2007年历年房地产业未开发的已购置土地面积增量的数据。由于1998年中国取消了福利房分配政策，开始了以商品房分配为主的全面市场化过程，因此这十年的数据基本可以反映中国房地产开发企业在市场化运作条件下的土地开发情况。

表4-2 1998—2007年历年未开发的已购置土地面积的增量

年份	本年购置土地面积（万平方米）	本年完成开发土地面积（万平方米）	本年未开发的已购置土地面积的增量	
			绝对量（万平方米）	占比（%）
1998	10109	7730	2379	2.30
1999	11959	9320	2639	2.55
2000	16905	11666	5239	5.07
2001	23409	15316	8093	7.83
2002	31357	19416	11941	11.55
2003	35697	22166	13530	13.09
2004	39785	19740	20045	19.39
2005	38254	22676	15578	15.07
2006	36791	26606	10185	9.85
2007	40609	26871	13738	13.29
合计	284875	181507	103367	100

数据来源：中国统计年鉴，2008.

表4-2中的"本年购置土地面积"是指在本年内通过各种方式获得土地使用权的土地面积；"本年完成开发土地面积"是指报告期内对土地进行开发并已完成七通一平等前期工程，具备进行房屋建筑物施工或出让的土地面积。根据上述定义，可以计算出1998年至2007年历

年房地产企业购置但未开发的土地面积的增量(之所以称之为“增量”是因为1998年前购置而未开发的土地已经存在),即本年未开发的已购置土地面积的增量=房地产企业本年购置土地面积-房地产企业本年完成开发土地面积。1998—2007十年间,本年未开发的已购置土地面积的增量之和为10.3367亿平方米。

结合表4-2和图4-2及图4-3,可以得到近十年房地产企业土地开发的主要特点:

(1) 近五年内已购置但未开发土地的增量明显增多。从表4-2可以看出,1998—2007十年中,前五年未开发的已购置土地面积增量占十年累计增量的29.3%,而2003年至2007年五年中的未开发的已购置土地面积增量占十年增量的70.7%,也就是说,开发商土地闲置的趋势在这五年里更为明显;从单个年份来看,2004年是十年中未开发的已购置土地面积增加最多的年份,达到2亿平方米;同时,2004年也是近十年的土地购置高峰年,比土地交易量最大的2007年仅仅少了824万平方米。

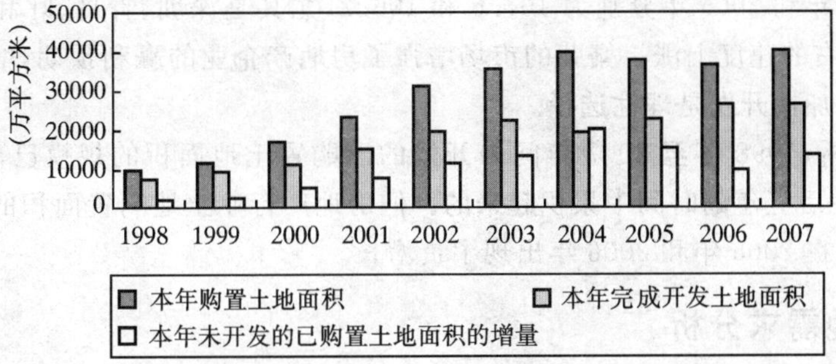

图4-2 全国1998—2007年历年未开发的已购置土地面积的增量

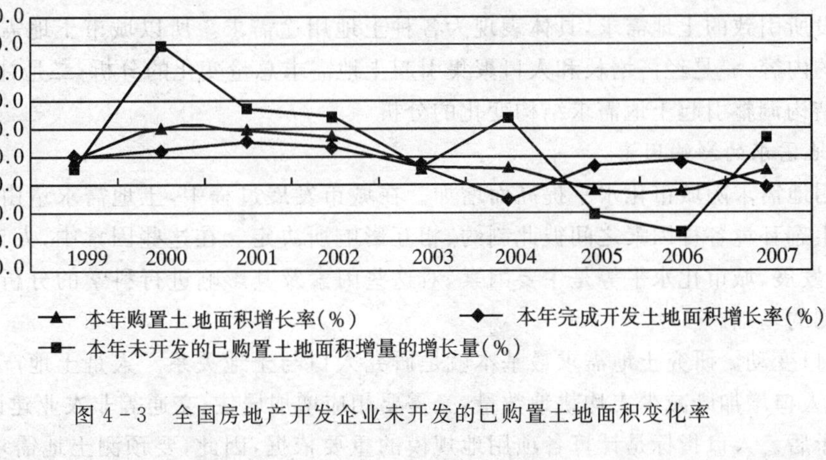

图4-3 全国房地产开发企业未开发的已购置土地面积变化率

(2) 土地购置面积的增速在平缓下降。图4-3表明房地产企业的土地购置面积增速从2000年开始一直在下滑,甚至在2005年和2006年出现了负增长,这说明从第十一个五年规划开始,我国就开始实践“节约资源,实现增长方式从粗放型向集约型转变的发展道路”;2005—2006年全国土地购置面积下降,主要原因在于2004年“8.31大限”后,土地市场完全进入招拍挂阶段,政府土地储备中心等土地供给部门在土地储备供应方面尚处于摸索阶段,土地供应量不足,而在有些城市,开发商对“招拍挂”市场较高的土地价格持观望态度,以致一些土地"流拍",这些都造成市场交易量的下降。但随着各种融资渠道的畅通,房地产市场价格大幅上涨给开发商带来的资金积累和良好预期,以及资本市场对开发商储备土地的要求等,都使开发商购置土地有效需求大增,因此2007年全国土地购置面积比2006年增长了10.4%。

(3) 未开发的已购置土地面积增量的增速总体上处于下滑趋势。图4-3可以明显看出,从2000年开始,除了2004年和2007年,未开发的已购置土地面积增量的增速总体上处于下降趋势。尽管本年完成开发的土地面积增速在2004年前一直低于土地购置面积的增速,因此在2004年前未开发的已购置土地面积增量的增速一直处于较高位,2004年以前年均增速是45%,但增速一直是下降的,甚至在2004年后,由于已完成开发的土地面积增速开始高于土地购置面积的增速,未开发的已购置土地面积增量的增速出现了负增长,2005年和2006年分别是-22.3%和-34.6%。这是因为这两年是我国房地产行业近一轮繁荣期中最重要的两年,尽管房地产宏观调控政策不断出台,但全国大中城市的商品房价格仍然高位运行,全国房屋销售价格指数2005年和2006年分别为107.6和106.2,尤其是深圳、青岛、呼和浩特等城市的房价仍以10%左右的速度上涨。繁荣的市场增强了房地产企业的赢利预期,增大了土地闲置的机会成本,因此加快开发是理性选择。

总结以上分析,1998年至2007年间未开发的已购置土地面积的规模已超过10亿平方米,其中70%是在后五年的时间中累积起来的。但房地产行业土地闲置面积的增速总体上处于下降趋势,尤其在2005年和2006年出现了负增长。

4.3.2 土地需求分析

1. **土地需求的含义**

土地需求是指人类为满足生存和发展需要,利用土地进行各种生产和消费活动的需求。由于土地的多宜性,城市土地需求包括工业、仓储、商业、服务业、住宅、学校、交通、绿地、市政公用等建设所引致的土地需求,具体表现为各种土地用途需求。所以城市土地需求的分析包括两方面的内容:一是经济增长和人口聚集引起土地需求总量变化的分析;二是社会经济发展以及产业结构调整引起土地需求结构变化的分析。

2. **土地需求的影响因素**

城市用地需求随城市化水平提高而增加。在城市发展过程中,土地需求量由当地社会经济条件和生态环境各种因素之间彼此制约、相互影响所决定。在这些因素中,人口变动、消费水平、经济发展、城市化水平等是主要因素,对这些因素及其影响进行科学的分析论证是土地需求量预测的基础。

(1)人口变动。研究土地需求最基本就是研究人口与土地关系。人是土地产品直接和间接消费者,人口增加既减少人均耕地数量,又需要相应增加居住、交通等非农业建设用地面积,加剧人地矛盾。人口指标是计算各项用地规模的重要依据,因此,要预测土地需求量,首先必须对人口变动作出科学的预测。

(2)消费水平。随着消费者收入增加,消费者支出模式也会发生相应变化。根据恩格尔定律,消费水平提高会降低基本生活支出比例,但用于购买房产、投资教育、闲暇娱乐活动支出将明显增加,导致居住区休闲服务设施需求增加和全社会公共服务设施增加,最终导致相应用途土地需求增加。

(3)经济发展。土地作为必不可少的生产要素,土地需求必然受到经济发展状况的影响。

经济发展包括经济规模扩大和产业结构调整。前者引起土地需求总量增加，后者导致土地需求结构变化。由于结构调整，优先发展产业需要更多空间扩大生产规模，而限制发展产业必须面临产业转移或者清算关闭，引起土地需求变化。

(4)非土地要素价格。建筑成本与土地利用强度正相关，当建筑成本提高时，依靠提高土地容积率降低成本不再可行，会导致经济性降低。土地边际替代率提高，对土地需求肯定会增加，相应地降低房屋楼层数。反之，当房屋建筑造价相对低廉，土地变得相对昂贵，房屋就会向高层发展，以减少土地使用。

(5)城市化水平。在城市发展初期，人口迅速聚集和产业急剧膨胀，导致土地需求以外延扩张为主。城市进入成熟期后，由于生活水平提高，人们对生活质量有了更高要求，传统物质环境在数量、质量和结构上已经不能满足经济和社会活动的要求。对城市功能调整和更新，引起对存量土地需求增加。

(6)政府政策。由于我国土地的国有性质，再加上土地自身的资源性生产要素特点，土地市场是政府干预最多的一个市场，政府的宏观政策，包括土地政策、税收、信贷以及汇率的变化都会引起土地需求的变化。

传统的城市建设用地预测方法主要采用城市人口预测量与人均建设用地指标相乘进行计算。只要先预测出城市人口数量，再根据《城市用地分类和规划建设用地标准》(GBJ137—90)中规定人均建设用地指标即可得出城市土地需求。人均用地指标可以理解为合理人口密度。城市应该有适度人口规模和合理人口密度，应该与城市设施水平相适应，与社会生产力水平、技术水平、人口质量和生活水平等诸多因素相联系。但是，这种方法只考虑人口因素而忽略其他影响因素会存在较大预测误差。除此之外，现在比较多见的土地需求预测的方法还包括多元回归分析、时间序列分析、灰色预测模型等方法。

4.3.3 土地价格的含义及特点

根据马克思的劳动价值论，价格是商品价值的货币表现，而商品价值是凝结在商品中的无差别的人类劳动。在西方经济学家看来，价格是为获得一种商品或劳务所必须付出的东西，它在市场供求均衡中形成。但是由于土地的非劳动产品特性，在土地价格形成中，成本约束作用相对有限，而受土地市场供求关系影响较大。供给和需求共同作用决定价格，同时，土地价格变化又会反作用于供求关系，地价升高能够增加土地市场供给和减少市场需求，地价下降会导致土地供给减少而需求增加。但均衡价格理论是建立在市场充分竞争、完全信息、交易时间瞬间完成、价格唯一决定等假设基础上。事实上，土地市场并非完全竞争，信息也并非完全确定，它的区域性强，产品差异性强。而且土地价格调整是动态过程，因此土地市场难以达到真正意义上的市场均衡，而常常供求数量是不均衡的。

土地能向人类提供产品和服务，即在一定的劳动条件下土地能产生收益，即地租。购买土地的权利，实际上是购买一定时间的土地收益。因此，土地价格是为购买土地而支付的用货币表示的交换价值，是土地未来地租的资本化。

1. 土地价格是土地权益价格

土地是一种资产，能给人们提供恒久的产品和服务，而这种产品和服务的获得都以土地权利的限定为基础。因此，土地买卖实质上是一种财产权利的买卖，人们购买土地是购买获得土地收益的权利。因此马克思提出土地价格是地租的资本化。土地权利是一个权利束，包括土地所有权、使用权、抵押权和土地租赁权。要获得某项土地权利，就可以获得某种程度上的土地收益，因而，也就必须付出代价。从严格意义上讲，在土地所有权可自由交易的经济里，地价应是土地所有权的交易价格，即土地所有权价格。在我国，城市土地归国家所有，法律禁止城市土地所有权的交易。我们所讲的地价实际上是土地使用权的价格，它用若干年的土地使用权租金的贴现值的形式体现出来。因此，在不同土地制度的国家，土地价格所针对的土地权益是不同的。

2. 土地需求是决定土地价格的主导力量

一般商品的供给与需求，都是决定该商品市场价格的主要因素。然而，在土地市场上，土地的自然供给是不能改变的，土地的经济供给在短期内弹性也很小。因此，相对土地需求来说，土地供给的弹性很小。这样，土地市场的价格就主要由土地需求决定。

3. 土地价格呈总体上升趋势

按照社会发展的一般规律，当人口增加、经济发展对土地的需求日益增大，而土地供给的增加又相当有限时，土地价格总体上呈现不断上涨的趋势。这点对于处于高速发展时期的中国尤其如此，大量城市基础设施建设不断地追加投入，土地的利用效益不断提高，地价也会不断上涨。

4. 土地价格具有明显的区域性和集聚性

城市类型、地理及经济区位的不同，导致其地价水平明显不同。即使在同一个城市，地价也因区位不同而显著不同。我国城市地价水平呈现东高西低、南高北低的整体变化趋势，城市地价水平按由高到低划分为四个区域，四个区域从东到西呈阶梯状分布。地价最高地区包括广东省、北京市、上海市、重庆市、浙江省、江苏省、福建省、山东省的胶东半岛地区、辽宁省辽东半岛地区等；地价次高地区包括四川省、安徽省、江西省、湖北省、湖南省、海南省、山东省、辽宁省、吉林省、黑龙江省、天津市；地价较低地区包括广西壮族自治区、云南省、贵州省、河北省、河南省；地价最低地区包括西藏自治区、陕西省、山西省、内蒙古自治区、宁夏回族自治区、甘肃省、青海省、新疆维吾尔自治区。

另外，我国大中城市地价水平具有明显的集聚分布特点。河流、铁道、高速公路等主要特征线附近，地价具有接近性。以特征线为中心，距离特征线越远，地价分布受特征线的影响就越小。我国城市地价特征线主要包括以下几条：一是沿海开放城市线，主要包括珠海、深圳、厦门、温州、宁波、青岛、大连等城市，这些城市的地价具有相同的特点，基本遵循着南高北低的变化趋势。这条特征线表明了沿海开放城市地产市场发育较快、地价相对较高。二是长江沿岸城市线，沿线主要有南京、合肥、武汉、长沙、重庆、成都等城市，从平均水平来看，这些城市的地价水平反映了我国中南部地区自东向西地价由高到低变化的基本特点。三是京广、京哈铁路沿线及周边，主要有广州、长沙、武汉、郑州、石家庄、北京、沈阳、长春、哈尔滨等城市，京广、京哈铁路是我国南北贯通的交通线路，这条线也基本反映了我国城市地价南高北低的趋势。四是西安至乌鲁木齐的西北线，主要有西安、兰州、西宁、乌鲁木齐等城市。西北线的地价水平依然遵循东高西低的特点，而且落差较大。西安市在这条特征线上所占的位置尤为重要，地价水平最高，西宁市的地价较低，甚至低于乌鲁木齐市。

4.3.4 我国城市地价体系

城市地价可以从不同角度划分为多种类型，并组成地价体系，这里从四个角度按照实际应用中涉及的地价进行分类。

1. 按照土地使用权交易管理层次划分——基准地价、标定地价、出让底价和交易地价

(1)基准地价是各城镇按不同的土地级别分别评估和测算的商业、工业、住宅等各类用地土地使用权法定最高出让年期的区域平均价格。基准地价是政府公布的土地市场指导性价格。这些土地一般是具备“三通一平”以上的开发程度的国有土地。基准地价作为国家宏观控制地价,限制过低价格的交易;在土地使用权出让、转让、出租、抵押中,作为进一步评估地块标定地价的基值;并为宗地地价评估或房地产商投资进行可行性研究提供测算基础。为了保证基准地价能较好地反映土地市场的变化,基准地价将不定期修订。

由于房地产具有典型的区域性,每个城市的基准地价都是由当地来制定的,例如,西安市国有土地基准地价经过2000年和2007年两次调整,目前西安市城六区国有土地分为商服用地、住宅用地、工业用地、其他用地四大类。其中,商服用地包含商业用地、金融保险用地、餐饮旅馆业用地和其他商服用地;住宅用地包括普通住宅、公寓、别墅用地,以及以居住为主的住宅与工业或商业等混合用地;工业用地包括仓储用地和采矿地;其他用地包括机关团体用地、教育用地、科研设计用地、文体用地、医疗卫生用地和慈善用地。需要说明的是:交通运输用地和水利设施用地基准地价参照工业用地基准地价;公用设施用地和特殊用地基准地价参照其他用地基准地价。每类用地分为九级,1级土地的基准地价最高。各类用途土地各级基准地价如表4-3所示。

表4-3 西安市市区国有土地基准地价表

用途 / 级别	商服用地		住宅用地		工业用地	其他用地
	地面地价[元/平方米(万元/亩)]	楼面地价(元/平方米)	地面地价[元/平方米(万元/亩)]	楼面地价(元/平方米)	地面地价[元/平方米(万元/亩)]	地面地价[元/平方米(万元/亩)]
1	6300(420)	3150	3600(240)	1800	工业限制区	2250(150)
2	4050(270)	2025	3000(200)	1500		1800(120)
3	2625(175)	1313	2400(160)	1200		1350(90)
4	1800(120)	900	1650(110)	825	600(40)	1050(70)
5	1275(85)	638	1200(80)	600	495(33)	750(50)
6	975(65)	488	900(60)	450	405(27)	525(35)
7	675(45)	338	600(40)	300	315(21)	375(25)
8	525(35)	263	450(30)	225	240(16)	330(22)
9	375(25)	188	345(23)	173	180(12)	270(18)

表4-3基准地价的内涵包括:①土地开发程度。1至6级地为“六通一平”(供水、排水、供电、供气、通讯、通路、场地平整),7至9级地为“三通一平”(供电、通讯、通路、场地平整)。②容积率。商服和住宅用地平均容积率为2.0,工业用地平均容积率为0.5,其他用地平均容积率为1.5。③土地使用年期。商服用地为40年,住宅用地为70年,工业用地和其他用地为50年。④楼面基准地价是指平均容积率为2.0时的单位建筑面积基准价格。

1至3级地为城市规划工业限制区，鉴于这三个级别内尚有零星存量工业用地，其工业用地水平分别按1级1950元/平方米(130万元/亩)、2级1350元/平方米(90万元/亩)、3级900元/平方米(60万元/亩)控制。另外，工业用地出让价格必须执行国土资源部发布的自2007年1月1日起实施的《全国工业用地出让最低价标准》，土地利用总体规划确定的西安市城六区城市建设用地范围内工业用地出让最低价为384元/平方米(25.6万元/亩)，土地利用总体规划确定的长安区城市建设用地范围内工业用地出让最低价为168元/平方米(11.2万元/亩)。

与西安市不同，上海市将城市用地分为商业、办公、住宅、工业四类用地，每类分10级，第11级为滩涂。住宅2级土地楼面地价是6200元/平方米(没有1级)，而西安市1级住宅用地楼面地价为1800元/平方米，差距悬殊。上海市基准地价具体见表4-4。

表4-4 上海市基准地价表(2003年)

<table>
<tr><td rowspan="2">用途
级别</td><td colspan="2">商业</td><td colspan="2">办公</td><td colspan="2">住宅</td><td colspan="2">工业</td></tr>
<tr><td>楼面价格(元/平方米)</td><td>设定容积率</td><td>楼面价格(元/平方米)</td><td>设定容积率</td><td>楼面价格(元/平方米)</td><td>设定容积率</td><td>楼面价格(元/平方米)</td><td>设定容积率</td></tr>
<tr><td>1</td><td>12260</td><td rowspan="2">3.5</td><td>8200</td><td rowspan="2">3.5</td><td></td><td></td><td></td><td></td></tr>
<tr><td>2</td><td>9920</td><td>6200</td><td>6200</td><td rowspan="2">2.5</td><td></td><td></td></tr>
<tr><td>3</td><td>7500</td><td rowspan="2">3.0</td><td>4550</td><td rowspan="2">3.0</td><td>4550</td><td>4200</td><td rowspan="2">2.0</td></tr>
<tr><td>4</td><td>5280</td><td>3300</td><td>3300</td><td>2.0</td><td>2100</td></tr>
<tr><td>5</td><td>3960</td><td rowspan="2">2.3</td><td>2400</td><td rowspan="2">2.3</td><td>2400</td><td>1.8</td><td>1100</td><td>1.5</td></tr>
<tr><td>6</td><td>2175</td><td>1500</td><td>1500</td><td>1.5</td><td>530</td><td rowspan="5">1.0</td></tr>
<tr><td>7</td><td>1269</td><td rowspan="2">1.2</td><td>940</td><td rowspan="2">1.2</td><td>940</td><td rowspan="2">1.0</td><td>292</td></tr>
<tr><td>8</td><td>910</td><td>700</td><td>700</td><td>250</td></tr>
<tr><td>9</td><td>600</td><td rowspan="2">1.0</td><td>510</td><td rowspan="2">1.0</td><td>510</td><td rowspan="2">0.8</td><td>195</td></tr>
<tr><td>10</td><td>370</td><td>370</td><td>370</td><td>150</td></tr>
<tr><td>11</td><td colspan="8">滩涂特定</td></tr>
</table>

国土资源部2003年在全国35座城市(不包括沪、深)开展了城市土地价格调查，通过对35座城市基准地价的统计分析，各城市商业、住宅和工业用地的平均单价分别为1948元、1343元和450元，商业、住宅和工业的一级地价与末级地价比分别为10.6、7.0和3.3。

(2)标定地价是指在城镇不同土地级别或区段内，对所选定的宗地根据土地的条件、用途评估得到的正常市场条件下于某一估价日期的土地使用权价格。它是城镇内每一级基准地价的延伸。标定地价的评估使政府制定的土地价格落实到更具体的地块上，标定地价可以为政府出让土地使用权时确定土地出让金提供依据，为企业清产资核和股份制改造中确定土地资产量提供依据，为国家核定土地增值税和税制改革提供依据，还为政府制定土地市场管理政策提供依据。

(3)出让底价是政府根据正常市场状况下地块应达到的地价水平而确定的某一地块出让时的最低控制价格。它也是土地使用权出让时政府首先出示的待出让土地或地块的最低地价

(标价)的依据和确认成交地价(或出让金)的基础。实践中,政府委托有资质的土地估价机构,根据基准地价、标定地价、当地的土地市场供求情况、土地市场地价水平和拟出让宗地设定的土地条件,评估得到出让时点和出让方案设定的土地条件下拟出让地块的正常价格,并综合考虑国家产业政策、地价政策、土地市场调控政策、调控方向,兼顾当前利益和长远利益,确定拟出让宗地的出让底价。

基准地价、标定地价、出让底价都不是地产交易市场的成交地价,但都起着调控市场交易地价的作用。而且它们之间存在着相互承接的关系,基准地价是标定地价评估的基础,标定地价又是土地使用权出让底价评估的参考和依据。基准地价与标定地价、出让底价的主要区别如下:基准地价是大面积评估的区域平均地价,而标定地价、出让底价则是具体宗地或地块的地价;基准地价以考虑宏观区域因素为主,标定地价和土地使用权出让底价还考虑地价的微观区位因素,其地价更为接近市场交易地价。

(4)交易地价是土地使用权转让双方,按照一定的法律程序,在土地市场中就某块土地实际达成的成交价格。

2. 按土地的开发程度划分——熟地价和生地价

土地使用权的出让包括熟地出让和生地出让。熟地是指已经完成了征地拆迁、七通一平或五通一平或三通一平等市政基础设施建设的地块。熟地出让地价称熟地价。生地是指未完成征地拆迁和三通一平的地块,也称毛地。我国过去常常将生地直接出让给房地产开发企业,造成巨额土地增值收益流失。根据新加坡、我国香港等发达国家和地区的经验,由政府的土地部门将生地开发成熟地,在进行招标、拍卖时,由政府收取土地的增值收益。我国香港特别行政区政府在这方面每投入1亿港元就可以获得5亿至10亿港元的回报,可见出让熟地可获得数倍于开发成本的土地增值收益。我国现行的土地储备制度通过收购、储备和出让环节将原划拨土地、出让合同到期的土地、农业用地及闲置违法土地收回开发成熟地,再根据城市规划和城市发展需要,有计划出让土地,不但可以有效地调节市场土地供给,而且还可以最大限度地获取土地增值收益。

3. 按地价的计算方法划分——地面地价和楼面地价

地面地价是单位占地面积的价格,即以地价总额除以土地总面积;楼面地价是指单位建筑面积的土地价格,是以地价总额除以规划允许建造的总建筑面积。在地价评估的实际工作中,楼面地价是衡量地价水平的主要指标,与开发成本和利润直接相关。投资者一般以楼面地价来计算投资效益,因为不同的地块规划允许的容积率是不同的,地面地价不能反映土地成本的高低,只有把地价分摊到每平方米建筑面积上去核算,才具有可比性。

专题

2009年中国城市地价状况

2010年3月29日,国土资源部公布了《中国城市地价状况2009》,报告显示,总体来看,2009年全国各主要城市土地及房地产市场出现明显回升,土地供应量和监测地价、商品房交易量和交易价格均明显上升,特别是深圳、宁波、上海等一、二线城市的地价和房价都出现了较大反弹。目前一线城市居住地价增长将趋于平稳,须防止二、三线城市地价跟风上涨。2010

年，还会有一系列调控政策的跟进，地价上涨幅度或会有所放缓。

2009 年全国地价低于 2007 年

数据显示，2009 年全国总体地价水平涨幅较明显，各用途地价涨幅均高于 2008 年，但低于 2007 年水平。2009 年全国(105 个监测城市)总体综合地价水平值为 2653 元/平方米，其中商业地价最高，为 4712 元/平方米；其次为居住地价，3824 元/平方米；工业地价最低，为 597 元/平方米。2009 年全国 105 个监测城市综合地价增长率为 5.05%，同比上年提高了 4.58 个百分点。商业、居住、工业地价增长率都有所上升，其中，商业地价增长率为 5.54%，提高了 4.58 个百分点；居住地价增长率为 7.92%，提高了 7.71 个百分点；工业地价增长率为 1.56%，提高了 1.02 个百分点。

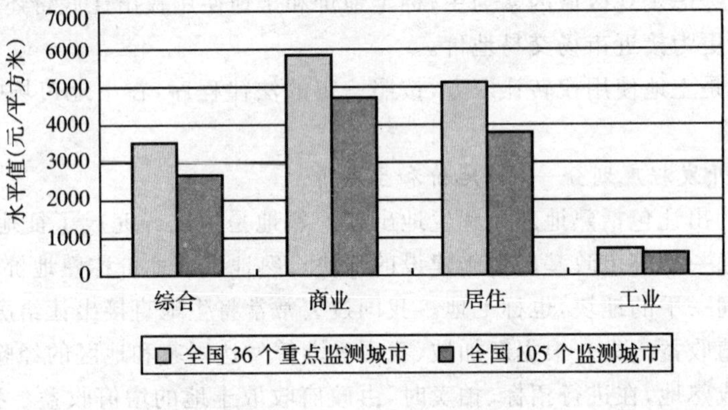

2009 年全国监测城市地价水平值

二、三线城市地价可能跟风上涨

报告在分析 2010 年全国城市地价变化趋势时强调，金融与税收政策的调整将作用于房地产市场，并直接影响地价走势。一线城市居住地价增长将趋于平稳，须防止二、三线城市地价跟风上涨。

报告指出，2009 年地价上涨幅度较大的主要是一线经济较发达的城市和东部沿海地区市场经济较活跃的城市。随着这些城市的地价达到一定水平，其用地成本已经大幅增加，受土地成本辐射效应影响，部分用地和开发需求必将转向二、三线城市。同时，伴随着我国城镇化步伐加快，中小城市对住房用地需求会持续增大，首套购房优惠政策的持续实施落实、刚性购房需求的释放，将刺激二、三线城市房价的增长，从而激发城市居住地价的上涨。但是，二、三线城市的经济环境、基础设施状况、产业聚集程度等必然存在一定的差距，其市场需求弹性往往受到很多限制，因此必须防止二、三线城市地价跟风过快上涨。

2009 年房价上涨幅度远高于地价

而从 2009 年全国城市地价与房地产市场关系分析看，商住综合地价与商品房价格均呈快速上涨趋势，房价上涨幅度远高于地价，商品房价格及增长率均为 2001 年以来最高水平。2009 年全年房地产开发用地供应呈现量价齐涨态势，房地产开发用地供应中居住用地所占比重略有提高。

国土部再提地价房价占比

继 2009 年 7 月首度公布地价房价占比之后，国土部本次再度公布了同时点地价房价比均值。报告显示，全国重点监测城市居住用地的同时点地价房价比均值为31.29%，基本处于正常市场区间内，而这一数字在2009年6月首度公布时为23.2%。

此外，报告还显示，在可获取有效数据的28个城市中，北京、天津、上海、南京、杭州、宁波、广州等共计14个城市居住地价房价比高于商业地价房价比，即半数城市居住地价房价比超过商业。对此国土部中国土地勘测规划院副总工程师邹晓云表示："按照一般规律，商业不动产价值中土地价值的比例应该更高。而我国目前居住地价与商业地价的差距并不大，商业用地地价房价比低于居住用地地价房价比。这样一个异常现象说明现阶段住宅市场化程度较商业物业市场化程度更高。"

资料来源：中国土地勘测规划院全国城市地价监测组. 中国城市地价状况2009[N/OL]. 中国经济网[2010 - 3 - 30]. http://www.ce.cn/macro/more/201003/30/t20100330_21204657.shtml.

思考与练习

1. 马克思地租理论中的绝对地租、级差地租以及垄断地租产生的原因分别是什么？如何表现？
2. 新古典经济学地租理论的主要贡献是什么？
3. 在有关地租来源的讨论中，经济学界有何分歧？
4. 土地供给的含义是什么？土地供给的弹性如何？
5. 影响土地需求的因素主要有哪些？
6. 土地价格的含义及特点是什么？
7. 土地基准地价、标定地价、出让底价和交易地价之间的区别和联系是什么？

第5章 住宅市场的运行规律

重点内容

1. 住宅的功能
2. 住宅需求和供给的内涵及影响因素
3. 影响住宅价格的因素
4. 地价和房价的关系
5. 空置的涵义

住宅是所有房地产项目中距离百姓生活最近的一种类型,也是所有房地产开发中占比最大的部分。住宅的各类功能是住宅市场表现的基础,本章首先介绍了这一方面的内容。其次,本章详细介绍了住宅的供求分析,包括住宅需求和供给的内涵、影响因素及主要弹性。在此基础上,本章进一步介绍了导致住宅价格变化的直接影响因素以及实证研究方法,并解析了地价和房价的关系。最后,本章深入介绍了住宅市场空置的内涵以及当前全国和各地商品房市场的空置水平。

1999年以来,住宅开发投资额占全部房地产开发投资额的比重均保持在70%左右,而住宅销售面积在全部房地产销售面积中的比重均保持在80%以上,2009年这一比例达到了90%。由此可见,住宅市场的发展状况,直接决定着房地产市场的基本走向。

5.1 住宅的功能

专供居住的房屋是住宅,个人和家庭总要支付一定数量的货币换取一定的住宅空间,来满足生理和心理的需要,因此住宅是人类最基本的生活资料,住宅消费是人们生活消费中的重要组成部分。在现代社会中,居住状况的好坏已成为衡量居民生活质量的重要标志之一。

住宅及其功能是随着人类社会经济文化的发展而不断发展和完善的。从远古时代的"穴"和"巢",到现代的智能住宅、绿色住宅、生态住宅,人们已不再只是满足宽敞的居住空间,更是追求齐全的配套设施、优美的居住环境。随之,住宅的功能也不断拓展,从一般生存需要,发展到享受需求、社交需要、资产积累和投资需要等多种功能。

首先,住宅作为生活必需品之一,最基本的功能就是满足居住需要的生活资料功能。这种功能包括两个方面：一是满足人们最基本的生存需要。人的生存离不开住宅，人的一生，大约有三分之一至二分之一的时间是在居室内度过的。二是满足人们居住生活的享受需求。人们不仅要有房可住，而且要住得舒畅，享受居住生活的乐趣。这就要有宽敞的居住空间、齐全的设备、方便舒适的设施、良好的居住环境和文化品位。随着社会经济文化的发展和收入的提高，舒适型、享受型商品住宅热销；"大户型"、"复式住宅"、"别墅"的市场供应越来越多；"智能住宅"、"生态住宅"也不断成为现实，这些都充分反映出住宅的享受功能正在逐步体现出来。

其次，住宅不仅是生活资料，而且也是重要的发展资料。人们可以利用住宅学习科学文化知识，提高文化素质，获取新的技能；可以利用住宅锻炼身体，增强体质；还可以将住宅作为文化娱乐的场所，健康身心，获得乐趣；甚至有些人群还将住宅作为工作的场所。目前，全世界已有上千万的人利用网络科技和先进的信息技术在家中远程办公。所以，住宅是人们获得素质提高和全面发展的重要发展资料。

第三，住宅具有良好的社交功能。人是社会人，人需要交往、交流，需要同亲朋好友、邻里、同事联系和交往。面积宽敞、设备齐全、环境优美的住宅，是适宜进行社交活动的场所。人们在住宅或庭院里进行交谈、磋商或从事文化娱乐活动，倍感亲切和融洽。住宅为社交活动创造了良好的环境条件。在现代住宅中，客厅的扩展和精心布置，显得越来越重要。

第四，住宅具有资产功能。住宅具有双重属性，既是生活资料，又是一种资产。由于住宅是超耐用消费品，价值大，使用年限长，具有良好的保值、增值功能，因此购买住宅本身就是家庭资产的累积，不仅可以自身享用，还可以作为资产留给子孙后代享用。现实生活中购房置业者越来越多，标志着个人和家庭富裕程度的提高。另外，住宅也可以作为投资品，买进住宅后，可以通过出租、转售、抵押、典当，从中获取收益。近年来，投资性购房者越来越多，不少人已拥有两套以上住宅，购买住宅已成为现代中国社会重要的投资渠道。

第五，住宅具有丰富的文化艺术功能。住宅是社会经济文化的结晶，也是一种文化艺术的象征。它反映不同国家、地区和民族，不同历史阶段的建筑文化和人民的生活方式、居住习惯和居住文化的特点。不同的建筑风格利用建筑的平面布局、形态构成、艺术处理和手法等方面显示出不同的建筑艺术。城市里的住宅小区有古建民居风格、园林风格、现代主义风格、欧陆风格等多种风格，呈现出一道道独特的风景线，极大地丰富了城市建筑文化艺术。在现代都市中独特的住宅建筑，甚至成为可供人们欣赏的旅游胜地。例如北京的四合院、上海的石库门房子，就是具有代表性的历史性住宅建筑。

5.2 住宅的供求分析

5.2.1 住宅需求的内涵及影响因素

1. 住宅需求的内涵

住宅是由土地及附着于土地上的建筑共同构成的，因此，对住宅的需求包含了对住房的需求和对住宅用地的需求，其中，对住房的需求是直接的，对住宅用地的需求是间接的，因而是一种引致需求，因此住宅需求与住宅用地需求必然紧密相关，土地市场的表现将直接影响住宅市场的运行。

由于住宅功能的多样性及消费者收入水平的不同,购房需求呈现出显著的层次性特征。

有些收入较低,还没有购房经历的居民首次购房是出于居住需要,在我国把这类购房需求又称为自住性住房需求。这部分购房需求主要是实现住房的生活资料功能、发展资料功能及社交功能,因此不需要太大的面积,只要具有基本的生活设施和起居空间,环境适宜居住,质量可靠。自住性购房需求的主体多是家庭收入较低、年纪较轻的居民。

如果购房者对目前的居住条件不满意,需要重新购置房产来满足对居住的要求,就会产生改善型购房需求。根据改善型居住需求的不同性质,一般可将改善型需求分为两类:一类是目前的居住条件比较差,迫切需要改善居住环境而购房;另一类是收入颇丰,生活品质比较高,对现有住房不满意,在新的高品质楼盘出现后,为了追求更高的生活质量,而去购买新房。改善型购房需求的年龄主要集中在30岁至50岁之间,这个年龄阶段的家庭在收入上有一定的积累,事业上一般取得了一定成就,开始对生活品质有所要求,因此当前的住房往往满足不了他们现在的居住需求,他们需要提高住宅品质以及改善周边配套,开始选择一些高档楼盘作为新住房。也有一些改善型购房需求是出于被动原因,例如,家庭成员的增加,或孩子年龄的增长,需要增加居室,改善居住条件;再有旧城改造及其他城市建设造成的动拆迁,也会持续产生新增的住宅需求。

无论是自住性住房需求还是改善型住房需求实质上都是消费性住房需求。这两类住宅需求存在于住宅市场发展的任何阶段,因为每一个社会都有高收入人群,也有低收入人群,他们对住房需求的具体要求是不同的。但从动态上讲,住宅市场每一发展阶段的主要任务因社会经济的总体发展阶段不同而不同,从总体上讲,我国目前还处于以生存需求为主,改善需求为辅,但改善需求在逐步增加的阶段。由于地区发展不平衡,有的城市改善需求增加较快,比重也较大。因此政府决策部门及开发商要把握住宅市场发展的阶段性及发展趋势,对住宅开发建设,要根据地区差异,既考虑当前的需求,也考虑未来的需求。

另外还有一类购房需求主要是为了追求住宅的资产功能,即投资或投机性需求。这类购房主体一般已有较多的财富积累,已具有较好的居住条件,他们购房主要是出于投资和财富增值的需要。我国政府在住房消费方面的一贯主张是:支持居民自住和改善性购房需求,抑制投资或投机性需求。在2010年3月召开的十一届全国人大三次会议和全国政协十一届三次会议上,温家宝总理的政府工作报告明确提出:继续支持居民自住性住房消费;增加中低价位、中小套型普通商品房用地供应,加快普通商品房项目审批和建设进度;规范发展二手房市场,倡导住房租赁消费;盘活住房租赁市场;抑制投机性购房;加大差别化信贷、税收政策执行力度;完善商品房预售制度。

再加上不同消费者的职业、年龄、习惯等方面不同,形成了兴趣、爱好的多样性,从而购房需求具有明显的多样性特征。住房供给需要不断挖掘住房需求的多样性,满足人们个性化的需要。

因此住宅需求是一种多层次、多样化需求,以需求为导向将会产生多个住宅细分市场。

2. 住宅需求的影响因素

与一般商品一样,影响住宅需求的因素主要包括:住宅的价格、居民收入、人口因素、政府政策、心理预期等。

(1)住宅的价格。住宅的价格是影响住宅需求的最重要的因素。由于住宅既具有消费品性质,又具有投资品性质,因而房价变动对住宅需求的影响是复杂的。从消费的角度来看,房价上涨将给消费者带来预算约束效应，即房价上涨将增加消费者的购房负担，消费者将减少住宅需求量，因而房价上涨对住宅需求是起抑制作用的。但从投资的角度来看，房价上涨同时意味着房屋升值，家庭财富增加，这样房价上涨会引发更多的投资需求。因此，房价上涨对住宅需求的影响究竟是正向的还是负向的，关键要看上述两种效应孰大孰小。通常，当住宅价格较低的时候，住宅的投资性不是很强，当住宅价格上涨，房价对住房需求的抑制作用占主导地位，因此房价上涨对住房需求影响的总体效应是减少的；但如果房价已位于较高水平，住房的投资性更为突出，这时房价上涨，可能会带来住房需求的增长。

(2)居民收入。居民收入是影响住宅需求最根本的因素，没有收入就没有购买力。因此，国际上往往用房价收入比来粗略地表示一国居民的住宅购买力或估计房价的高低。房价收入比越大，表明人们的购房负担越大。在房屋总价一定的情况下，收入增加会导致房价收入比变小，居民对住宅的购买力增强。因而，住宅需求与收入成正向关系。20 世纪 90 年代初，世界银行提出的一个其认为“比较理想”的房价收入比比例，3～6 倍之间为合理区间，若考虑住房贷款因素，住房消费占居民收入的比重应低于 30%。美国目前房价收入比约为 3 左右。国家发改委数据显示，2007 年全国房价收入比约为 7.4，其中北京 13.6，上海 9.8。有些城市的这一比例甚至达到了 20 甚至更高。根据联合国公布的有关资料，不同国家房价收入比的离散程度相当大。1998 年对 96 个国家的统计结果表明，这些国家的房价收入比区间为 0.8～30，平均值为 8.4、中位数为 6.4。1998 年与北京当前年平均家庭收入水平相当的 12 个国家的房价收入比为 2.1～20，平均值和中位数分别为 9 和 8.1。目前人们评论房价收入比高低，无非是希望人们都能买得起房。实际上，房价收入比在 2～3 的一些西欧、北欧国家，其住房自有化率只在 30%左右，如瑞士、德国、瑞典，而房价收入比很高、达到 25～30 的东欧国家，其住房自有化率却高达 90%以上，如匈牙利、保加利亚。日本的房价收入比连续多年下降，美国的房价收入比处在较稳定的水平——3 左右，他们的住房自有化率多年均保持基本稳定，没有太大的变化，东京低于 50%，美国为 67%左右。房价收入比实际是一个有严格内涵的概念，在西方，房价收入比有新建住宅的也有二手房的，所选取的房价是中位数价格，家庭收入是中位数收入。由于中国的住宅是按照平方米价格交易而不是按照套来交易，加上纳入中国家庭收入统计的收入只是全部家庭收入中的一部分，因此即使是北京市这样相对发达的城市，其房价收入比的计算结果也存在很大差异，这更为横向比较带来了困难。

(3)人口因素。人口因素既包括人口总量因素，也包括人口结构因素，其中人口总量是主要的影响因素。住房需求是人的基本需求之一，也是人们从事生产活动的物质基础。因而，社会对住宅的需求量与人口总量成正向关系，即人口多的国家或城市，其住宅需求量自然就大。外来人口或流动人口的增加也必然会加大对住宅的需求，这方面在大中城市尤为明显，对本地商品房价格上涨有一定的推动作用。国外学者在进行实证研究时常常把人口作为影响住宅需求的一个重要变量。

同时，人口结构对住宅需求也产生影响。根据有关购房调查分析，30～40 岁的人群对住房的需求特别旺盛，这个年龄段的人口在总人口中所占比例越高，对住房的需求越大，我国 20 世纪 70 年代出生高峰期出生的人群目前正处于此年龄段。相反，如果在老龄化城市，其住宅需求就相对不景气。除此之外，经过调查，25 岁是我国居民的首次购房高峰，主要原因是由于传统观念，结婚买房成为市场强劲的刚性需求。

另外，住宅消费的主体是家庭而非个人，住宅是家庭必需的消费资料，是家庭生活的物质载体，因此家庭的规模、结构是影响和决定住宅规模和结构的直接因素，住宅套型的变化和发展要适应于家庭规模、结构的变化和发展。现阶段家庭规模向小型化发展，年轻人更愿意与父母分户而居，因此家庭户数必然随着人口的增加而增加。随着家庭户数的增加，住房的需求必然增加，但单户住宅套型面积并不需要太大。

(4)政府政策。政府政策在房地产市场中的作用是举足轻重的，主要包括住房按揭贷款政策、税收政策及住房保障政策。

①住房按揭贷款政策。住房按揭贷款即个人住房贷款，是指银行向借款人发放的用于购买自用普通住房的贷款。目前，个人住房贷款主要有委托贷款、自营贷款和组合贷款三种。个人住房委托贷款是指住房资金管理中心运用住房公积金委托商业性银行发放的个人住房贷款，属于政策性的个人住房贷款。个人住房自营贷款即商业性个人住房贷款，是以银行信贷资金为来源向购房者个人发放的贷款。它的贷款利率比公积金贷款要高出1%左右。个人住房组合贷款指以住房公积金存款和商业银行信贷资金为来源向同一借款人发放的用于购买自用普通住房的贷款，是个人住房委托贷款和自营贷款的组合。商品房价值高，若一次性付清，往往要花费购房者数十年的积蓄，按揭分期付款使购房者“用未来的钱在今天享有住房”变成现实，而按揭贷款利率及贷款比例会直接影响购房者的还款负担，进而影响商品房的需求和商品房的价格。为了促进商品房市场的发展，1998年开始我国推出了住房按揭贷款，并在以后的几年里优惠条件不断推出，个人住房贷款比同期贷款利率低三成执行，贷款比例最高可以达到八成，贷款期限最长可以达到30年，再加上出于宏观经济的需要连续几次降息，这使我国房地产需求快速增长，房地产业获得了新一轮高速发展。但另一方面，伴随着房价不断持续高涨，为了控制这种趋势，尤其是抑制住房的投资及投机需求，国家调整了住房按揭政策，上调贷款利率，提高二套房按揭首付比例。

②税收政策。税收政策是国家进行宏观调控的重要手段，税收政策对商品房的需求有显著的影响。一般来说，税率越低，购房成本越低，商品房的需求增加。而如果为了稳定住房价格，在购房需求上控制投资、遏制投机，税收政策就是其中的手段之一。经国务院批准，自2005年6月1日起，对个人购买住房不足两年转手交易的，销售时按其取得的售房收入全额征收营业税；个人购买普通住房超过两年的(含两年)的，销售时免征营业税。而从2010年1月1日起两年延长到五年。这项政策加大了对商品房进行投机的成本，在一定程度上会减少商品房的投机需求，使商品房的需求减少。

③住房保障政策。住房需求是人们的基本生活需求，商品住宅既具有商品的属性，也具有社会保障属性，政府应当建立住房保障政策，使得那些买不起房的人也能有房可住。目前我国的住房保障政策主要包括廉租房制度和经济适用房制度。这些制度在一定程度上可以缓解供求矛盾，增加社会公平，但是目前这些制度还有待完善。

(5)心理预期。无论是自主性购房还是投资性购房，在住宅价格预期将要上涨的时候，购房者都会选择尽快购买。住房是一种生活必需品，在很多人心里是早晚都要购买的商品，预期房价要涨，为了避免在未来用更高的代价来购房而尽早购买，因此对住宅的需求增加。而对于以投资或投机为主的购房者而言，他们期待价格上升后可以获得更多的超额利润，因此投资者或投机者的购买意愿也上升，他们也会选择购买，对住宅的需求增加。相反，如果市场中房价下跌的预期很高，例如政府政策等一些突发性利空消息或事件影响，很多人会在等待更为明朗的市场变化中减少住宅需求，价格下滑的趋势一旦出现，投资者尤其是投机者就会改变对未来收益的预期，人们的房价下跌的心理预期越强烈，就越不买，从而越跌越不买。由此可见，预期在供求与房价相互变动的过程中，起了一个放大镜的作用。

除此之外，城市的“旧城改造”也会带来房地产需求的大幅增长，拆迁居民的购房也大大增加了房地产市场的需求量。

由于住宅具有消费和投资双重特性，住宅的消费性需求和投资性需求对相同因素的反应程度并不相同。房价、居民收入对消费需求影响较大；而投资性需求对房价、政府政策及心理预期的反应更为敏感。

无论如何，房价和居民收入是影响房地产需求最基本、最重要的两个变量。住宅的需求价格弹性和收入弹性可以定量地衡量这两个因素对住宅需求的影响，反映出住宅市场需求的主要特征，并对房价变化进行解释。

5.2.2 住宅的需求弹性

1. 住宅的需求价格弹性

住宅的需求价格弹性用来衡量住宅的需求量随住宅价格的变动而变动的情况。假设 Q 为住宅的需求量，P 为该商品的价格，则计算需求的价格弹性 e_d 为：

$$e_d = \frac{\Delta Q/Q}{\Delta P/P} = \frac{\Delta Q}{\Delta P} \cdot \frac{P}{Q}$$

影响需求价格弹性的因素主要有：商品的必需程度、可替代性、商品支出在总开支中的比重、时间的长短等。当 $e_d>1$ 时，需求是有价格弹性的，即房价的微小变化将引起需求的较大变化；当 $e_d<1$ 时，需求是缺乏价格弹性的，此时，房地产需求对房价变化的反应不太敏感。

在实证研究中，国外的研究起步较早，也较深入。主要采用微观数据来研究，由于在数据采集上的便利和优势，他们通常使用的是对单个家庭的调查数据，覆盖面广，直接反映消费者的需求特征，而且研究细致深入，不仅仅考虑收入和价格对房屋需求的影响，还考虑了不同肤色、年龄、时间、家庭规模、收入的稳定性和物价等因素对房地产需求价格弹性的影响。表 5-1 列举了一些国外学者研究住宅需求价格弹性实证分析的一些成果。研究表明住宅需求价格弹性普遍是缺乏弹性的，这就意味着一个地区房地产开发商联合涨价，将会使行业的收益增加，但如果都降价，行业内企业的收益都会减少，这也是房价易涨不易跌的原因之一。

表 5-1 国外学者关于住宅需求价格弹性的实证分析

研究者	研究国家	数据类型	价格弹性大小
艾梅芝(Ermisch,1996)	英国	截面数据	−0.4
金(King,1980)	英国	截面数据	−0.5
林斯基 (Polinsky, 1979)	美国	截面数据	−0.67
米思 (Meen,1992)	英国	时间序列数据	−0.4
施瓦布(Schwab,1983)	美国	面板数据	−0.739～−0.842

2. 住宅的需求收入弹性

住宅的需求收入弹性表示在其他条件不变的情况下，住宅需求量的变动对收入变动的反应的敏感程度。以 e_m 表示需求收入弹性系数，Q 代表需求量，ΔQ 代表需求量的变动量，M 代表收入，ΔM 代表收入的变动量，则需求收入弹性系数的一般表达式为：

$$e_m = \frac{\Delta Q/Q}{\Delta M/M} = \frac{\Delta Q}{\Delta M} \cdot \frac{M}{Q}$$

国外关于住宅需求收入弹性的研究也比较深入，表 5－2 列举了一些代表性成果。这些成果表明在不同国家和不同时间，住宅的需求收入弹性存在差异，但采用时间序列数据得到的结果普遍比采用截面数据得到的结果要大。从整体上看，住宅需求价格弹性系数的估计结果的离散程度小于收入弹性系数的估计结果，通常在－0.8 至－0.5 之间。而收入弹性系数的估计结果离散程度大一些。

表 5－2　国外学者关于住宅需求收入弹性的实证分析

研究者	研究国家	数据类型	收入弹性大小
葛林(Gallin,2003)	美国	时间序列数据	1.45～1.71
洛佩斯等人(Lopez et al.，1997)	西班牙	时间序列数据	1.2
曼里奎和欧盖(Manrique & Ojah,2003)	西班牙	截面数据	0.8～1.0
古德曼和卡瓦依(Goodman & Kawai,1986)	美国	截面数据	0.69～1
费尔南德斯和韩(Fernández & Hon,2006)	西班牙	面板数据	0.7～0.95
施瓦布(Schwab,1983)	美国	面板数据	0.631～0.713
唐和张(Tong & Chang，1977)	美国	面板数据	0.868

国内关于住宅需求价格弹性的研究还在不断探索，由于数据自身的质量及方法上的问题，实证结果差异很大。

5.2.3　住宅供给的内涵

住宅的供给是指在各种价格水平下，住宅供应者愿意并且能够供给的住宅的数量。与住宅需求相对应，住宅供给也具有多层次和多样化。

在我国，住宅供给有三个层次性，包括新建商品住宅的供给、存量商品住宅的供给和保障性住房的供给。新建商品住宅的供给是由房地产开发商提供的，房地产开发商在经济利益的驱动下，根据项目定位开发不同类型的商品住宅供应市场。这些住宅有的是已经竣工的现房，而大部分都是具备预售条件的期房。存量商品住宅的供给主体是拥有房屋产权的个人或组织，他们将自己拥有的房子在市场上出售或出租。上述两类住房的供给都是市场行为，还有一类住房的供给是保障性住房的供给，保障性住房是指政府为中低收入住房困难家庭所提供的限定标准、限定价格或租金的住房，由经济适用房、限价房、廉租房等构成。因此政府是这类住房的供给者。本书中如不特别说明，住宅的供给主要是指商品住宅的供给。随着住宅市场的不断发展，存量商品住宅的供给在整个住宅供给总量中所占的比重将会越来越高。

住宅产品呈现多样化特征，有别墅（独栋、联排、叠拼）、高层住宅、小高层住宅、多层住宅。如果按照面积划分，可以分为大户型及中小套型商品房，中小套型商品房是 2006 年国务院九部委出台的《关于调整住房供应结构稳定住房价格的意见》的文件中首次提出的，它是指住宅套型面积在 90 平方米以下的户型在整个项目中的比重大于 70％的建筑项目。如果按照档次划分，还可以划分为普通商品房和高档商品房。关于普通商品房的具体标准，各地最初是根据

2005年国家七部委联合出台的《关于做好稳定住房价格工作意见的通知》制定的，除青岛规定为建筑面积120平方米以下之外，其他各地都规定单套建筑面积在144平方米或者140平方米以下。例如，北京规定住房须同时满足下列三个条件才能认定为普通住房。这三个条件是：住宅小区建筑容积率在1.0以上；单套建筑面积在140(含)平方米以下；实际成交价低于同级别土地上住房平均交易价格1.2倍以下。上海市规定，可享受优惠政策的普通住房标准有三条：住宅小区建筑容积率在1.0以上；单套建筑面积在140平方米以下；实际成交价格低于同级别土地上住房平均交易价格1.44倍以下，坐落在内环线以内的低于1.75万元/平方米，内环与外环之间的低于1万元/平方米，外环线以外的低于7000元/平方米。而且，该标准将由上海市政府根据市场情况，每半年公布一次。不同类型住宅的供应量在全部住宅市场供应总量中所占的比例不同决定了不同的住宅市场结构。

5.2.4 住宅供给的影响因素及供给弹性

1. 住宅供给的影响因素

(1)房价。房价是影响住宅供给的首要因素，因为在成本既定的情况下，房价的高低将决定房地产开发企业是否赢利和赢利多少。一般而言，当价格低于某一特定水平，则不会有住宅供给，高于这一水平，才会产生住宅供给，而且根据经济学的供给定理，在其他条件不变的情况下，房价提高，供给增加，房价降低，供给减少。

(2)土地的供应价格和供应量。土地是住宅的首要生产要素，不论是哪个房地产商进行开发，必须首先获得土地。没有土地，房地产商品不可能生产出来。因此土地供给的价格和数量直接影响住宅的供给。土地价格是房地产成本的重要组成部分。在2010年3月份国土资源部的最新调查中，全国重点监测城市居住用地的同时点地价房价比均值为31.29%。土地的价格越高，住宅价格上涨的推动力就会越大。我国城市土地由政府供给，住宅的供应受土地供应量、供应方式和供应结构的制约非常明显。国家把住土地供应的龙头，可以达到有效调节住宅供给总量和供给结构的目的，因而土地供应也就成为政府实施宏观调控的重要手段。在“2010年度全国住房用地供应计划新闻发布会”上，国土部土地利用管理司司长廖永林介绍，根据统计，全国除香港地区、澳门地区、台湾地区及西藏自治区外30个省市区2010年度住房用地计划拟供应量为大约18万公顷。与2009年全国住房实际供地76460公顷和前五年平均年度实际供地量54650公顷相比，有大幅度增加。其中，保障性住房、棚户区改造和中小套型商品房用地计划供应量占住房用地计划供应总量的77%。因此非中小套型商品房的供给量将由于土地供应的减少而降低。

(3)资金供应量和利率。由于商品住宅的价值量大，开发建设需投入大量资金，除自有资本金投入外，还需银行等金融机构开发贷款的支持，据统计，房地产企业项目开发资金中直接和间接来自银行贷款的约占30%～60%，依存度很高。2009年，全国完成房地产开发投资36232亿元，其中，国内贷款11293亿元，这部分资金大部分来源于银行。因此，货币政策对住宅供给的影响极大。若货币供应量紧缩，对企业的开发贷款减少，建设资金紧缺，必然导致住宅供给量下降；反之，当货币供应量扩张，对企业的开发贷款增加，建设资金充裕，则住宅供给量上升。同时，房地产开发贷款利率的高低也会对住宅供给带来重大影响，若银行的贷款利率提高，会增加利息成本，在销售价格不变的情况下势必减少利润，影响其开发积极性，导致供给量减少。所以，银行的信贷政策是调节住宅供给的重要因素。

(4)税收政策。税收是构成住宅开发成本的重要因素,我国目前各种税费约占房地产价格的10%～15%。如果实行优惠税收政策,减免税收和税收递延,就会降低住宅开发成本,提高开发商的赢利水平,从而吸引更多的社会资本从事房地产开发,最终会增加住宅的供给量。例如,2006年国家税务总局发布《国家税务总局关于房地产开发业务征收企业所得税问题的通知》(31号文),文件中对房地产企业预售收入的预计营业利润率作出了调整,省会城市和计划单列市的城区和郊区将由15%提高到不得低于20%。这意味着开发企业要拿出更多钱来预缴企业所得税,企业的税收负担加重,赢利率下降,从而降低房地产行业的吸引力,住宅供给就会减少。

(5)建筑材料供应能力和企业开发能力。建筑材料如钢材、木材、水泥、平板玻璃以及建筑陶瓷等,其供应能力是制约房地产开发规模和水平的物质基础。而企业自身的开发能力,包括建筑技术水平、装备水平、管理水平以及建筑队伍的规模等因素,是决定房地产供应水平的直接因素。尽管经过多年的发展,我国建材工业和建筑业有了长足的发展,技术水平、装备水平、管理水平及职工队伍素质都有了很大的提高。但随着开发规模的不断扩大,尤其是大企业的企业管理的复杂程度不断提高,企业所需的各类专业人才越来越多,但人力资源的储备和培养是需要不断积累的,因此在很多房地产企业都出现了管理人才和专业人才的瓶颈问题,这样势必会影响住宅供应数量和质量的进一步提高。

(6)开发商对未来的预期。由于房地产生产周期较长,对未来的预期就显得更为重要。开发商对未来的预期包括很多方面,如对国民经济发展趋势、通货膨胀率、房价、住宅需求的预期,以及对国家房地产信贷政策、税收政策和产业政策的预期等,这些都会影响开发商对项目赢利水平即投资回报率的预期。若预期的投资回报率高,开发商会增加住宅投资,从而增加住宅供给。

2. 住宅的供给弹性

住宅的供给弹性是用于衡量在其他条件不变的情况下住宅供给对住宅价格变化的敏感程度。西方国家的学者一般认为,由于住宅供给调节的滞后性,住宅供给在短期内缺乏弹性,而在长期内住宅供给富有弹性,甚至为无穷弹性,如迪帕斯奎尔和惠顿(Di Pasquale & Wheaton, 1994)计算美国新建住宅市场的供给弹性为1.0～1.2,但存量住宅的供给弹性为1.2～1.4,而且由于住宅的耐用品性质,价格下降时的供给弹性小于价格上升时的供给弹性;托佩尔和罗斯(Topel & Rosen, 1988)测算的新建住宅的供给弹性为3;马尔佩齐和麦克伦(Malpezzi & Maclennan, 1996)估计得到的新建住宅的供给弹性为4～13。而在马斯(Muth, 1960)、范林(Follain, 1979)以及斯通沃(Stover, 1986)的研究中,"住宅供给价格弹性无限"的原假设不能被拒绝。这将意味着,从长期来看,住房的价格主要取决于成本因素,而住宅的数量主要取决于需求因素,如收入和人口等因素。其实,房地产供给价格弹性的大小取决于房地产增加供给的难易程度,包括原材料和劳动力增加的难易度,还包括政府的规制,如城市规划、土地供给的约束。尤其是后一方面,在我国住宅市场的表现尤为突出,从近几年住宅市场的表现直观来看,我国住宅市场的长期供给价格弹性也不会高,但具体的结果还有待实证分析进一步考证。

5.3 住宅价格

5.3.1 影响住宅价格的因素

供给和需求是形成价格的两个最终因素。其他因素或是通过影响供给，或是通过影响需求来实现影响价格的结果。住宅的价格也是由供给和需求决定，前文分析了各种影响住宅需求和供给的因素，但那是一些主要的和一般性影响因素。为了更为细致和直接地分析住宅价格，下面将详细介绍影响住宅价格的各个因素及实证研究中的一些进展。

影响住宅价格的因素多而复杂，鉴于对影响房价因素的认识角度不同，可以有很多不同的归纳和分类方法，综合各种理论观点和分析结果，我们将影响房价的因素归纳为一般因素、地段因素和个别因素。一般因素是指对住宅价格高低及变动具有普遍性、一般性和共同性影响的因素。这些因素对房价的影响是整体性的，覆盖面是整个地区。它们对具体地块的房价影响不明显，但它们是决定具体地块房价的基础。区位因素是指住宅所处地段周边的条件。而个别因素是指住宅所在项目及住宅自身的各种条件。这三类因素分别又包括很多的子因素，如表5-3所示。

表5-3 影响住宅价格的因素

一般因素	行政因素	土地制度、住房制度、城市发展战略、城市规划、土地利用规划、税收政策、行政隶属变更、交通管制
	人口因素	人口密度、人口素质、家庭规模
	社会因素	政治安定状况、社会治安程度、房地产投机、城市化
	经济因素	经济发展状况、居民收入和消费水平、储蓄和投资水平、财政收支和金融状况、物价水平和利率水平
	国际因素	国际经济、军事、政治环境、国际竞争
	心理因素	购买或出售心态、个人偏好、时尚风气、风水、价值观
区位因素	交通条件	与地铁口、机场、火车站、高速公路、公交车站的距离
	环境质量	噪音、空气、水文、自然和人文景观
	生活配套及公共服务设施条件	商场、银行、医院、学校、幼儿园、公园、文化娱乐设施的数量和质量
个别因素	项目用地条件	土地使用年限、地形、地势、土地面积和形状、容积率、建筑限高
	项目建设情况	建筑式样、风格、色调、车位配比及价格、建筑结构、设备配置状况、施工质量
	住宅内部条件	住宅类型、楼层、朝向、户型、面积、通风、光照、户内装修状况、临街状况、房屋的新旧程度、产权性质、交易时间

有些因素对房价的影响大一些，有些因素的影响小一些，而且在不同地方的表现不尽相同。这些因素实际上就构成了房地产的各种特征，而住宅的各个特征的表现就决定了住宅的价格，换句话说，任何一处住宅的价格要能补偿它的各种特征，而确定各种特征在住宅价格决定中所起的作用一直都是研究者热衷的方向之一。在这方面广泛使用的方法是特征价格模型(hedonic price model)。这个模型是基于效用论建立起来的，由兰卡斯特(Lancaster, 1966) 和罗斯(Rosen, 1974)发展起来，并由瑞德克和海明(Ridker & Hemming, 1968)引入房地产研究的。兰卡斯特认为，所有商品的需求不是根源于商品本身，而是根源于这些商品所体现的特征要素上。家庭购买这些商品，就是把它们视为一种投入，并且把它们转化成为某种效用，效用的大小将取决于所购商品所包含的特征要素的数量。特征定价法认为，住宅虽然不同质，但都是由具有相同特征属性的部分组成，尽管不同区位上的住宅价格差异很大，但住宅的各种属性却有相同的价格，可以通过构建特征价格函数确定各属性的价格。在运用该方法时，假设整个城市构成了一个统一的住房市场，每个消费者可以充分获取信息，自由选择不同区位上的住房；每个消费者可以消费不同的商品，并为不同商品支付不同的价格。利用特征价格模型除了可以估计一处住宅某个特征的隐含价格，还可以估计具有某些特定特征的一处住宅的价格。这种方法目前已应用在我国城市房地产价格指数编制的实践中。利用这种方法编制的房地产价格指数可以将不同房地产同质化，这样能够有效地剔除不同时期由于统计样本中房地产特征的变动造成房地产价格变动的影响，而只反映出市场供求变化所引起的价格波动。

5.3.2 地价和房价的关系

1996 年，我国第一家土地收购储备机构——上海市土地发展中心建立，随后，杭州市土地储备中心等 200 多个城市土地储备机构在全国各地纷纷成立。随后很多城市都开始严格限制协议用地范围，推行土地使用权招标、拍卖，土地使用权招标、拍卖的一个直接的后果是：与协议用地相比，土地使用权的价格上升了，而且新“地王”不断出现。建设部及房地产开发商抱怨地价过高，影响了房地产价格，很多居民也把房价过高、买不起房归咎于地价过高。那么到底是房价决定地价，还是地价决定房价？

对于房价和地价的关系，有两个理论：一个理论是新古典经济学中关于地租的理论，认为产品的价格由其生产成本决定，土地是建造房地产的主要生产因素，因此土地价格是房地产的成本之一，地价的变化决定了房价的变化。而另一个理论是李嘉图地租理论，认为土地是引致需求，是因为人们对住房的需求才导致对土地的需求，多数房地产商竞拍土地的竞价也都是由房地产的价格倒推过来的，房子卖得价高，开发商才愿意花费大代价购房，因此房价决定了地价。

在实证研究方面，约瑟夫和施德(Joseph & Sze Teck, 2006)根据新加坡 16 年的数据，对房地产价格和土地价格的关系做了研究，数据表明，长期来看，房地产价格和土地价格正相关，而且房地产价格是土地价格的格兰杰(指“格兰杰”因果统计检验方法)原因，而不是相反。金(Kim, 1993)的研究发现，土地供应不足，造成控制区内的房价大幅上涨。

国内此方面的研究也很多，普遍的观点是：短期内房价决定地价，长期内二者相互影响。有代表性的分析的原因是[①]：在增量房地产市场中，房地产价格是由市场增量供给和有效需求两者相互作用所决定。从短期来看，一方面，土地购置受到政府土地出让计划的限制并需要一

① 严金海.中国的房价与地价：理论、实证和政策分析[J].数量经济技术经济研究，2006(1)：17－26.

系列的审批手续,资金的筹集也需要一段时间,因此,土地、资金这些最重要的生产要素短期内是不可改变的;另一方面,房地产产品的生产周期较长,其沉没成本也较高。因此,短期内房地产供给缺乏弹性甚至无弹性,房地产价格主要由需求决定。从长期来看,随着时间的推移,一方面,新的生产者可以自由进入房地产业,而原有的生产者可针对市场价格的变化改变所有生产要素的投入量和生产规模,如开发商可以进行土地储备用以在价格上涨后增加开发量;另一方面,长期内新增加的开发项目得以完工,市场上的房屋供给量相应得到增加。因此长期房地产供给有弹性。同时,根据边际收益等于长期边际成本和平均成本的均衡原则,长期均衡状态下的房屋供给量水平不仅是边际成本等于价格下的生产规模,也是长期平均生产成本最低点所代表的生产规模。因此,当土地成本、建安成本、税费等生产成本发生变化带来长期平均成本和边际成本发生变化后,这种均衡产量和最优生产规模也会发生改变。也就是说,长期供给量受到包括土地成本、建安成本、税费等在内的生产成本的影响。一般认为,房地产业是一个成本递增的行业,因为房屋建设量的增加引起了对生产要素尤其是土地要素需求的增加,将导致生产要素价格的上升从而提高房地产开发的生产成本。随着生产成本的上升,单个厂商的平均成本和边际成本都上升,在整个行业市场中,随着行业产量的扩张,行业短期供给曲线向右移动,于是市场均衡价格上升,均衡数量上升。因此,从长期来看,房价不仅受到市场供求关系的影响,还受到房屋建设成本的约束。所以,在长期,上涨的地价将带来建设成本的提高,从而一定程度上推动房价的上涨。

5.4 住宅市场的空置

在对"房地产泡沫"的热烈讨论中,人们普遍使用"空置率"来反映住宅市场中供需失衡的程度。例如,有人称目前中国商品房空置率已经高达19%,远远超过了10%—15%的"国际警戒线"。但实际上,目前国内对"空置率"的概念界定与国外有很大差异。

5.4.1 空置的涵义

1. 空置与空置率

空置一词来源于西方,是指建筑物的整体或部分未得到使用,处于等待出租或出售的状态。由此可见,空置一方面表明房屋未被使用,另一方面还意味着所有权人准备将房屋出租或出售,只有两方面都满足的房屋才是空置房屋。否则,不能称其为空置。在有房屋空置的情况下,在某一特定的时间点上,有下列等式存在:供给=需求+空置。

空置率是指某一时刻空置房屋面积占房屋总面积的比率。针对不同类型的住宅市场,有各种空置率。如根据住宅市场不同的房源,空置率可以分为存量市场的空置率和增量市场的空置率。住宅存量市场的空置率是指某一时刻空置房屋面积占全部房屋总面积的比率。这时,空置并不区分房屋的新旧,无论是第一次进入市场的新房屋,还是由于当前房屋使用者搬出后留下的房屋,只要没有确定新的使用者时,都可以视为空置房屋。房地产增量市场的空置率是指某一时刻新建房屋的空置房屋面积占一段时期新建房屋总面积的比率。这时的空置房屋仅仅指第一次进入市场的新房屋。按照房屋交易方式的不同,空置率可以分为出租住宅空置率和出售住宅空置率。出租住宅空置率是指待出租的空置住宅单元数量除以出租和待出租住宅单元数量之和的比率；出售住宅空置率是指待出售住宅单元数量与已售和待出售住宅单元数量之和的比率。实际上，不仅住宅市场可能存在空置现象，其他类型的房地产市场，如写字楼市场、零售商业市场都有可能存在空置现象。因此关于空置的定义及其分析其实在所有类型的房地产市场都是通用的。

而在我国，自1994年起国家统计局开始了有关商品房空置指标方面的统计，但是由于缺乏存量住房的统计数据，空置面积及空置率的计算实际只是针对增量商品房市场的。经过几次修订，根据国家统计局的规定，空置面积是指报告期末已竣工的可供销售或出租的商品房屋建筑面积中，尚未出售或出租的商品房屋建筑面积，包括以前年度竣工和本期竣工的房屋面积，但不包括报告期已竣工的拆迁还建、统建代建、公共配套建筑、房地产公司自用及周转房等不可销售或出租的房屋面积。按照商品房空置时间的长短可以划分为空置一年以下、空置一到三年（含一年）和空置三年以上（含三年）。空置时间在一到三年（含一年）的为滞销商品房；空置时间在三年以上（含三年）的为积压商品房。这样就会有对应期限的空置率指标。

高的住房空置率意味着社会资源的大量闲置和浪费。按照国际通行惯例，商品房空置率在5%—10%之间为合理区，商品房供求平衡，有利于国民经济的健康发展；空置率在10%—20%之间为空置危险区，要采取一定措施，加大商品房销售的力度，以保证房地产市场的正常发展和国民经济的正常运行；空置率在20%以上意味着为商品房严重积压。但是从国内外关于“空置”内涵的比较来看，两者存在明显差别，因此空置率的合理区间在国内外应有不同标准。而我国在此方面尚缺乏系统的研究。

2. **自然空置率**

自然空置率是指长期房地产市场供求平衡下的空置率。通常，房地产市场不可能出现零空置率。零空置（或接近零空置）意味着使用者没有任何选择的余地。一般来说，空置率过高对卖方意味着显而易见的利益损失；而空置率过低，则意味着买方没有或很少有选择余地，很难在适当的租金水平下找到满意的物业。于是，必然存在一个正常的空置率，来维持市场的正常运转。因此，自然空置率也可称为合理空置率、正常空置率或理想空置率。在自然空置率下的市场既能保证买方充分的选择权利，又能保证卖方有足够的投资积极性。所以，朱和弗鲁（Jud & Frew）认为，自然空置率可界定为不会给房主带来调整租金诱因的空置率。

以存量住宅市场为例，存量市场的均衡如图5-1所示，其中，S为供给曲线，D为需求曲线。存量市场在E点达到均衡，Q_e为均衡下的住宅市场的需求量（供给量）水平，H_0为存量市场的住宅的总量水平，此时的空置率为$(H_0-Q_e)/H_0$，亦即自然空置率。因此，加布里埃尔和弗兰克（Gabriel & Frank）认为，自然空置率是指与真实租金水平不变相关的空置率，相应的，真实租金（扣除通货膨胀影响后所得租金）的增加（降低）反映了租房市场过多的需求（供给），空置率就会低于（高于）均衡水平。

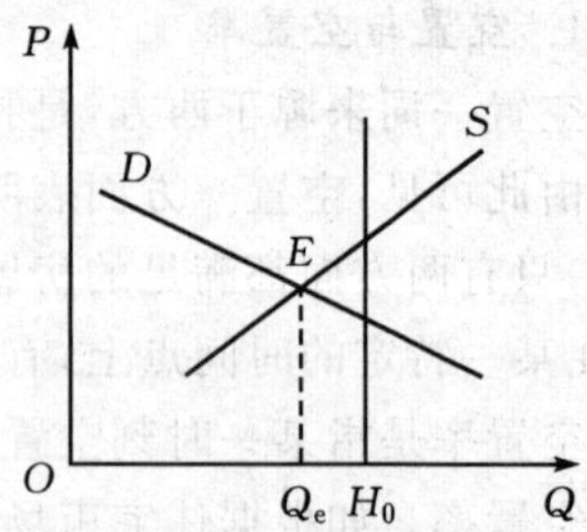

图5-1　住房市场的自然空置率

自然空置率的形成与供求双方对市场走势的判断、心理承受力、持有或使用的边际成本的“较量”紧密相关。从住宅需求方来看，在市场存在空置的情况下，需求者为寻找适合的住宅支付的搜寻费用较为低廉，但需要承担供给方因空置而可能提高的租金。获得的利益和付出的代价相等时的空置率就是需求方认可的自然空置率。换一个角度，从住宅供给方来看，供给者因保持一定空置率而获得的主要利益是在需求上升时可以得到较高的租金收益，而其代价是空置期间有一定的租金损失。由于需求波动的变化性，供给方几乎不可能获取准确的市场需求信息，在这种情况下，供给方与其花费更大的资金去做市场调查，还不如保持适量的空置，来等待租金水平的提高或个别需求方愿意支付高租金的机会。由此可见，由供给方愿意持有空置面积的边际费用大小所决定的空置率即为市场的自然空置率。

自然空置率具体大小由房主寻找租客及房客寻找房源的最优搜寻过程的相互作用与搜寻成本、出租的收益以及各个地方的制度和市场的特点所决定。因此不同地方的自然空置率是不同的。例如根据罗斯和史密斯(Rosen & Smith，1983)的研究，美国各个城市的自然空置率差异很大，在研究的17个城市的住宅租赁市场中，克利夫兰和纽约的自然空置率最低，分别为5.5%和6%，达拉斯、丹佛以及休斯敦的自然空置率最高，分别达到了16.7%、14.6%和14.3%。但在不同的实证分析中，由于采用的数据样本不同，采用的计量方法不同，研究结果也存在较大差异。在加布里埃尔和诺萨夫特(Gabriel & Nothaft，2001)对美国29个城市1987—1996年的住宅租赁市场的数据研究中发现，所有城市的自然空置率集中在4%—4.5%的区间。可以看出空置率及自然空置率的研究目前还处在发展阶段。由于我国房地产统计信息的平台还不够完善，自然空置率的实证研究在实践中还存在一定困难。

3. 空置对租金和房价的调整

由于自然空置率是市场长期供求平衡的表现，因此从整体市场层面上来看，如果实际的空置率高于自然空置率，就意味着市场供过于求，租金或房价自然会趋向于下降；相反，如果实际空置率低于自然空置率，租金或房价便会趋向于上升。也就是说，空置率的高低会影响租金或房价的变化，对租金产生调节所用。然而，租金或房价的变化总是需要一定的时间。因此，某一时期的空置率会使市场的租金或房价逐渐发生变化，当然，以上所指的租金是扣除通货膨胀影响后的真实租金。

如果从卖方(既可以是开发商，又可以是存量房的所有人)的角度来看，当空置面积不断增加时，卖方面临的主要问题是能否及时将房屋销售出去，时间越长，价格风险不断增加；同时，空置期越长，管理费用就越高。因此，在预计销售时间越长时，卖方为了减少风险就有可能降低销售价格；相反，如果空置面积减少、购买者增加时，卖方就有可能提高价格。需要说明的是，影响价格的因素很多。尽管空置对价格有明显的影响，但它并不能完全决定价格的变化。如当卖方认为将来价格有可能上升时，即使存在空置，也可能不会降价出售，而是选择等待。

所以，在一般情况下，实际空置率与自然空置率的差异可以作为未来房地产市场发展方向的指示器，来引导房地产投资者或开发商的开发行为。表5-4说明了假定目前住宅市场的自然空置率为10%，当市场实际空置率处于各种水平下的时候，开发商应该采取的行动。

表5-4 空置率变化与开发商行为

实际空置率	自然空置率	市场状态	开发商行为
10%	10%	市场处于均衡	以正常速度开发项目
13%	10%	市场供给有点过量	以稍慢于正常速度开发项目
21%	10%	市场供给大量过量	停止开发项目
7%	10%	市场需求稍大于供给	以稍快于正常速度开发项目
5%	10%	市场需求非常大	快速开发项目

5.4.2 我国商品住宅市场的空置[①]

1. 全国商品房及商品住宅空置的演变及特点

(1)商品房及商品住宅空置面积呈现波浪式上升。1992、1993 年由于我国房地产发展“过热”,导致房地产供给和有效需求严重失衡,并于 1994 年开始出现大量的空置商品房,并逐年增多。从图 5-2 来看,商品房空置面积由 1994 年的 6719 万平方米升至 1.64 亿平方米,商品住宅空置面积则由 5131.7 万平方米升至 9069 万平方米。截至 2008 年,商品房及商品住宅空置面积分别增长 1.4 倍、0.8 倍,而同期商品房及商品住宅的销售量增长了 8.3 倍和 8.1 倍。从整体上看,1994 年至 2008 年商品房与商品住宅都呈现了一个波浪式的上升,在这轮波浪式的上升中,出现了三个最低点,分别出现在 1995 年、2004 年和 2007 年。与此同时,商品住宅空置面积的变化要比商品房平稳。

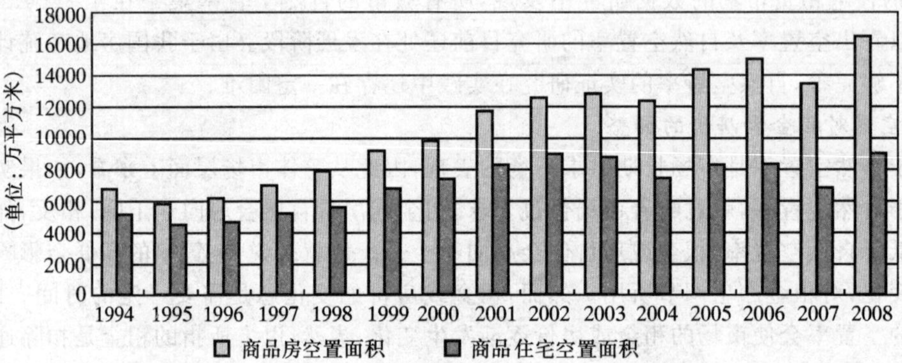

图 5-2 1994—2008 年我国商品房及商品住宅空置面积

(2)商品房及商品住宅空置率总体不断下降。如果将空置率定义为三年内已竣工的可供销售或出租的商品房屋建筑面积中尚未出售或出租的商品房屋建筑面积的比率,从图 5-3 空置率走势来看,1994 年至 2008 年我国商品房空置率由 21.436%降至 9.503%,下降 11.9 个百分点,商品住宅空置率由 16.897%降至6.339%,下降 10.6 个百分点,15 年平均空置率分别为 13.68%和 11.28%,目前水平明显低于平均水平。同时,商品住宅的空置率一直低于商品房,这就意味着商品住宅的空置情况明显好于非住宅类房屋。

(3)商品房空置消化周期总体上一直在下降。如果进一步将商品房空置消化周期定义为:商品房空置消化周期(月)空置面积/(当年销售面积×12),2008 年我国商品房与商品住宅空置面积消化周期分别为 3.17 个月、1.95 个月,相当于 2005 年水平,明显低于 15 年 6.14 个月和 4.97 个月平均的水平。与 1994 年相比,商品房与商品住宅空置面积消化周期分别下降 7.98 个月、8.12 个月。图 5-4 显示了 1994—2008 年我国商品房及商品住宅空置率走势。

① 上海易居房地产研究院综合研究部.全国商品房空置率基本合理,北京形势严峻[R].上海:上海易居房地产研究院.2009.

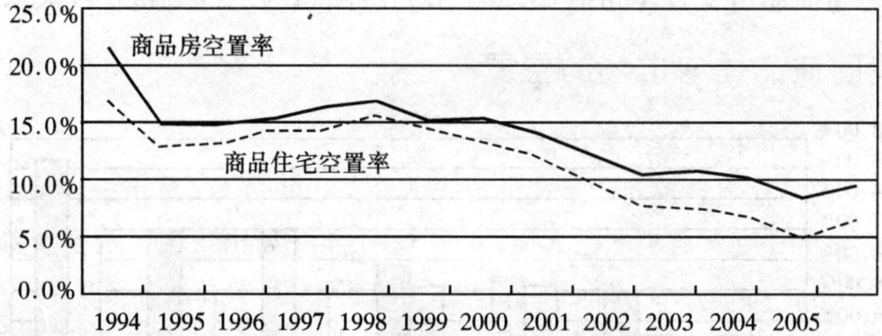

图 5-3　1994—2008 年我国商品房及商品住宅空置率走势

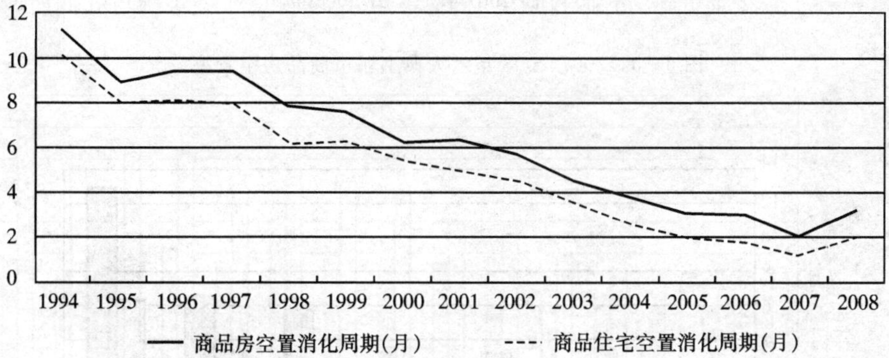

图 5-4　1994—2008 年我国商品房及商品住宅空置面积消化周期

但是,图 5-2、图 5-3、图 5-4 都反映了一个共同的问题,2007 年至 2008 年我国商品房与商品住宅不论是空置面积增量、空置率还是空置面积消化周期都止降为升,增幅为自 1994 年有相关统计数据以来 15 年之最,值得引起注意。2007 年至 2008 年全国商品房与商品住宅空置面积分别增长 2935.3 万平方米、2214.13 万平方米,增幅分别为 21.8%、32.3%;空置率分别增长 1.24%、1.41%,增幅为 14.85%、28.54%;空置面积消化周期分别增长 1.08 个月、0.77 个月,增幅分别为 51.68%、66%。而且,商品住宅的各个指标均比商品房指标增幅大。可以说本次止降为升过程中,商品住宅的拉动作用较大。

2. **典型城市商品房及商品住宅市场空置的分析**

由于我国各地经济发展不平衡,房地产市场的发展也存在区域上的差异,在商品房空置方面,地域之间存在显著差距。目前,我国中小城市房价相对较低,住宅空置问题并不突出。空置住宅较为集中地表现在部分大城市,以重庆、厦门、上海、武汉、北京、深圳六大典型城市为例,2007 年、2008 年商品房空置情况如图 5-5、图 5-6 所示。

同 2007 年相比,2008 年六大城市商品房空置率均有所上涨,其中北京空置率居全国首位,高出全国 0.75 倍,涨幅较大的有上海、武汉、北京、深圳,同比增长分别为 60%、60%、44%、54%。2008 年一线城市北京、上海、深圳空置率明显高于二线城市。从商品房空置面积消化周期看,2008 年六大城市五个涨幅超过 100%,其中武汉涨幅最大,为 153%。厦门、上海、深圳、北京涨幅分别为 104%、139%、102%、106%。2008 年北京商品房空置面积消化周期达 12.92 个月。与商品房空置率相似，从量上看一线城市与二线城市梯度关系清晰，有明显差异。

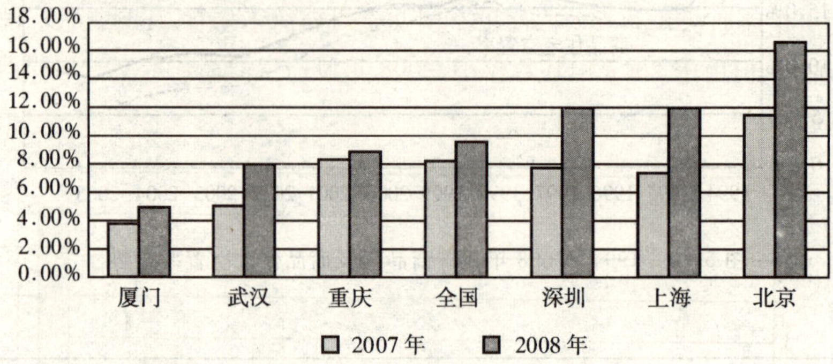

图 5－5　2007、2008 年六大典型城市商品房空置率

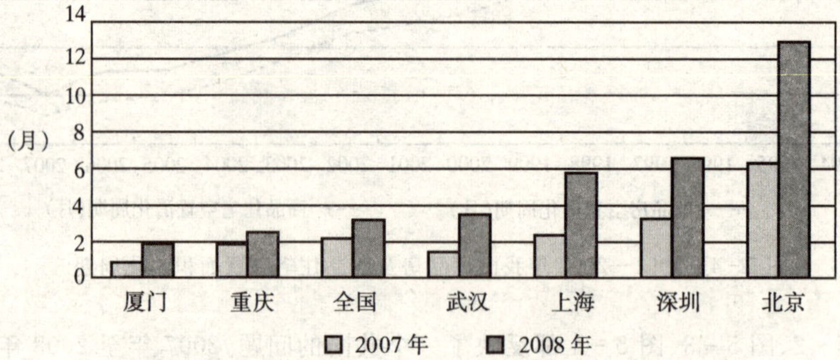

图 5－6　2007、2008 年六大城市商品房空置面积消化周期

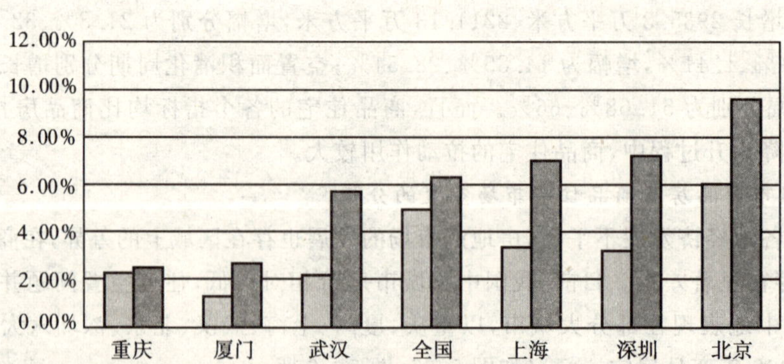

图 5－7　2007、2008 年六大典型城市商品住宅空置率

从图 5－7 可以看出，2008 年六大典型城市住宅空置率除重庆外，均有较大幅度上涨，其中北京空置率仍居全国首位，高出全国 0.51 倍。六大城市商品住宅空置率涨幅普遍高于商品

房空置率，涨幅接近或超过100%的有厦门、武汉、深圳、上海，涨幅分别为96.40%、161.35%、126.21%、106.98%。同时，2008年一线城市北京、上海、深圳商品住宅空置率均高于二线城市和全国水平。另外，从商品住宅空置面积消化周期看，2008年六大城市依然无一例外全部上涨，其中北京消化周期达6.08个月，高出全国2.12倍，居于榜首，压力最大。涨幅最大的是厦门市，高达403%，但由于2007年基数较小，2008年厦门市商品住宅空置面积消化周期仍低于全国水平，见图5-8。

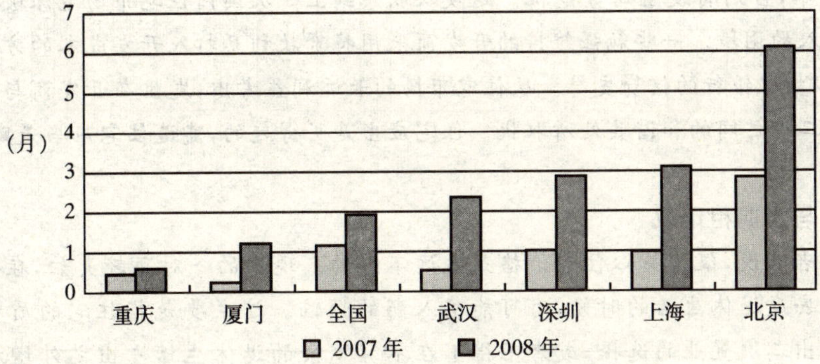

图5-8　2007、2008年六大城市商品住宅空置面积消化周期

专题

住宅市场的冲突与和谐——影响百姓住宅消费的要素分析

清议　《经济观察报》研究院院长

住宅商品化是我国迈向市场经济最重要的步骤之一。这不仅是由于住宅建造业在大多数国家人民从温饱到小康的过程中扮演着支柱产业的角色，更重要的是，住宅消费对家庭来说意味着要耗费一对夫妇20年正常收入的半数以上，对于银行来说意味着绝大部分的消费信贷要投放到住宅市场，对于政府来说则意味着必须不断增加城市基础设施建设，不断为提升城市竞争力而调整产业结构，并在出售土地、税收获得财政收入的同时以转移支付的方式解决贫困人口的住宅困难。换一个角度说，住宅市场在一个经济体中的地位，不完全是由数量决定的。由于住宅本身是最耐用的消费品，在采取信贷消费方式的情况下，无论是支付还是使用都是一个漫长的过程，因此，如何将住宅价格控制在一个恰当的水平在较长的时期内既不会引起通货膨胀又不会陷入通货紧缩，是从消费者、开发商、物业公司、银行、保险公司到政府都必须长期密切关注的课题。这无疑加大了住宅市场的复杂性，与此有关的冲突亦随之而来。

开发商高额利润与买不起的住宅

由住宅市场复杂性带来的第一个冲突是，当开发商赚取高额利润的时候，必然激起消费者的不满情绪。来自福州市的统计数据显示，在市区3560元/平方米的住宅商品平均价格当中，平均开发成本占2160元/平方米，平均社会利润占1400元/平方米。由此揭示的住宅商品销售利润率为39.33%,成本利润率高达64.81%。这足以称得上是暴利的水平。

毋庸置疑,在市场上买方和卖方应是平等的。如果消费者的住宅消费行为轻而易举,不必削减他们的其他消费,也没有大大增强他们的生活压力,那么,开发商赚取高额利润亦无可厚非。但现在的情况显然不是这样。

上述冲突的存在对于开发商来讲未必总是有利的,毕竟高价格对消费需求是一个制约因素。当消费者一时间难以承受较高的住宅价格,市场波动便不可避免。除非开发商有能力维持较高的空置率,否则将发生财务危机。这使人联想到上一次国内住宅市场泡沫破灭后国内第一批开发商陷入的困境。一些勉强维持的开发商采用将贷款利息打入开发成本的方式掩盖它们的巨额亏损,以换取银行的信贷支持。从住宅市场的长远利益考虑,发生在开发商与消费者之间的冲突应当被二者之间的和谐共处所取代。住宅应当是买得起的,建造住宅应当是赚钱的,二者缺一不可。

住宅寿命与定期租地权

对于消费者来说,仅仅关心住宅价格是远远不够的。现在的一对年轻夫妇,在他们付清了住宅贷款打算安度退休生活的时候,有可能陷入新的烦恼。这主要是指住宅的质量可能无法保证他们不作出二次置业的选择,或者不得不在不算宽余的退休生活支出之外增加一笔可观的住宅修缮费用。住宅的寿命是衡量质量的核心指标。在日本,平成元年(公元1989年)以前的住宅寿命大约是26年,而美国是44年,英国是75年。这曾是日本住宅市场发展过程中颇受争议的问题。在平成四年(公元1992年)实行50年住宅用地“定期租地权”制度后,由于受到来自各界的压力,日本的住宅质量得到明显改善。

对住宅寿命的担心显然不仅仅是针对水泥的,而是诸如上下水系统、供电系统、取暖系统以及防水、防火、抗震等一切导致住宅不适于继续居住的情形。例如,目前大多数采用钢铁材料建造的上下水系统其安全使用寿命远远低于采用铜建造的系统,大量采用的磁质表面材料会出现开裂和脱落现象,不理想的采光设计和通风条件会导致室内真菌污染等等。

国内目前尚没有住宅寿命方面的统计,但未来它终将成为人们衡量理性住宅消费的尺度。毫无疑问,如果住宅寿命太短,即使住宅定期租地权被确定为70年,看上去是对消费者有利的年限,但现实中的积极意义将十分有限。为延长住宅寿命而进行的修缮无疑是一笔大开销。

当前价格与未来价格

许多人坚信国内住宅价格特别是大城市住宅价格将保持长期上涨趋势。但是,当问及近期价格走势,往往表现出犹豫不决。支撑住宅价格保持长期上涨趋势的理由是明确的。首先,发达国家的经验表明,一个国家的工业化过程总是伴随着人口结构的城市化,而人口向城市的聚集必然推高城市土地的价格和附加到住宅价格当中的配套实施成本。统计数字表明,我国过去27年国内城镇人口累计增长314.78%。考虑到消除城乡户籍差异的省市范围不断扩大,未来一段时期国内人口结构城市化的趋势将更加明显。值得一提的是,美国的人口结构城市化进程几乎是在20世纪30年代短短10年内完成的。韩国的城市化进程在亚运会至奥运会期间亦突飞猛进。其次,经济全球化使北京、上海、深圳这样的特大城市成为海外居民选择工作和居住地的目标,由此导致这些城市的住宅产业成为重要的出口产业,其结果造成了国内住宅市场价格梯度扩大,形成自上而下的价格牵引。第三,70年住宅定期租地权制度的实施未必不会在未来成为城市土地供给不足的原因之一,至少是抬高土地价格的因素。

不过，约束住宅价格上涨的理由也是明确的。必须承认，住宅用地供给存在增长的可能。首先，在强调土地的合理使用后，原本不适宜耕种的土地可以增加住宅用地供给，天津渤海新区的建设规划正是基于这一考虑，那里的土地盐碱化程度是有目共睹的。其次，受城市供水严重不足的挤压，水价的上涨以及由此带来的土地使用结构调整也是不可避免的。如果北京郊区从明年开始限制农业用水，许多耕地将闲置。这必然成为约束北京整体住宅价格上涨的力量。第三，由于进口农产品等同于进口土地，因此，伴随我国农产品进口数量的快速增长，国内土地价格势必受到影响。

不可否认，国内目前的住宅消费有着不合理的成分。例如，将住宅视为投资工具，由此形成了市场长期趋势中的虚假住宅需求；一户多宅的现象虽然满足了少数高收入家庭的炫富心理，但也给中低收入家庭满足基本住宅消费需求带来了土地价格上涨的压力。

城市改造、经济适用房与廉租房之间的冲突

城市改造不单纯是为了建设高档住宅，更重要的是满足城市长远发展对土地空间的需要。由此涉及的问题十分复杂，包括城市规划、基础设施建设、产业结构调整、就业结构调整、低收入家庭的住宅补贴等等。应当说，政府在其中扮演的角色是至关重要的。住宅市场从来就不是一个完全的市场。国际经验表明，一个城市的发展与住宅价格息息相关。不过，这并不是指住宅价格上涨妨碍了城市经济的发展，而是指住宅价格应当与一个城市的产业结构调整和维持城市竞争力协调一致。例如，伦敦的住宅价格在世界各大城市中排名居前，但这丝毫没有影响伦敦的城市竞争力持续领先。印度班加罗尔的软件产业虽然生意兴隆，但当地的基础设施落后状态在约束住宅价格的同时也正在损害着城市的未来竞争力。从这一意义上讲，城市改造必须具有前瞻性，不能因为担心住宅价格上涨而放慢步伐。

经济适用房原本是住宅公积金制度的配套措施，但目前在国内的执行情况普遍不理想。在北京市2005年1—3季度实现的861万平方米新建住宅现房销售面积当中，经济适用房销售面积只有46万平方米，只占到5.34%。这其中有公积金缴纳方面的原因，也有政府住宅政策和规划用地方面的原因。还有一点应当指出的是，那些还不能享受经济适用房同时无力购买高价商品房的家庭，花费在租房上面的支出并不低廉。早一天满足他们拥有住宅的梦想，不仅可以起到缓解工资上涨压力的作用，而且可以缓解由二手房价格上涨推动的新屋售价上涨。2005年以来北京的二手房价格上涨与经济适用房供给不足有关。

与经济适用房相比，政府在廉租房上承担的责任似乎更大。除深圳等极少数城市外，国内绝大多数大中型城市都有着传统的工业布局。伴随城市产业结构不断调整的进程，下岗、半就业和低收入家庭所涉及的城市人口数量有上升的趋势。他们不幸地被排除在经济适用房的门外，只能依靠政府解决住宅需求。我国是一个人口众多的大国，也是一个高度依赖社会稳定的大国。对城市廉租房缺乏长远规划，即使不会在未来成为社会不稳定因素也足以成为加大城市财政赤字的原因。

对住宅市场而言，经济适用房和廉租房的协调发展对于抑制住宅价格整体水平上涨具有重要的作用。如果2005年以来北京市住宅价格的上涨的确与价格较低的经济适用房销售减少有关，那么，其上涨的真实意义值得怀疑。

银行的钱贷给谁

国内上一次住宅市场泡沫出现在1994年前后，尽管局限在深圳等少数沿海开放城市，但其中的教训是深刻的。由于购买住宅用地和建设的资金主要来自银行，当大量资金注入住宅市场后，在有效消费需求有限的情况下形成了供给增长泡沫。受此影响，当市场迅速冷却后，遭到打击的表面上看是开发商实际上是银行。

以后实行的住宅销售按揭贷款制度，其目的是调整金融机构对住宅市场的服务方向，以信贷杠杆的方式增加住宅的有效需求。然而，这一制度并没有得到严格贯彻。银行在向购房者提供消费类信贷的同时，也向开发商提供建设类信贷。这等于在设法消除因有效需求不足而导致的住宅市场发展不平衡的过程中，错误地刺激了供给的增长，进而为住宅价格下跌创造了条件。

住宅价格下跌对银行无疑是不利的，不仅表现在住宅消费贷款增长速度放缓甚至出现负增长，而且可能会出现呆账，并引起由于呆账拨备而减少利润的连锁反应。目前的冲突格局十分明显。即使银行压缩了对开发商商品住宅的建设类贷款，但由于以往沉淀的住宅建设贷款规模过大，国内平均住宅价格持续下跌，空置率有所上升，可能还需要一段时期才能挽回局面。

在过去15年当中，银行针对住宅市场的贷款方向和规模上的调整是影响市场最大的一个因素。这也可能是以往最失败的教训。和谐的住宅市场需要稳定的银行信贷服务，虽然调整是不可避免的，但应当坚持微调的原则。这对市场各方都是有利的。

此外，围绕物业收费形成的冲突也日趋明显。近几年国内围绕物业收费形成的住宅消费利益冲突快速升温，从住宅消费的后继性支出来看，其中暴露的问题的确不容忽视。

和谐的出路

在利益结构复杂多变的住宅消费领域，寻找一条化冲突为和谐的出路绝非易事。在商言商地讲，和谐的出路似乎是遵循“顾客是上帝”的原则。但是，当强调“顾客是上帝”的时候，人们可能忽视了买得起住宅和买不起住宅的两组人群之间的利益冲突。当主张以行政的方法降低住宅价格的时候，开发商的利润空间受到挤压倒是小事，住宅价格的大幅波动则是关系到全局利益和长远利益的大事。如果只关心住宅价格而忽视住宅的寿命，等于将未来不可避免的问题束之高阁，但等到问题降落下来之后，恐怕连妥善的补救办法也找不到。如果只强调土地供给有限论而无视未来土地供给增长的空间，住宅市场周期性变化所带来的负面影响将远远超越住宅市场本身的空间……

和谐应当是一种平等而公正的状态。受此指引，和谐的根本出路只有一条，就是赋予住宅市场所有利益主体话语权，让大家充分表达各自的主张和看法，广开民智，兼收并蓄，由此先形成和谐的制度环境，再循序渐进地化解冲突，寻找和谐的具体方案。

资料来源：清议.住宅市场的冲突与和谐——影响百姓住宅消费的要素分析[J].数据，2005(12)：21-23.

思考与练习

1. 住宅的功能主要表现在哪些方面？
2. 如何理解住宅的需求？
3. 影响住宅需求的主要因素有哪些？

4. 哪些因素影响住宅的需求弹性？

5. 如何理解住宅的供给？

6. 决定住宅供给的因素包括哪些？

7. 住宅的供给弹性在短期和长期有什么区别？为什么？

8. 影响住宅价格的因素有哪些？

9. 如何理解地价和房价之间的关系？

10. 国内外关于住宅空置的定义有何异同？

第6章 住宅消费规律

重点内容

1. 租房和买房的成本比较与选择
2. 住宅的租售比
3. 住宅过滤的模型
4. 住宅市场居住空间分异的涵义

本章主要介绍住房消费(不是住房投资)的市场经济规律。住房是一种特殊的商品,住宅消费的特殊性源于住宅的性质,本章在阐明住宅性质的基础上,重点比较分析了买房和租房利弊,除此之外,本章还介绍了住房消费市场中存在的住宅市场的过滤现象和空间分异现象。

6.1 买房与租房的比较分析

6.1.1 住宅的性质

住宅既是人们最基本的生存资料,又是人们的享受资料和发展资料,居民个人及其家庭在居住生活中消费住宅的行为就构成住房消费。在20世纪80年代中期,我国理论界展开了一场关于住房性质的大讨论,当时主要有三种观点:第一种观点认为,住房是福利品,具有福利性,是由国家和企业统一建造和统一分配的,属于产品分配,不是商品;第二种观点认为,住房同任何生活消费品一样,均属于商品,应当通过市场流通,实现住房商品化;第三种观点认为,住房有两重性,既是商品又是福利品,是商品性与福利性的结合。通过争论,基本上统一到住房是商品的观点上来。但经过十几年的发展,对住宅性质的认识又进一步深入,基本上统一的观点是:住房消费本质上是一种商品性消费,同时又有一定范围的社会保障性。

1. 住房的商品性

住房的商品性主要体现在:它既有满足人们居住需求的使用价值,又有建造住房所花费的社会劳动凝结而成的价值,是使用价值和价值的统一体。住房成为商品是市场经济的必然产物。住房的再生产过程,必须通过住房商品的生产(投资建造)、分配(市场分配)、流通(市场交换)、消费(家庭居住)几个过程,才能完成自己的循环与周转,才能不断地、顺利地实现再生产。

在计划经济体制下，中国传统的住房制度把住房扭曲成福利品，排斥其商品性，国家和企业投资建造住房后，低租金、近乎无偿的分配切断了市场流通的环节，导致只有资金投入而没有回收的恶性循环，造成住宅建设缓慢、职工居住条件长期得不到改善的后果，严重阻碍了住宅及房地产业的发展。在明确了住房是商品以后，在住房制度改革的推动下，按市场经济规律运作，我国的住宅产业蓬勃发展，居民的居住条件大大改善，全国人均居住面积已从20世纪70年代末的3.6平方米提高到目前的近30平方米。

在实践中，住房的商品化包括四层涵义：一是住房的生产经营商品化，即把住房作为商品，按商品经济规律由开发商进行投资建造，组织生产经营活动；二是住房的分配、流通、消费市场化，建成的住宅由市场交易进行分配，个人或家庭通过购买和租赁进入消费领域，解决自身的居住问题；三是住房的管理市场化、专业化、社会化，由市场化的物业管理企业实施管理；四是住房资源配置的市场化，由市场机制调节住房资源的配置，以取得最佳的经济效益。

2. **住房的社会保障性**

住宅是最基本的生存资料，是人们的栖息场所，关系到居民的基本生存需要和整个社会的安定。由于住房是价值量大的超耐用的消费品，购买或租赁都要花费较大的代价，低收入者按市场价格购买或租赁住房难以实现，必然会出现部分住房困难户，甚至"无家可归者"。因此，各国政府为实现"居者有其屋"、保持社会稳定的目标，都制定了住房社会保障政策，帮助低收入者解决住房困难问题。如采取低息贷款、房租补贴、廉租房等措施，使低收入者也能得到满足基本生存需要的住房保障。这种住房的社会性同传统住房体制下那种人人共享的住房福利性，是有原则性区别的。现在的住房社会保障政策不仅范围小(一般限制在总人口10%以下的低收入者)，而且在性质上也根本不同。

那么，住房的商品性与住房的社会保障性是什么关系呢？住房的商品性是社会主义市场经济条件下住房的本质属性，是不以人的意志为转移的客观经济范畴。它是相对于非商品性或产品性而言的。而住房的社会保障性则是政府制定的对低收入群体实施的住房社会保障政策，属于上层建筑范畴，目的是要帮助低收入者解决住房困难问题，是市场配置住房资源必不可少的补充。住房的商品性是本质属性，涵盖一切住宅，即使是廉租屋也是由政府补贴市场租金与低租金的差额，从本质上看也属商品化的范畴。因此，不能把住房的社会保障性与旧体制下的住房福利性等同起来。

6.1.2 租买成本比较

住房的商品性决定了住房消费本质上是一种商品性消费，但住宅是使用期限很长的耐用消费品，包括土地和房屋设施，它的价值量很大，家庭在住宅消费方面的支出很大。为了及时满足家庭的住房消费需求，家庭可以选择租房或买房的方式。买房是一次性支付住宅的总价款，并享有住宅的70年内的居住权，而租房是每月支付一定的租金来获得居住权。如果将买房和租房都看成是为获得居住权所付出的代价，买房相当于一次性付款，而租房则是分期付款。

我国城镇家庭住房自有率为80%，农村为100%，高居世界首位。即便在发达国家，居民平均住房自有率也仅为50%左右，美国为65.5%，瑞士42%，英国46%。我国目前具有社会转型、经济转轨时期的特点，住宅自有化率带有东欧国家的特点，因为住宅很快市场化了，但居民家庭的收入却要逐步市场化，即便是当前的住房自有化率比较高，也是原公有住房短期内转化的结果。在欧美、日本和我国香港地区，大多数人不会在参加工作不久便去购房，比较多见的住房消费模式是先租房后买房的“阶梯住房消费”模式，这也是市场经济社会中较为提倡的住房消费观念。实际上，买房住和租房住都是住房消费的合理形式，并没有绝对的好坏之分。下面首先对租房和购房成本进行比较。

租房成本就是承租人付给出租人的租金。在一个竞争性市场，出租人的经济利润为零，年租金等于年运营成本。不考虑税收时，出租人负担以下三项成本：

(1)资金成本。如果出租人向银行贷款买房，资金成本是贷款利息；如果动用自有资金，成本是自有资金的存款利息，也即机会成本。假定这一比例为每年 $i\%$。

(2)养护成本。日常养护维修成本一般是价格的某一百分比，如每年 $m\%$，则每年的养护维修成本是 $m\%$ 与房价的乘积。

(3)贬值或升值收益。如果住房贬值，则出租人需承担相关的贬值成本，但如果住房升值，则会给出租人带来出租收益，能够抵扣出租成本。如果贬值或升值的比率是每年 $d\%$，则这一项带来的成本是 $d\%$ 与房价的乘积。

(4)税收优惠或支出。在很多发达国家，为了鼓励居民购房，政府给予住房所有者一定的税收优惠。如美国联邦所得税法中规定，住房抵押贷款利息和不动产税可以从应税所得额中扣除。因此纳税节约额也应当从出租人出租成本中扣除假定比例为每年 $t_1\%$。但同时，出租住房的收益也需按一定比例缴税，如每年 $t_2\%$。如果采用 $t\%$ 来综合衡量上述税收优惠和支出的净效应，则这一项带来的成本是 $t\%$ 与房价的乘积。我国目前购买自住房没有税收优惠，出租自有住宅一般也不用纳税，因此这一部分年度成本在我国可以暂不考虑。

综合上述几项，假定房价为 V，则住宅出租的年度成本应为：

$$C_r = V(i\% + m\% \pm d\% \pm t\%) \qquad \text{(式 6-1)}$$

式 6-1 中，如果住宅贬值，则是 $+d\%$，如果住宅升值，则是 $-d\%$。如果税收优惠高于税收支出，则为 $-t\%$，如果税收优惠低于税收支出，则为 $+t\%$。

与租房成本类似，对购房者而言，购房年度成本的构成也包括这些项目。表面上，出租房和自住房的年度成本应该相等。但事实上，租房的年度成本往往高于购房的年度成本。这是因为：一方面，承租的外部性会导致租赁房的成本较高。由于承租人与承租房没有长期的利害关系，没有主动维修养护的动机。房子的各种设施如果损坏，承租人不会及时修复或通知房东，而造成当房东获悉后再修理时，维修成本会大大提高。因此出租房的维修养护费会因为承租人的外部性高于自住房的维修养护费，由此造成租赁房的年度成本高于自住房的年度成本。另一方面，某些国家和地区自住房有税收优惠，但出租房却没有因为出租活动而产生的税收支出，因此如果是自住房，第四项将会只是 $-t_1\%$，因此出租房的税收支出将会高于自住房的税收支出。当然，还会有其他因素使两者产生差距，如传统习惯、偏好等，这些可以视作出租房的社会成本。如在我国，很多人都会受到“有恒产者有恒心”的传统哲学思想的影响，认为自己必须得有一个自己的“窝”，而且子女结婚的基本条件之一就是要有房子。这些心理倾向会使租房的心理负担更重，即产生社会成本(由于这项成本很难去衡量，而且它在一定时期内比较稳定，不太会发生变化，在式 6-1 中并没有把这项成本表示出来)。所以，从这几个角度来看，在竞争性市场中，租房的成本会高于购房的成本。

尽管从成本比较来看，租房的成本会高于买房成本。但是，由于买房需要一定的经济积累，而且如果是贷款买房，还会给买房人带来一定的经济负担。但租房给承租人带来的最大好处是:承租人不必承受因为支付首付而给生活带来的窘迫,也不必承受高额银行贷款带来的经济压力,而且调整居住地点灵活,还可以规避楼市风险。因此,在现实中,一般有三种家庭更适合租房:①积蓄不多或收入不稳定的人群。尤其是目前很多刚刚就业的年轻人。买房的年轻人经济能力不强,很多人收入也不稳定,父母提供购房首付的情况占大多数。尽管对于创业初期的购房者来说,为了提高居住品质而买房,但这样会给亲人带来额外的经济负担和精神负担。②工作流动性较强的人群。这些人在工作尚未相对稳定的时候买房,一旦工作调动,出现单位与住所距离较远的情况,由此会产生一定的交通成本。③暂时过渡人群。有些置业升级愿望强烈的购房者,想要卖掉旧房买新房,在没有合适的新房出现前,选择位置较好的地方租房,然后进行观望,多方合理选择。

其实,无论是选择买房还是租房都是合理的住房消费方式,最终目的都是使生活能够更好更舒适。至于是买房还是租房,各有利弊。每个人的经济能力、价值取向、生活习惯、投资观念和思维方式都存在不同,关键是要权衡自身实际情况。

6.1.3 住宅租售比

住宅租金和价格之间具有一定的比例关系,被称为租售比,也就是指在相同时期内同一类住房的租赁价格与出售价格之比。它的取值可通过变换公式(6-1)得到:

$$C_r / V = i\% + m\% \pm d\% \pm t\% \quad (式6-2)$$

式6-2表明租售比将由上面几个比率之和共同决定,如果这些比率中的其中之一发生了变化,房价和租金之比也将会改变。如果贷款利率降低,$i\%$变小,租售比也将变小,也就是房价和租金的差距将变大;如果住宅升值,房价上涨,租售比自然会变小,也即是房价和租金的差距将变大。同样,税收政策的改变最终也会影响到租售比。

实际生活中,租售比的衡量具体是用每平方米建筑面积的月租金与每平方米建筑面积的房价之比来表示的。国际上租售比是衡量一个区域房地产市场是否存在泡沫的重要指标之一。目前,国际认可比较理想的房屋租售比约在1:300到1:200之间。如果高于1:200,表明这一区域房价比较低,房产投资的潜力相对较大。如果租售比低于1:300,意味着房价和房屋出租价格之间的差距过大,房地产市场已出现泡沫;租售比无论是高于1:200还是低于1:300,均表明房产价格偏离理性真实的房产价值。但是在实际应用中,要与经济发展趋势和通货膨胀预期相结合,国际上通行的标准是在经济发展缓慢稳定和货币稳定的情况下形成的,无论是在美国金融危机的情况下还是在中国高速发展的情况下,合理的租售比都有一定的变化。

国家发改委发布的分析报告显示:自2009年年初以来,我国城镇住宅价格的走势显露企稳迹象并具有下调趋势,但是与历史数据相比,该涨幅仍然处于高位。随着房价上涨,房屋租售比已经偏离国际平均水平。我国70个城市抽样调查显示:2009年上半年全国房屋租售比已经低于1:400,即使是租赁市场需求旺盛的北京市,房屋租售比也已达到1:325,远低于理想水平的下限。而在香港最大房地产代理上市公司美联物业2009年底对北京、上海、深圳三大城市的抽样调查中显示,2009年11月来北京的楼市租售比再创纪录首次突破了1:500,达到了1:546,部分区域甚至达到了1:700;上海的情况也不容乐观,房屋租售比在1:500左右,最高也达到了惊人的1:670;深圳目前一套100万左右的一居大约租金水平在2500左右,租售比大概维持在1:400至1:480之间。而这些城市的租金回报率普遍在3%左右。

这些数据表明，在目前在我国一些大城市中，住宅市场中住宅出租的投资收益率普遍偏低，房价已经远远脱离了理性水平。

6.2 住宅市场的过滤

6.2.1 住房“过滤”的基本涵义

住房过滤是指在住房市场中，最初为较高收入阶层建造的住房，随着时间推移，住房质量发生老化，同时新建住房供应增加，导致房价降低。这时较高收入的阶层为了追求更好的居住条件，会放弃现有住房，而收入较低阶层会继续使用该类住房的过程。“过滤”模型描述了不同住宅子市场之间的相互作用，以及住宅从一个子市场到另一个子市场的过程。

住房“过滤”理论最早是由伯吉斯(E. W. Burgess)在 20 世纪 20 年代初期解释芝加哥住宅格局时开始提出的。但在 20 世纪 60 年代之前，人们对它的理解都是模糊的，直到 1960 年劳瑞(Lowry)对“过滤”现象作了概念性的解释之后，人们才对其有了比较明确的概念。劳瑞指出“过滤”的主体是住宅，而非各收入阶层，“过滤”产生的原因在于住宅老化及新建，简单地说，“过滤”就是住宅本身市场价值的变化。“过滤”模型的建模基础源于 20 世纪 70 年代住房耐久性概念的引入。所谓“耐久性”，是假设住房质量随时间折旧的，考虑了住宅正常使用这一过程。

真正具有理论和实际价值的模型出现于 20 世纪 70 年代中期以后，有学者建立了几个考虑过滤的、比较规范的住房市场模型。如斯威尼(Sweeney，1974)模型，奥斯(Ohls，1975)模型，布瑞德(Braid，1988 和 1991)模型。这些模型中，第一个也是最重要的一个是斯威尼于 1974 年发展的模型。他对“过滤”模型的建立提供了一个概念性的框架，并得出了一些有意义的结论。该模型首次同时考虑了住房的耐久性和住房质量等级(这是过滤模型的基本特点)，因此得出了先前一些文献在没有采用过滤方法时所无法得出的结论。奥斯对过滤模型的研究也作了较大的贡献，他建立了一种较为成功的一般均衡住房市场过滤模型。他假设住宅市场处于完全竞争状态，房客的目标是追求效用最大化，开发商的目标是追求利润最大化。为此建立了一些均衡条件，通过均衡条件来模拟市场行为，并相应地编制了计算机程序。应用计算机模拟，从政府成本的角度来衡量，指出通过对低收入阶层提供住房货币补贴来增加穷人住房消费的政策(如租金优惠计划)，会比政府直接为低收入者建立新建住房的政策(如政府新建计划 new construction program)更有效。上述两个模型虽然对住宅市场的运行机理有了深刻的理解，但他们的不足是均没有考虑区位条件和经济增长的影响，近年来，模型主要偏重于住宅福利的研究。阿纳斯(Anas，1997)等人运用“典型芝加哥住宅市场模型”来研究收入税、财产税、住房补贴的作用。

国内学者也结合我国住房市场研究了“住房过滤”的理论和政策效应。如宋博通(2002)对三种典型的住房补贴政策：公共住房兴建政策、开发商建设补贴政策和房租补贴政策的“过滤”进行了分析，指出完全依赖市场，并不能有效地解决低收入阶层的住房问题，但全部依赖政府建造公有住房，虽然能在短时间较好地解决低等级住房短缺的问题，但往往会跟不上社会的需求，造成新的浪费。一方面政府也因此背上沉重包袱；另一方面却又因为打破了住房供应链的连续性，减弱了发展商兴建中、高等级住宅的积极性，使市场出现停滞，降低了整个住房市场的运行效率。他还提出制定公共住房政策，应当考虑如何使市场效率和社会公平并重，尽量采用补人头的方法，逐步减少政府直接兴建社会住房，应当考虑政府的支出成本和承受能力，充分利用存量房产吸纳作用，解决低收入群体的住房问题，降低政府补贴成本。

6.2.2 住宅"过滤"模型的解释

住宅的耐久性与过滤模型有着密切的关系。住宅与一般的消费品不同，住宅一般的消费寿命至少有几十年上百年，有的甚至几百年。因此住宅存在着由新变旧的老化过程，这种老化过程实际意味着由于住宅的物理性耗损、技术性无形磨损以及住宅样式的变化、住宅服务不断减少，其市场价值逐渐贬值。

"过滤"模型可以回答以下两个问题：首先，为什么穷人选择居住旧房子而不是新房子？其次，穷人有没有从鼓励为富人建新房的津贴政策中受益？美国学者阿瑟·奥沙利文（Arthur O'Sullivan）在所著的《城市经济学》中展示了城市住宅市场的"过滤"情况，回答了这两个问题。如图6-1所示，纵坐标表示住房质量，横坐标表示居住面积，住房提供服务的数量由这两方面共同决定，而且这两者在一定程度上可以互相替代，因此住宅服务数量是关于居住面积和住房质量的函数，并可以用一条无差异曲线来表示。

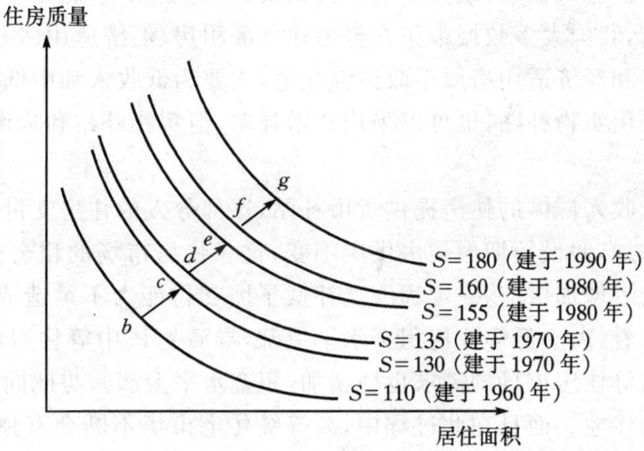

图6-1 住宅市场的"过滤"

假设在1980年时，富人阶层需要160单位的住宅服务并且购买了新房（点 f）。中等收入家庭购买了建于1970年的能提供135单位住房服务的房子（点 d），这个房子在刚建起时能提供140单位的服务，10年以后降低为135单位。与富人阶层相比，中等收入家庭居住的住宅小而且质量较低。同时，贫困家庭需要110单位的服务，居住在1960年建成的住宅里（点 b）。假设在1980—1990年间三种收入群体的实际收入都增加了。富人期望的住宅服务数量增加到180，中等收入家庭增加到155，贫困家庭增加到130。图6-1表明1990年住宅市场的一种可能的安排。具有180单位服务的新住宅为富人建造，所以他们从点 f 移动到点 g。中等收入家庭住进由富人腾出的住宅，从点 d 移动到点 e（建于1980年的住宅10年后提供155单位的住宅服务）。穷人住进由中等收入家庭腾出来的住宅，从点 b 移动到点 c。

为什么富人应该居住在新房子里？如果富人不居住新住宅，那么他们可能居住1980年建成的经过改良的住宅。因为1980年的住宅在1990年通常只提供155单位的服务，需要进行大量翻修才能把它的服务水平提高到180单位。房间数需要增加，屋顶和管道系统需要改良，住宅需要依据消费者的偏好重新进行改造。鉴于修复花费巨大，因此富人购买新住宅成本更低。如果为富人建造了新房子，那么有大量的旧房子提供给中等收入家庭。鉴于有大量旧住宅（样式设计落后且管道老化）供应，一套旧的、质量低的住宅比新住宅便宜。富人腾出1980年建造的住宅时，一套提供155单位服务的旧住宅的市场价值低于建造一套提供同样单位服务的新住宅的成本，中等收入家庭选择居住富人腾出的房子。中等收入家庭腾出了1970年建造的住宅，使这些住宅的价格下降，从而提供130单位服务的旧住宅对于穷人来说非常便宜。不过需要说明的是：上述分析的住宅市场的"过滤"模型需要建立在住宅商品化、住宅市场的分层及成熟的住宅交易市场的基础上。

6.2.3 住宅"过滤"模型与住房政策选择

住宅"过滤"模型实际上说明各类住宅子市场相互影响的规律。由于住宅的梯度消费，住宅市场也应建立多层次的供应体系，为不同收入阶层提供服务、数量不等的住宅。不但如此，住宅市场"过滤"模型还有助于分析政府在一定时期内住房供应政策的调整。现实中，政府可以为低收入者直接提供公共住房，或为建设者提供资助，即为实物补贴，也可以给予购房者等量的货币补贴。目前，我国大多数城市正在努力建立廉租房、经济适用房和商品房的多层次住宅供应体系。廉租房和经济适用房属于政策性住宅，主要为低收入和中低收入人群提供，其制度的落实方式可以采用实物补贴，也可以采用货币补贴，但实物补贴和货币补贴会产生不同的效果。

如果政府对中低收入群体的住房提供货币补贴，这部分人的住房支付能力提高，导致其对更高质量住房需求增加，假设短期内住房供应不变，这一住房市场的租金或价格便会上升，这会刺激开发商和投资者增加供应，一定程度上补偿了因支付能力不足造成的消费水平低下的问题。从中等市场来看，由于低等住房租金水平上涨，导致对该中等住房市场需求的增加，租金水平上涨；同理，高等住房市场的需求也会增加，租金水平上涨。与此同时，租金上涨也会刺激开发商开发更多的住宅。而且在此过程中，高等级住宅市场不断会有住宅"过滤"到中等住宅市场，而中等住宅市场也不断会有住宅"过滤"到低等住宅市场。过滤的最终结果是低、中等住房市场的租金水平和供应水平较补贴前都有所提高。

由上述分析可看出，货币补贴制度的实施有如下效果：有效地提高中低收入群体的住房消费水平；加速了各级住房市场的"过滤"速度，提高了各级住房市场的租金水平，利润的刺激将使开发商兴建各个等级住房特别是中、高等级住房，从而保证了住房供应链条的连续性。当然，该政策也有不利之处：首先，从长期来看，一些可用旧房可能被提前拆毁或造成住房弃置；其次，在管理监督机制不健全的情况下，住房补贴可能被受补贴者挪作他用，从而不能有效提高居民住房消费水平。

如果政府采用实物补贴，也就是政府直接投入资金建造公共住房。假设当低等级住房短缺时，由政府直接投入资金建造公共住房。这样，一部分低收入者可以在短期内住上合适的住房。根据过滤理论，该政策同时会引发高等级住房市场的联动变化。这是因为该政策相当于将申请居住公共住房的那部分低收入者从低等市场中抽出，导致低等住宅市场中住房需求下降，租金水平降低。因此，开发商不愿意建造低等住房而使住房供应数量减少，导致房价水平下降。由于中等住宅市场的联动效应，那些本应"过滤"下来的中等住房，因为低等住房租金水平的下降，使得中等住房的价格相对偏高而不能正常"过滤"，使中等级住房存量增加，最终导致中等住房市场租金水平下降。同理，高等住房市场中的租金水平也因中等市场租金的下降而下降，导致高等住房建造的停滞。

以上分析可见，实物补贴实施的效果主要表现如下：首先，在城市住房缺乏，特别是与最低收入者租金支付能力相适应的住房缺乏时，实物补贴能够在短期内迅速地改善中低收入群体的住房状况，并可以平抑市场房价；其次，实物补贴能够有效保证政府政策性住宅建设的落实，提高中低收入群体的住房水平。但是，实物补贴也有不足之处：首先，无论是政府出资收购还是出资建设，政府投入成本大；其次，由政府直接向低收入者提供廉租房，经济的快速发展往往使这些廉租房还未到生命周期就过时了，因无法再向下"过滤"，只能提前拆毁或挪作他用，造成社会资源的浪费；另外，还会削减高等级住房发展商的投资机会，导致住房供应链条的连续性被打破。

因此，从以上关于货币补贴与实物补贴效果分析中可以发现，货币补贴与实物补贴两种政策的根本区别在于政府介入住房市场的角度有所不同。在实物补贴中，财政补贴直接投向生产者，在销售得以实现的前提下，通过生产者的供给行为间接地传递给消费者。但是，由于政府必须对投资计划作详细安排，并对分配方法和市场流通实施严密监控，因此政府对住房市场的干预性较强，这不利于住房商品化、市场化的发展目标的实现。在货币补贴中，政府对消费者进行直接补贴，鼓励居民自置住房。因此，从保持住房过滤市场畅通的角度看，货币补贴更切合市场运作机制，有利于激励各等级住房发展商的积极性，且政府负担的成本更小，家庭的租售选择更自由，补贴效率更高。对于住房市场机制健全、住房价格较稳定、各等级住房市场供应相对充足的住房市场是一种更好的选择，但对于住房市场机制还不健全、房价快速上涨的住房市场，实物补贴不失为一种较好的选择。

6.3 住宅市场的空间分异

6.3.1 居住空间分异的涵义

城市居住空间是城市经济社会的基本空间类型和重要的功能空间，它不仅仅是城市地域空间内具有居住功能的建筑物的空间组合，而且还是由人们居住活动所整合而成的社会经济空间系统。因此城市居住空间分异不仅表现为城市中不同地域居住空间质量、实体形态的差异，更体现为在某些特征（收入状况、职业背景、文化取向）上相近的居民趋于聚集，而相异的居民居住空间分布趋于分化、隔离。

面对从计划体制到市场经济的转型，改革开放和有中国特色的社会主义市场经济建设为我国城市的发展提供了巨大机遇，同时也将中国置于全球化和逐步转型的特殊时代背景之下。随着全球化的影响和社会经济结构的重新分化，社会分异和空间分化同时发生。

以西安为例，西安是我国西北地区的经济中心，中外闻名的历史文化名城，城市居民常住人口超过300万人。随着城市经济快速发展，西安的社会阶层不断分化，内城不断更新，城市边界不断拓展，新的居住区域不断出现，以住宅开发项目的档次和价格在空间的分化为有力代表的居住空间分异的格局越来越明显，别墅项目几乎完全集中在城东南曲江新区、城西南秦岭南麓沣峪口一带，以及最北边泾、渭、浐、灞河交汇口一带；低档、中低档住房项目主要分布在二环线以内范围，但二环线以内的某些生活配套设施完备的地带也建有一些中高档及高档项目；而高档住宅则大部分集中在三个新兴开发区，但在开发区内某些较偏远的地带也有一些低档及中低档住宅项目；二环以外东西两侧的老工业区内中高档以上住宅项目很少。

在经济发达城市，这种现象更为明显，北京东北郊沿京汤路从亚运村到小汤山和北郊沿京昌高速公路两侧的别墅区正在形成一个新的富人居住区，而木樨园周围的浙江村则成为一个较大的新棚户区。上海长宁古北社区、市中心的老花园洋房、新式里弄、浦东新区陆家嘴滨江豪宅区以及世纪公园周边区域已形成境外人士国际社区。底层阶层（低收入、贫困阶层）主要在三圈环带分布：一是中心城区内环线以内的传统街坊中的旧式里弄和简屋；二是中环线附近的传统工业工人居住带；三是外环线附近动拆迁中低价商品房基地。而外来常住人口主要集中在市郊结合部、商业中心闹市地段和工厂。而上海流动人口主要居住在中心城区的旧房和简屋、城乡结合部多人联租屋、外环线附近的棚户和简屋。

6.3.2 住宅市场空间分异研究的进展

城市居住空间分异现象在国内外都是一个普遍现象，国内外已有大量研究从不同视角出发探讨这种现象背后的原因。西方学者的解释主要集中在三个方面：土地利用分化机制，社会等级、家庭类型及种族分离机制，人们行为方式的选择机制。而国内的研究既注重吸收国外已有的研究方法和成果，又充分重视我国当前正处于经济全球化下的社会经济体制转轨时期的特殊性，立足于我国国情提出了一些新的观点。顾朝林教授认为社会分化是改革开放以来我国当前社会最显著的一个变化，并认为社会分化将会导致城市居住空间的分异，而引导城市社会分化的动力因子主要是转型期中城市功能结构的转变、外国的资金直接投资和流动人口的涌入。但吴启焰博士认为这种社会分化机制与结果只为城市居住空间的社会地理分异提供一种前提，社会分化结果只能通过市场宏观控制、个体择居行为心理的局部调整才能实现居住空间的分异。因此，居住空间分异机制可以从住房市场空间分化及个体择居行为机制两个方面来理解，而这两者的具体表现与住房制度及住房市场的发育程度紧密相关。

我国市场经济改革背景下的住房制度变迁推动了住房市场的发展。1991 年国有土地有偿使用制度的推行，标志着住宅开发开始走上市场化轨道，2004 年“经营性土地必须实行招标拍卖挂牌方式出让”规定的出台，使得城市经营性住宅用地完全可以通过竞价充分实现其经济价值。同时房地产企业已成为住宅开发的主体，而政府主要向市场监管和宏观调控职能方向转变。但 1998 年以前，由于我国在城市内普遍推行实物分房制度，所以追求平均主义的住宅供给和分配制度使城市内形成的由“单位”制居住单元组合而成的城市居住空间结构并没有太大的变化。而 1998 年住房分配货币化政策的出台推动了住房消费的市场化，居民个体消费者逐渐成为住房消费市场的主体，全国个人购买商品住宅的面积占全国商品住宅销售总面积的比例从 1991 年的 9%提高到 2005 年的 94.8%。由此可见，以利润机制和效用机制为核心的市场机制已成为住宅市场中决定住宅供给和需求的主导力量。而与此同时，我国很多大城市居住空间分异的现象越来越突出，

国内在从住房市场的层面分析、城市居住空间分异机制方面已出现了一些成果。国内主

要分别从供给和需求两个角度开展。有些学者从住宅市场供给的角度探讨政府规划、房地产开发对居住空间分异的作用。而从购房需求角度分析城市居住空间分异机制问题的研究主要是在社会地理学的框架下展开的，有些研究是从宏观机制上分析影响居住需求的因素以及它对居住迁移的作用。如吴启焰认为经济、社会结构的变化，家庭的经济和人口统计状况的重大转变都会使居住需求产生分异，从而引起居住迁移和居住空间的分异。还有一些研究着重从微观层面分析购房者的住房需求对居住空间结构的影响，而且重点是分析购房者的区位偏好，如有些学者通过分析认为，房价的高低、交通的通达性、环境条件是决定城市居民住宅区位选择的主要因素，而且被调查城市的高收入阶层倾向居住在距离市中心偏近的地方。尽管这也是从购房者偏好的角度研究，但是我们知道，尽管由于住房的不可移动性使得住宅区位成为家庭择居决策中重要的考量因素，但并不是唯一的因素，也不一定是最重要的因素。住宅的多重异质性决定了没有完全相同的两套住宅，住宅之间还会在房型、面积、建筑结构、景观、所在小区的规模、建筑密度等方面存在差别。家庭对住宅的选择，其实是对其所有特征综合考量后的结果，但每一个特征在消费者心目中的重要程度并不相同。那么消费者对不同住宅特征的偏好程度不同将会对居住空间分异程度及形态产生怎样的作用呢？

笔者在关于此问题的研究中，构建了以消费者偏好理论为基础，但却能反映供给影响的理论模型，并利用它分析了购房者的择居偏好导致居住空间分异及分异形态的作用机制。理论模型分析结果说明，在收入分层的情况下，不同收入群体就会选择不同的住房特征。如果消费者偏好大房子，收入高的人群就会争相购买大户型；如果消费者偏好小区内便利的生活配套，配套齐全的小区就会成为富裕阶层聚集的地方；如果消费者偏好安静，自然条件好的地方就会成为高收入人群汇集的地方。由此可见，由于不同收入阶层倾向购买不同数量的住房特征，而同一收入阶层倾向于购买相同数量的住房特征，使得收入分层显性化。但要使收入分层在空间显性化，消费者偏好的特征中必须包含具有空间固定性的特征，即区位。而且，当消费者偏好的住房特征有多个时，偏好程度越高的特征，它的隐含价格越高，对消费者的竞价能力要求越高，越容易使收入分层显性化。因此，购房者对区位赋予的重要性越高，收入分层在空间越显性化，即居住空间分异会越明显。而消费者偏好不同的区位因素会形成不同的空间分异形态。对住宅来讲，影响居住空间分异的区位因素主要包括距离市中心的远近，所处区域的整体素质及住宅周边环境。如果消费者偏好住在距离城市中心近的地方，那么居住空间分异会趋于呈现同心圆带状形态；如果消费者偏好居住在特定的城市某区域或方位，那么居住空间会趋向于出现扇形或多中心结构；如果消费者最重视居住地周边环境的便利性和质量，居住空间趋向于呈现出马赛克式的分异形态。由此可见，区位类特征及其中的各区位因素在消费者购房偏好中的相对重要程度是决定居住空间分异的核心要素。

为了证明上述观点，研究以西安市为例，利用 SEM 模型进行实证分析。结果表明：第一，区位特征对住宅交易价格的影响比其他住宅类特征显著，这不但说明区位价值已成为西安住宅价值的根本性因素，也说明西安的住房市场已是一个市场机制主导的市场，因此在居民经济收入分层的条件下，西安居住空间分异必然会不断加剧。第二，从测量模型的估计结果来看，三个区位个别特征对住宅价格的影响都显著，但“地块所处区域”和“周边环境质量”比“地块距离市中心远近”影响力更大。因此从总体上看，居住空间分异呈现混合形态，其中扇形最为显著，高收入人群主要向南积聚，尤其是曲江和高新区；而消费者对周边环境的重视导致空间分异的马赛克，在发展不均衡的郊区尤为明显；但是，同心圆带状也隐现其中。另外，还有一个重要的发现是，政府对城市居住空间分异的作用大于开发商的作用。尽管有些学者认为城市居住空间分异的加剧主要是由于开发商大力鼓吹阶层化社区，标榜生活格调、品味、知识文化的精英理念下形成的，但这其实只是表面现象，消费者对居住地的选择实质是对自身未来生活状态的一种定位，人人都向往生活在环境优美、生活便利、人文气息浓厚、居住氛围积极健康的地方，但只有高收入人群更有能力将其变为现实，而与低收入人群在居住区域上产生分异。政府对城市各区域基于总体发展战略的差异化功能定位造成不同区位不同的居住禀赋，从而使土地产生不同的区位价值，进而直接影响土地价格及开发商的目标客户定位。而且随着城市总体规划的更新，包括划定城市未来的重点发展区域、制定新的交通规划、构建新的城市空间布局，都将会使一些相关的区位升值，最直接的表现就是该区位地价的上涨，而理性的开发商在市场机制下没有理由不去最大化区位的价值，即使他们不去鼓吹阶层化社区，同一收入阶层的人群也会选择同一价位的社区，因为收入是硬约束，收入的分化才是居住空间分异的根本原因，开发商漂亮的口号也只能加快销售速度，而无法让穷人住进高尚社区。由此可见，城市居住空间分异实质上是基于消费者偏好的市场竞争的结果，因此要控制或削弱这种态势，依靠市场机制无异于水中捞月，政府干预是现实的选择。

专题

大城市 80 后买房还是租房 如何走出“蜗居”

“蜗居”成都市之痛

仿佛是在一夜之间，有一个词语一下子成了时下的热门字眼，这就是“蜗居”。这个词源自于此前曾经热播的一部电视剧，该剧描述了在高房价重压下的人生百态。可能是似曾相识的经历刺痛了许多人的神经，“蜗居”已成了太多都市人的心头之痛，他们有时也会由衷地发出这样一声感叹：“‘蜗居’，好苦！”

所谓“蜗居”的定义是显而易见的，为了买房子而背上了沉重的包袱，由此每天不得不疲于奔命地生活着。剧中女主人公海萍的一段话也颇为经典，更折射出了当下许多都市人的生活窘境：“我每天一睁开眼，就有一串数字蹦出脑海，房贷六千，吃穿用两千五，冉冉上幼儿园一千五，人情往来六百，交通费五百八，物业管理三四百，手机费两百五，还有煤气水电费两百。也就是说，从我苏醒的第一个呼吸起，我每天要至少进账四百，这就是我活在这个城市的成本。”为了买房有些人甚至给自己定下了一系列规矩：不打出租，坐公交；不去 K 歌，在家唱；不上馆子，多蹭饭；不泡酒吧，逛公园；不进影院，多买碟。

既然“蜗居”让人如此不堪，我们为何不反过来想一想，为什么不能走出“蜗居”，重新找回生命中那灿烂的阳光呢？

购房观念存误区

现实版的“蜗居”之所以会在我们这些大都市中不断演绎，归根到底还是因为人们的购房观念存在着巨大的误区。长期以来，人们都无法抛弃买房这一根深蒂固的观念：“进城＝买房”、“结婚＝买房”。

这是一个不容置疑的事实，从房地产市场未来发展看，人人拥有房产并不现实，其市场格局必然是部分人购房居住，而那些无力购房的，则通过租房来解决居住需求。让我们来看一下国外的情况吧，在西欧国家中，爱尔兰82%的人住在自己房子里，西班牙有80%的人住在自己房子里；然后依次是比利时、希腊、意大利、英国、挪威，在70%上下。法国自有住房的比例约50%，而荷兰则只有45%，瑞士更少，只有30%的人住在自己买下的房子里。私有住房比例排在第三的比利时，有30%的人没有自己的住房，布鲁塞尔更有70%的居民是租房者，拥有自己产权住宅的只占30%。

而在我国却来个颠倒，许多年轻人也挤入了购房的大军，最终造成了自己"蜗居"的困境。华远地产总裁任志强话虽然说得有些"雷人"，但现在看来却发人深省。他说："从发达国家来看，30岁以下的人没工作几年，就靠自己独立收入去买房的几乎为零，而中国40岁以下的购房比例接近于60%～70%，这个比例在全世界都没有过。这里有一个最大的错误观念，就是住房体系中，总是说居者有其屋，按道理说，应该是居者有其所，有地方住就行了。"

而从另一个方面看，此前发生的次贷危机也已经给我们很好地上了一课，美国的次级贷款看上去是一件好事，它让许多买不起房的人买了房(据了解，在1994年到2006年间，超过900万户美国家庭购买了新住房)，但这种人人拥有房产的结果引发的却是一场灾难。

"只有买房才会幸福，而租房就不会幸福吗?"面对这个问题，大部分中国人都给出了肯定的答案。然而放眼海外，在那些成熟市场中，许多人尤其是许多年轻人都是靠租房来解决居住需求的，他们并不认为租房就不幸福。

中日国民幸福观的差异

这股"蜗居"热也引起了我们邻邦日本的关注。近日，日本一网站(Record China)做了一篇名为《租房不会幸福吗？八成中国人认为幸福＝有房》的报道。该报道转述了《中国青年报》关于"幸福和房子的关系"的调查结果，同时介绍了在我国热播的电视剧《蜗居》的剧情。《中国青年报》调查显示，八成中国调查者认为"幸福和房子有关系"。不过九成以上日本网友认为幸福和房子没有关系。

日本青年奋斗十年攒"头金"

显然，中日两国国民对"买房与幸福"的关系上有着截然相反的认知，当我国年轻人为了结婚而以父母毕生积蓄和自己未来几十年的收入为代价，获得一套房屋的所有权时，日本的年轻人却作出了截然相反的选择。

佐佐木三郎和管林晴子今年5月刚刚结婚，两人都在东京工作，博士毕业的管林在一所职业学校教书，佐佐木在一家出版社工作，按说经济条件不错，但小两口暂时并没有买房的打算，而是和大部分日本年轻人一样选择了租房子。佐佐木夫妇的选择其实也是无奈之举。尽管日本的房地产在1990年泡沫经济破灭后一直处于低迷状态，但东京等的核心地区的房价仍然让很多工薪阶层望而生畏。据日本《富士产经新闻》报道，东京高级住宅价格排名世界第三，东京市中心一套普通公寓也要5000万—7000万日元，但差不多地段的房子，租一套普通公寓只要10万—20万日元左右。都说日本人爱住小房子，这并不完全因为他们爱住，而是因为买不起。

一般的日本年轻人要么在结婚之后选择租房子，要么住在集体宿舍。大公司或者政府机关都为自己的职员提供住宿设施，这种设施在日本被称为"社员寮"。这些"寮"属于集体福利，价格要比一般民间租赁便宜。很多年轻人需要"艰苦奋斗"十年左右，才攒下购房需要的"头金”，也就相当于国内买房子的首付款。

一般来说，日本年轻人购房不会向父母要钱，因为用父母的资金购房手续比较繁杂，同时还要交付“赠与税”，因此大家尽量避免用父母的钱买房子。另外，日本的年轻人独立意识较强，一般结婚之后就尽量不依靠家里，只要自己能够做到就不会依赖父母。

美国人租房成时尚

日本年轻人选择租房多少还有些无奈，可不少美国年轻人不但不着急买婚房，而且觉得租房反而比买房更好。

“还是租房实惠，既方便，又省钱。”托尼(Tony)大学毕业才4年，现在华盛顿市内一家公司上班。妻子在美洲银行工作。夫妇俩在距市区不远的一幢高档公寓租了一套120平方米左右的两居室，每月租金在2000美元左右。房子的客厅非常大，阳台也很宽阔，整体上布置得温馨、舒适。此外，租房的灵活性大，合同一年一签，“不喜欢了就走人”。

根据美国劳工统计局最新调查报告，在美国，52%的首次购房者年龄在31岁，而美国人平均21岁工作，26岁结婚。也就是说，超过一半的美国人选择在工作10年、结婚5年以后才买房子。而且美国年轻人即使想要买房，也大多不指望父母。他们首先想到的就是去银行贷款。

德国房租低廉

欧洲的情况也和美国差不多。在德国，现代社会日益增强的流动性也让德国人更倾向于租房。在德国租房并没有像其他西方国家那样被看成是“贫穷”、“社会地位低下”等的代名词。就连德国总理默克尔也在博物馆岛对面租了一套雅致的河畔公寓。近年来德国房价一直较低，每平方米均价在1000—1500欧元，比现在国内一线城市的房价还要低，且供应量充足。但德国联邦统计局的数据表明，德国77%的年轻人家庭仍然是租房族。

德国社会学家科鲁格教授表示，德国近些年来经济不景气，失业率居高不下，这显然影响了人们对于建房或购房等长远规划的信心。再者，德国人口呈现总体下降的趋势，也使得长期投资者异常谨慎。德国房屋平均月租金更是低得令人惊讶，每平方米仅为5欧元。购房者每年的支出比同等房屋的租房者高出70%左右，而且还要花钱维修。

美国人首次购房的平均年龄是31岁，德国人是42岁，比利人则是35岁。当很多中国年轻人坦然向父母伸手要钱买房时，国外大多同龄人正为拥有自己的一套住房而一步一步奋斗着。为什么中国人和西方人对待买房还是租房的看法会相差这么多呢？

当然，在租房的同时，年轻人还要做的就是努力为自己“充电”，以便为增加自己的收入做准备，这样，若干年条件成熟之后，拥有自己的住房便会水到渠成。

资料来源：大城市80后买房还是租房 如何走出“蜗居”[N/OL]. 东方财富网[2009-12-30]. http://money.eastmoney.com/news/1282,20091229202l7559.html

思考与练习

1. 住宅租赁和购买的年度成本包括哪几项？
2. 租房与购房从成本上比较，孰高孰低？

3. 租房和购房的优劣势各是什么？哪类人更适合租房？
4. 什么是租售比？不合理的租售比意味着什么？
5. 住房“过滤”的内涵是什么？
6. 请简述住房“过滤”的形成过程。
7. 住房“过滤”模型对我国住房政策有何启示？
8. 什么是居住空间分异？
9. 请从住宅市场的角度分析城市居住空间分异的形成机制。

第7章 非住宅房地产市场的运行规律

重点内容

1. 非住宅房地产的分类和功能
2. 非住宅房地产与住宅房地产的区别
3. 商业房地产运营的模式
4. 商铺物业的市场分析
5. 写字楼投资的风险
6. 写字楼的市场分析

本章首先对非住宅房地产的分类及其功能进行概括性的介绍，其后重点介绍商业房地产及其重要组成部分：商铺及写字楼。商业房地产是我国房地产企业当前越来越热衷开发的方向，尽管开发的风险相对于住宅项目来说更大一些，但它持续经营的特点能为企业带来诸多好处，尤其是持续的现金流收入。

7.1 非住宅房地产概述

7.1.1 非住宅房地产的分类及功能

1. 非住宅房地产的分类

除了住宅以外的房地产被统称为非住宅房地产。非住宅房地产范围广泛，能够实现多种功能。按照其主要实现的功能不同，非住宅房地产可以划分为：

(1)经济功能房地产：工业房地产、商业房地产(包括商铺、写字楼、酒店等)。这类房地产有直接的经济功能，产生明显经济效益。

(2)人文历史功能房地产：博物馆、图书馆、名胜古迹、青少年宫等。

(3)社会功能房地产：学校、医院、科研、政府和国防、公园等。

(4)其他功能房地产：寺院、宗祠等。

2. 非住宅房地产的功能

从以上非住宅房地产的分类也可以看出，非住宅房地产具有多种功能。

(1)经济功能。首先，非住宅房地产主要表现为第二、第三产业各层次的房地产，是一项极重要的生产资料，是经济活动不可或缺的基本条件。一个国家或一个大城市的各产业的非住宅房地产情况反映着一个国家或城市的经济实力，一个经济体的经济总量规模、水平、结构总是对应着相应规模、水平、结构的各产业房地产。很明显，一个落后的国家或一个小城市不可能有太多的摩天大楼、大商场、仓库和宾馆，其增量也是一个重要的经济增长点，同时能有效地带动和服务于经济的增长。其次，大量非住宅房地产在城市的集中会产生规模经济和集聚效应。房地产在一定区域大量集聚形成城镇的物质实体，使得人类的经济活动受自然气候条件的影响越来越小，使得大量资金流、物流、信息流、人流能高度集中，稳定、有效地运行。房地产物业的集聚能使经济活动建立稳定的联系，便于开展专业化分工协作，大规模集约化经营，大大降低生产经营成本，促进经济良性发展，产生规模经济和聚集效益，促进金融、贸易、运输、旅游等相关产业的发展。第三，非住宅房地产的发展可带动第三产业发展，改善劳动力就业结构。

(2) 文化熏陶教化功能。文化是人类历史长河中逐渐沉淀下来的文明成果，文化反映一个文化共同体的人群认识世界、创造社会的能力和习惯趋势，也规定着个体行动的目标动机和行为方式的特征倾向。文化对一个民族、国家的影响是最深远、最基本、最持久的。不同文化的交汇、碰撞，必然引起一定的社会变动。城市建筑作为人类创造历史和现实文明的物质载体，总是记载着时代的文化特征。一个民族的文化理念、审美观总是通过一定房地产加以浓缩、表现出来。1999 年国际建协第 20 次大会《北京宪章》提出的建筑科学时空观为：人文时空观——从建筑天地走向大千世界；文化时空观——发扬文化自尊，重视文化建设；地理时空观——建筑是地区的建筑；技术时空观——提高系统生产力，发挥建筑在发展经济中的作用；艺术时空观——创造宜人的生活环境。这种建筑时空观反映着人们对建筑与人类现实生活和文化之间关系的认识深入。非住宅房地产还具有文化熏陶教化功能，我国几千年来的封建统治就是依靠“礼治天下”，其精神核心就是全社会要遵守从君王到百姓的封建等级统治秩序，表现在房地产上的代表作就是列为世界文化遗产的紫禁城，故宫壮丽辉煌、中轴对称，前朝后宫，其中的太和殿最为高大壮观威严，帝王在这里君临天下，处理朝政，是我国封建统治体系和故宫建筑体系的金字塔的极顶。也就说，通过一定的建筑风格、色调、景观、功能，非住宅文化表现出某一文化群体的价值观，这些建筑物把抽象的文化观念具体化、物质化，使一定文化群体的人们产生文化认同感、归属感，从而产生情感依附、精神激励、理想信念及道德风俗的强化。这种文化的认同感和凝聚力又使该种文化得以稳定延续。

(3) 社会服务功能。现代人已经很大程度上摆脱了自然环境的束缚，而这又主要依赖于人工系统的建立。这些人工系统包括城市供水、排水设施，通讯交通设施，疾病防治控制设施，人防工程等公共安全和国防设施，它们从不同方面维护社会生活的稳定和延续。除此之外，大量的服务性房地产为社会健康发展发挥作用，如银行、保险、评估、公正等中介服务性房地产。随着社会的不断发展，这些部门房地产所占比例会不断增大，功能不断增强，社会运行的效率也随之提高。还有餐饮、娱乐、酒店等房地产将不断减轻居民家务劳动负担，提高生活社会化和现代化的程度，同时为人们不断增加的流动性提供更加方便、舒适的工作和生活场所。

在非住宅房地产中，商业房地产是其中数量最大的一部分，也是房地产企业开发的主要产品之一，与住宅地产有明显的区别。

7.1.2 非住宅房地产与住宅房地产的主要区别

1. 使用目的上的区别

非住宅房地产与住宅房地产最基本的区别在于：住宅房地产的主要使用目的是居住，因此无论最终是自住、卖出还是出租，它都是一种生活消费资料；但非住宅房地产则不同，它具有社会生产和社会服务的性质，它是一种资本品。因此，住宅房地产与非住宅房地产在功能、价值的形成和运动中，存在明显区别。

2. 生产、流通、消费环节的特点不同

住宅房地产消费形式比较单一，生产和消费过程可以分离，而非住宅房地产的专用性强，其物质形式有各种建筑物和构造物的差别，其使用目的、服务功能或对资源环境的特殊要求决定着其特定的物质形态。例如，写字楼、商铺、酒店需要占据城市繁华区位，而旅游房地产则要求与特定的资源条件和人文环境相结合，这使得非住宅房地产的生产、流通、消费过程内在联系比较紧密，在这些环节中，非住宅房地产的市场交易，远不具备充分竞争的市场条件。

3. 需求与商业周期紧密相关

相对于住宅房地产而言，非住宅房地产的需求与当前宏观经济活动联系更为紧密：当经济繁荣时，市场对更多商业和产业空间的需求增加，因此非住宅房地产的销量或出租率就会提高。当经济衰退时，企业破产、缩减经营规模，对此类房地产的需求自然也下降。

7.1.3 商业房地产运营的模式

商业房地产的运营主体包括房地产开发商、商业运营商和资本运营商。在商业地产的整体运营中，商业是核心，项目的成败最终取决于其商业运营的成败；房地产开发是基础和表现，否则附着其上的商业运营则失去了必要的基础和载体；资本运营是线索和目的，商业地产运营的各环节都由资本运营实现耦合，并且任何商业项目都是以良性的资本运营为最终目的。在实践中，有两种常见的商业房地产运营模式。

1. 房地产开发商占主导地位

所谓房地产开发商占主导地位是指房地产开发商除完成地产开发外，还参与项目选址、商业运营商的选择，并主导整个运营过程的资本运营。

从功能来讲，房地产开发是商业房地产运营的基础和表现。房地产开发商具有资金雄厚、熟悉项目开发流程的优势，但房地产开发是阶段性行为，而商业房地产运营是个长期性行为，所以从这个角度上考虑，房地产开发商并不适合在整体运营中占主导地位。商业房地产运营中的房地产开发具有地产项目本身的周期长、投资大的特点，以地产耦合商业，地产占主动对其在整个项目中的利益博弈并无益处，商业运营商可能的变更对房地产运营商影响巨大。商业运营与房地产开发商通过契约方式的耦合，在实现商业的持续经营上(尤其是在商业低迷阶段时)存在一定隐患。万达[①]模式是房地产开发商占主导地位类型的代表，其创新性和优势在

① 大连万达商业地产股份有限公司成立于2002年9月，是大连万达集团旗下商业地产投资及运营的唯一业务平台。公司的主营业务为商业地产投资及运营管理，核心产品是以“万达广场”命名的万达城市综合体。截至2009年底，该公司已经在全国21个省、自治区和直辖市的32个重点城市投资建设了37个万达广场，其中已开业13个万达广场，正在运营7家五星级或超五星级酒店。

于：房地产商充分发挥自身领域优势，通过模块化的标准开发可大大降低项目建设成本；通过耦合大型商业，实现了商业房地产运营的内在逻辑流程；在资本运营上，也不仅仅局限于短期销售模式，而是以房地产为载体实现资本运营。通过房地产的载体、租金的形式，资本运营与商业运营实现耦合。但万达商业房地产模式要求作为项目主体的房地产开发商同时拥有商业经营、资本运营方面超强的能力。

2. 商业运营商占主导地位

所谓商业运营商占主导地位是指商业运营商除完成商业运营外，还参与房地产开发(主要是商业选址、商业设计和商业规划)，并主导整个运营过程的资本运营。商业房地产运营的核心是商业运营，无论是房地产开发、资产运营，最终的赢利都需要商业运营来体现。商业运营商承担商业房地产运营的主导地位有以下优势：商业运营商主导项目选址和前期规划，为后期商业运营的成功提供良好基础；商业运营更具稳定性和持续性；资产运营可与商业运营耦合，而不仅仅以房地产为载体，可拓宽商业房地产资产运营渠道和手段。

颐高[①]商业房地产模式是商业运营商占主导地位的典型代表。颐高早期采用租赁、品牌输出等形式实现商业扩展，近年逐渐采取购置、联合开发等形式进入商业房地产运营的前端，直接与房地产开发商在资产上进行耦合，占据商业房地产运营的主导地位。参与并主导商业物业的选址，在项目之初即与开发商建立完善的开发商退出机制，获得项目建成后的资产处置权。并在此基础上建立兼顾商业经营和物业资产的资本运营模式。通过物业资产的部分销售、物业抵押、贷款或引入信托投资等形式，平衡前期资金投入；部分物业长期持有，通过持续经营获得持续的商业收益，并满足投资人、信托基金的投资回报。

颐高模式的创新点在于：充分发挥了商业运营商在商业领域的专业性，通过资产的强耦合关系实现商业运营在整体项目运营的主导地位进而实现商业运营的核心地位；充分发挥了房地产开发商在房地产开发领域的专业性；完善的退出机制，保障房地产开发商利益的同时，强化商业运营对项目的主导作用；除传统商业房地产资产运营模式外，还可实现以商业经营为载体的资产运营，使商业房地产的运营更具有持续性。颐高商业模式事实上是实现了以商业为核心，以资本为杠杆的商业房地产运营。颐高商业房地产模式对商业运营商提出了新的要求，除商业运营领域的能力外，还需要具备较强的融资实力，具备利用资本杠杆把控项目整体运营的能力。

在我国现阶段，零售商业企业投资商业地产的情况越来越多见。伴随着经济的复苏，商业地产市场竞争愈加激烈。海外机构投资者，特别是奢侈品牌运营商纷纷通过本地开发或收购等方式，进一步介入我国市场，2009 年 11 月 24 日，英特宜家购物中心集团(IICG)对外宣布，将正式进军中国市场，项目投资超 8 亿美元，并将首先落户北京、武汉和无锡；全球第三大零售商英国特易购公司(TESCO)计划在中国内地购地，自建 23 座大型购物中心；此外，屈臣氏、家乐福、沃尔玛等外资零售巨头为抢占中国市场份额，也都计划在 2010 年继续加大对华投资力度，拟投资规模均在 5 亿元人民币以上，并将以增设新店等方式继续在中国市场进行扩张。与此同时，商业房地产投资的高收益率，也吸引海外零售企业通过自建物业，来逐步涉足中国的商业房地产投资领域。其中包括瑞典宜家家居、法国欧尚超市集团、日本伊藤洋华堂等。此

① 颐高集团有限公司成立于 1998 年，目前已拥有全资子公司、控股公司 42 家，员工 2000 多名；以数码连锁、创业园、IT 服务为三大核心产业，覆盖 IT、商业、地产、网络、传媒等众多产业。

外，国外奢侈品牌也纷纷通过开发零售物业进入中国市场。2009 年 5 月，全球最大的奢侈品企业法国路威酩轩集团与港商何鸿燊共同投资 5 亿美元，开发上海尚嘉中心商业房地产项目；爱马仕也决定在华收购物业，建造旗舰店。

7.1.4 国内外商业房地产发展现状

1. 国内商业房地产市场

商业房地产是与住宅房地产一同起步发展的，在我国经历了三种形态的发展：初级阶段是线性商业，这种形态的商业地产呈直线型布局，功能单一；中级阶段是商办综合楼，这种形态的商业地产呈块状布局，通常为商业和办公两种功能的集合体；现在正在向高级阶段发展，高级阶段是城市综合体，这种形态的商业地产呈综合立体布局，集商业、办公、酒店、住宅、旅游、会展、交通、文化等多种功能于一体，如上海的环球金融中心、日本东京的六本木等。2009 年以来，国内许多大型房地产企业纷纷加快了布局全国商业房地产市场的步伐。保利地产在广州和佛山获得大宗地块中包含了大量商业用地；中国商业地产开发领军企业——大连万达集团以 11.22 亿元的底价竞得广州白云新城四幅商业地块，开始将“万达广场”这一商业房地产的系列品牌推向珠三角地区；中粮集团宣布其全国 700 亿的“造城”计划，并将“大悦城”这一系列商业项目，布局至全国 20 余个大中城市；另外，万科集团调整发展战略，对外公布加大持有型物业的储备，逐步涉入国内商业房地产市场。2009 年 8 月 24 日，房地产咨询公司不动产分析家(Real Capital Analytics)发布的年中报告显示，中国商业房地产交易额达到 312 亿美元，占到整个亚太地区商业房地产交易总额的 65%，也超过同期美国及英国商业房地产的交易额总和(两国交易额分别为 162 亿美元及 137 亿美元)，成为全球最活跃的商业房地产市场。2010 年 3 月 3 日，房地产咨询公司卡希曼和韦克菲尔德(Cushman & Wakefield)发布报告称：受到金融危机的持续影响，2009 年全球商业房地产销售额跌至 2003 年以来的最低水平，为 3650 亿美元，远低于 2007 年超过 10000 亿美元的峰值，且较 2008 年同期下降 23%。但与此同时，中国市场却表现强劲，商业房地产销售额全年累积达到 1560 亿美元，较 2008 年同期近乎翻番，并在全球商业房地产销售总额中占到 43% 的比重，成为最活跃的商业房地产投资市场。其实商业房地产开发不但对房地产企业，对商业企业，乃至对城市经济都具有重要的意义。

(1) 商业房地产开发成为开发企业获得长期稳定收益的重要方式。房地产行业的收益来源有四个渠道，即一次性收益、持续性收益、增值性收益和溢价性收益。大多数住宅开发商通过销售来实现一次性收益，这样做的最大不足是难以得到持续经营带来的租金收入，难以享受资产价格升值和土地升值的双重利润，以及难以取得商业品牌所带来的溢价。而商业地产可以实现持续性收益、增值性收益和溢价性收益这三种收益。因此很多房地产企业纷纷进入商业地产领域。如珠江地产全面启动进军商业地产发展战略；陆家嘴集团提出主营业务转型于持有物业；富力地产在北京开发 CBD 商业长廊作为进军商业地产的试金石；复地加大长期持有物业和商业物业的比例等。

(2) 商业与地产融合成为商贸流通行业自身价值链延伸的重要方式。近几年商贸流通企业逐渐沿着其自身价值链向上延伸，转向上游房地产业的开发，纷纷涉足商业地产领域，以享受地段成熟后所带来的附加值收益。有些商家涉足房地产业是出于减少租金支出的战略考虑，这样可以一劳永逸地占有地段位置极佳的物业，避免租金年年上涨的风险，又值得花成本对物业进行装修，把物业改造成标准化的旗舰店。如国美在资本市场大举融资 65 亿港元，为其购置物业提供了充足的现金储备；跨国公司巨头宜家，目前在中国的发展策略就是以收购土地、自行建店为主。购置和自建店面，不仅能够确保企业连锁发展获得连续和稳定的经营周期和经营场所，而且有利于企业在驻地进行长远规划。

(3) 商业房地产已成为城市经营、发展和产业结构调整的重要手段。城市的经营和发展很大程度上依赖于商业地产的发展，因此各地政府都十分支持商业地产的发展。正如万达集团提出"每一个万达广场就是一个城市中心"，可见商业地产能够形成人流的集聚，带动消费，拉动 GDP，塑造城市形象，推动当地旅游等。同时，商业地产能够带动服务业的发展，拉动就业，是我国目前产业结构调整的重要手段。

2. 美国商业房地产市场

同样，在美国，商业房地产是房地产市场的重要组成部分。根据美国全国地产经纪商协会的最新统计，美国商业房地产市场的资产总规模超过 6.7 万亿美元，主要包括 3.7 亿平方米的办公建筑、12.1 亿平方米的工业建筑、8.8 亿平方米的购物中心和 357 万平方米的旅馆建筑。2008 年的美国金融危机使美国的房地产市场滑入低谷，尽管近期的一些数据显示美国住宅市场出现企稳迹象，但商业房地产领域不但没有好转，反而正在逐渐滑向深渊，一些影响商业房地产回暖的因素仍在不断恶化。一方面，商业房地产空置率大幅上升：一是由于经济衰退，大批企业倒闭裁员减少了对办公和生产建筑的需求。房地产行业协会数据显示，纽约办公建筑的空置率已经超过了 10%。二是由于失业率上升和资产损失，消费者大幅减少消费支出，美国零售业经营惨淡，大量商铺空置。三是经济活动减少，导致宾馆的入住率也大幅下降。从商业房地产的价格来看，价格持续下降。美国穆迪投资服务公司最新报告显示，2009 年 7 月份穆迪商业地产价格指数环比下降 7.6%，同比下降 29%，比 2007 年 10 月最高时下降 35%。且投资者普遍预期商业地产价格将继续大幅下降，索罗斯预测美国商业地产价格 2009—2010 两年要再下跌 30%以上。再者，商业房地产运营商融资困难。2009 年 4 月 16 日，在全美拥有和经营超过 200 家购物中心的第二大不动产运营商通用成长物业公司(Genera Growth)因难以偿还到期债务破产，成为美国历史上最大的不动产公司破产案。由于融资渠道收紧，大量借款机构都将面临难以从银行和证券市场获得再融资的困境。而且，贷款违约率迅速增加。美国国会经济委员会公布的最新数据显示，美国商业地产业主的拖欠还款率已经从 2008 年的 3.5%上升到目前的 7%左右，达到 1991 年以来的最高点。不动产资本市场顾问公司数据显示，目前约有 110 亿美元的违约商业地产等待出售。总之，商业地产市场的持续恶化，延长了美国房地产市场和金融市场的危机，加大了美国经济复苏的难度。

7.2 商铺物业

7.2.1 商铺物业的概念及分类

商铺物业是经营者为顾客提供商品交易、服务及感受体验的场所。商铺作为交易的场所，从百货、超市、专卖店到汽车销售店都是规模不等的商品交易场所。商铺可作为提供服务的场所，比如餐饮设施、美容美发店等。商铺可作为提供感受体验的场所，比如电影城、KTV量贩、健身设施等，消费者在这类商铺里充分感受经营者创造的特别的情景设施、氛围，从中得到美感、娱乐和健康，而经营者在此过程中实现收益。现代商铺可以是独立的商店，也可以是容纳许多不同类型商铺的购物中心。

在我国，商铺物业是被零售商用来销售商品或提供服务的物业。中华人民共和国国家标准《零售业态分类》(GB/T 18106—2004)将零售业分为食杂店、便利店、折扣店、超市、大型超市、仓储会员店、百货店、专业店、专卖店、家居建材点、购物中心、厂商直销中心、电视购物、邮购、网上商店、自动售货亭、电话购物等17种业态。由此可见，商铺是承载各种零售业态的物质设施。在房地产开发与投资领域，商铺物业也常常被称为零售商业房地产或商业地产。

目前，无论是国内还是国外，购物中心都是商铺物业的重要形式，美国城市土地学会对"购物中心"的定义为：作为一个整体来规划、开发、占有和管理的群体商业机构。我国没有针对购物中心统一的划分标准，美国国家研究局(National Research Bureau，NRB)是美国商业零售房地产信息重要提供者，它拥有包含约4万个美国购物中心的信息数据库。美国国家研究局将购物中心划分为邻里中心、社区中心、地区购物广场和超级地区购物广场。

邻里中心(neighborhood strip centers)提供便利商品的销售(食品、药品和杂货)和个人服务(洗衣和干洗、理发、修鞋等)，为满足附近居民每天的生活需要，超市是邻里中心的主要承租商。理论上讲，邻里中心的总可出租面积在3万到10万平方英尺[①]，平均有5万平方英尺。

社区中心(community strip centers)比邻里中心拥有更广泛便捷的销售软线(服饰)和硬线(五金器皿、器具等)商品范围。小型百货店、杂货店、超市或折扣百货店作为主要的承租商。虽然它可能有一个较强的专业商店，但它没有全线百货店。从理论上讲，社区中心典型的大小是15万平方英尺。实际上可能的范围从10万到30万平方英尺。

地区购物广场(regional malls)提供购物门类品种齐全的日用商品、服饰、家具和家居。它至少有1万平方英尺的出租面积的全线百货店，并以此作为主要的吸引力。可以包括两三个或更多百货店。从理论上讲，一个地区购物中心应有40万平方英尺的可出售面积，实际可能从30万—100万平方英尺。

超级地区购物广场(super regional malls)供应广泛多样化的杂货、大众商品。它有三个或更多的主体百货商店。理论上一个超级地区购物广场应有至少75万平方英尺的面积。进驻的主体百货店通常有10万平方英尺的面积。

7.2.2 商铺物业的主要运营模式

房地产开发商占主导地位是我国现阶段商业房地产运营的一个显著特点。目前主要表现为以下几种具体运营模式：

1. 只租不售

只租不售模式是指在物业建成后形成独立产权，通过招商合作，以租金作为主要收入来源的运营模式，有利于统一的经营与管理。商铺以出租作为唯一运营模式时，项目可行的前提是开发商必须先通过融资筹措到足够的资金，使该项目建设完成并投入运营。采用出租模式时，

① 1平方英尺=0.09290304平方米.

项目的规划、建设、招商、经营管理等都是专业性极强的工作。因此,开发商应该具备经营商的管理能力。出租模式主要有整体租赁和分零租赁两种,其中整体租赁是开发商将物业整体出租给一家企业,由该企业进行规划与经营,开发商向企业收取约定的租金,商场的具体经营与管理由企业自行负责;而分零租赁的规划设计、经营管理都应统一运作,从而使其潜在运营风险通过规划、加大招商力度等合理手段得以规避。

2. **纯销售模式**

纯销售模式是指商铺项目在建成后,开发商为了快速套现,实现资金回流,将物业分解并分别出售给若干中小业主,目前它是我国中小型商铺物业开发商的重要选择方式。这种模式的优势在于,开发商能够尽快收回投资,降低项目开发风险;但这种模式下的开发商往往不考虑开发的商铺能否经营、是否适合经营等问题,结果导致了很多开发商功成身退,但投资人和经营者则被深度套牢的情况,甚至有的开发商自己都无法全身而退。有的开发商虽然考虑了后续经营问题,但单纯的出售使业主的产权多元化,难以实行统一经营。往往缺乏对项目的整体控制能力,很难把握未来入驻经营商户的档次和品位以及对整个商业项目的影响,难以实现商铺物业的保值增值,不利于商铺项目的持续经营。

3. **租售结合模式**

租售结合模式是指开发商出售一部分商铺物业,剩余部分采取出租经营,以获得后期的运营利润。其中最为典型的是大连万达模式,它的特点是房地产开发商占主导地位,和众多国际、国内一流的主力店商家签订联合发展协议,借助其品牌效应,提高该商铺项目的地产价值。在万达模式下,商铺开发商能够充分发挥自身优势,通过规模效益降低项目建设成本。

4. **售后回租模式**

售后回租模式是指开发商将商场分割成若干商铺进行销售,然后再以一定的投资回报将售出的商铺租回,整体交给发展商或第三方公司,进行统一经营管理。这种模式一方面可以通过销售商铺快速收回资金,另一方面可以获得物业的经营利润。不足之处在于,由于对商铺物业经营风险的错误估计,开发商往往在销售时承诺较高的回报率,但是这是建立在长期稳定的收益基础上的,一旦经营不善,将给投资者带来损失,企业自身信誉也将受到损害。

7.2.3 购物中心市场分析的主要环节

购物中心是商铺物业开发的主要形式,对项目进行科学的定位是企业成功开发购物中心的首要条件,而这有赖于深入的市场分析。购物中心市场分析的主要环节包括以下三方面:

1. **确定主要租户**

要开发购物中心,开发商应首先了解交易区域的特征,并根据这些特征确定他们的主要租户以后,才能推测物业的可能形式和规模。例如,一个连锁超市在待建地块附近没有分店,并且它有意与开发商合作,那这个商铺开发成功的可能性就很大。

主要租户就是商铺中的主力商店,是商铺物业最重要的顾客,就如同住宅开发中的主要客户。所以开发商在开发之前,确定主要租户的可能数量和类型,这样才能确定项目的类型和规模,估计项目的成本,制定其他租户的契约,这些对项目的经济可行性至关重要。有了主要租户,购物中心的建设才能成为现实,即使只是小型的邻里中心或社区中心。各种类型购物中心的主要租户如表 7-1 所示。

表 7-1 典型购物中心的主力商店

便利中心	微型超市、餐馆、美容院、干洗店、快餐店、牙科诊所
邻里中心	超市、药店、打折店、餐馆、家具店、五金商店、电器商店、酒吧、银行
社区中心	小超市、打折店、超市、大型优惠商店、百货商店、家庭服装店、家具店、体育用品商店、药店、办公用品商店、电影院
区域或超级区域中心	全日制商店、时尚店、超级影院、娱乐中心、小吃街、大型专卖店、大型优惠商店

商铺物业开发商要把租户分类，确定哪些是固定承租户，哪些是潜在租户。市场分析人员要熟悉交易区域中连锁店的区域扩张计划，善于挖掘交易区域的统计数据中的信息。知道他们希望接触的租户和这些租户的租赁要求。要选择合适的主导商店，不仅要清楚了解使购物中心获益的商店类型，还要了解租户正在寻找或能够接受的地段。对于某一零售商适合的地段不一定也适合于另一类型的零售商店。高档次的零售商希望租赁的中心具有高质量的设计和装修。而室内装饰材料店铺可能更加关注车辆的进出以及货物装载是否便利容易。最重要的是，购物中心的位置和类型会对出租结构和零售商的顾客群、销售量有重要的影响。

2. 明确交易区域和市场分区

明确交易区域的特征以及该区域中的竞争情况将决定待建购物中心的特征，包括形状、质量和档次。因为新的购物中心不产生新的购买力，必须在交易区域内吸引已有的顾客，获得该地区的部分购买力。因此，无论这些顾客是居民还是工人，是旅客还是商务旅行者，购物中心首先要确定的是交易区域。交易区域由各种各样的因素确定，包括购物中心的类型、便利程度、竞争商家的位置、驱车时间和路程。如果附近已存在各种各样的商铺，要确定交易区域变得很困难，而复合型顾客市场的存在使得范围的确定进一步复杂了，这些顾客往往因为商家的商品和环境而对商家情有独钟，而不是简单因为购物中心离他们的住宅和工作地的距离比较合适。

无论如何，距离是影响交易区域范围的重要因素。在交易范围内，距离比较近的顾客常常会光顾购物中心，随着距离的增加，购物中心对顾客的影响力也将逐渐消失。交易区域按照影响范围的不同，常常被划为主要交易区域、次级交易区域和边缘交易区域。

主要交易区域是指购物中心可以获得重复购买的最大份额的地理区域，对于邻里中心，根据美国的经验，这个区域可扩展到 1.5 英里的范围，而对于区域商城，可以扩展到 12 英里的范围。主要交易区域相应的驱车时间从 5 分钟到 30 分钟，70%～80%的顾客来自于这个区域。在旧城郊和城区等人口密集的地区，这个区域的辐射距离可能缩小到原先的 50%。一些新的专营商家可能会有更大的交易区域，甚至是完整的都市区域，像娱乐中心和大型商品集散中心。有些位于出口位置的商城的主要顾客可能是过往的旅客。

次级交易区域：这个区域范围受附近已经存在的同类购物中心的影响最大；此地区的销售总额占全部区域销售总额的 15%～20%；从主要交易区域向外延伸 3—7 英里。

边缘交易区域：从主要交易区域向外延伸 15 英里；相应的驱车时间在 1 小时左右。

3. 预测销售量

新的购物中心并不能吸引交易区域内的全部顾客，但它可能吸引三种类型的顾客：在交易区域内已有商店的顾客；在交易区域内寻求当前不能满足的服务或商品的顾客；将来可能新迁入的居民、工人以及旅客和商务旅行者。购物中心越来越综合，交易区域会重叠，这就使预测销售量更为复杂。通常可以选用引力模型和经验模型来预测销售量。

零售引力模型在第三章已做过介绍，它主要表明如果购物中心提供了相同类型的商品和服务，人们通常将去交通最方便的购物中心。邻里中心更适合这一定律，因为此时顾客更加注重便利而不是规模。

另外，前文中的哈夫模型是国外在对零售店商圈规模调查时经常使用的一种计算方法，主要依据卖场引力和距离阻力这两个要素来进行分析，运用哈夫模型能求出从居住地去特定商业设施的出行概率，从而预测商业设施的销售额。但是现实生活中人们的购物行为不仅仅由购物中心的位置和规模确定，还有很多复杂的因素，例如商店的质量、环境、价格和服务态度就是独立于规模和位置以外的影响因素。购物中心商品的多样性、服务和娱乐的综合渐渐成为吸引顾客的关键，因为多数的顾客不仅仅只是为了购物而去购物中心。这种现象被称为“捆绑效应”，但引力模型不能很好地分析这种效应。更好的方法是根据可比的购物中心的经验数据来预测。如将研究对象的市场份额与具有类似位置和交易区域的商店进行类比。根据新的位置影响销售的因素，对现存类似商店的销售额做一定的调整，就可以用回归模型预测出新商店的销售额。也可以用简单的方法来预测潜在的销售额。例如统计连锁店中单位面积的销售量，再假定新商店的单位销售量与之类似，并根据新商店交易区域的特征做适当的调整。

7.2.4 我国商铺物业发展的趋势和问题

1. 我国商铺物业市场发展的趋势

工商业物业市场由于与外资和国际贸易息息相关，在2008年全球金融危机的影响下，受到较大冲击。但是，商铺物业受到零售行业需求旺盛的重要支撑，较写字楼和工业物业市场来说，影响程度相对较小。从需求角度来看，2009年全年商铺销售额达3601.36亿元，同比增长23.9%，销售面积达5222.29万平方米，同比增长35.6%；从供给角度来看，商铺的投资额达4171.58亿元，并实现同比增长30.4%，其增长速度快于其他物业类型，同时施工面积、新开工面积和竣工面积也分别同比实现19.2%、32.5%和18.7%的快速增长。

此外，2009年我国国内零售物业市场的发展速度，在不同城市间依然呈现较大差异。自2002年始，商铺物业市场步入快速发展时期，一线城市更是迎来了大规模的投资热潮，并成为全国商铺物业的领跑者；但2008年下半年开始爆发的全球金融危机，使得与实体经济密切相关的商铺物业市场遭到一定冲击，特别是以深圳为代表的一线城市，更是受到了较大影响。2009年，深圳市商业营业用房施工面积与新开工面积分别同比下降5.3%和28.1%；与此同时，受到市场预期不佳的影响，开发商也纷纷推迟了新盘入市的时间，并导致竣工面积较2008年同期大幅下降46.1%。

此外，市场需求也相对不足，2009年全年商铺物业销售面积同比下降46.2%，缩水接近五成。一线城市商铺物业市场投资热潮消退的同时，二、三线城市则越来越受到市场关注。2009年青岛、合肥的商业营业用房新开工面积分别同比上涨82.5%和52.9%，而南京更是实现新开工面积三位数的快速增长，同比上涨105.4%；与此同时，这些城市的需求也十分旺盛，2009年三个城市的全年商业营业用房销售面积分别实现同比上涨37.2%、58.1%和74.2%。

所以，从总体上来看，一线城市零售物业市场供应相对趋于饱和，房地产企业纷纷开始布局全国市场，特别是将二、三线城市作为未来重点开发的区域。我国正面临快速的城市化过程，特别是放宽中小城市和小城镇的战略更将为其自身发展提供了良好的政策环境；还有就是二、三线城市居民消费水平也得到显著提高，已经具备较强的消费能力，再加之城市内部零售物业相对缺乏，这些因素都为二、三城市带来了重要的发展机会。同时，2010年商铺物业市场的融资环境将面临新的转机。尽管2009年的新增信贷规模已经达到前所未有的高位水平，但是为保证宏观调控政策的连续性和稳定性，2010年国家仍将继续实行适度宽松的货币政策来保持经济的平稳较快发展。此外，国内IPO重启，保险业资金放松管制开始进入房地产市场以及房地产投资信托基金(REITs)的蓬勃发展，都会在很大程度上拓宽商铺物业市场的融资渠道以及改善零售物业市场的融资环境。

2. **我国商铺物业市场的问题**

(1)建筑设计与市场定位脱节。商铺地产项目涉及的是地产开发与商业经营两个专业领域，需要进行科学的整合与定位。但多数开发商最初仅仅将自己定位在商铺项目的地产开发商上，在商铺项目规划设计和建设中，没有为以后的商铺运营进行认真细致的市场调查和科学合理的市场定位。由于缺乏市场调查和市场定位，在建筑设计中，开发商为追求经济利益最大化，往往为了好卖而规划设计、为了好租而规划设计、为了使用面积最大化而规划设计、为了建设成本最低而规划设计，这些往往造成一些不良的结果，具体表现为：商铺在使用中存在着设计的先天不足，给项目今后的运作带来了不便，降低了效率；不少项目在建成后，为满足租户的要求需大幅度改造物业，从而造成了人、财、物的严重浪费。

(2)前期招商与后续经营的脱节。我国大多数开发商与国外商业地产发展商长期持有物业只租不售不同，受资金、利润及经营思路的影响，地产开发商存有急功近利的想法，抱着“卖完就走”的经营思路，希望“开发、出售、再开发”的循环周期越短越好，以赚取更多的利润，因此不可能完成对商业地产项目的完善规划。项目售出后很多开发商对商业后期如何运营却不加重视，不愿意多承担责任，也没想过尽可能地帮助买家创造良好的商业经营条件和氛围。

(3)商铺地产规模与商业发展水平相脱节。购物中心是商铺物业的主要开发形式，目前在我国已发展成为房地产企业开发的重要方向。然而，随着商铺地产掀起的这一轮投资热潮，某些主要城市却因过量开发而导致市场风险危机的大增。

近年来，新近落成的大型综合购物中心正在迅速成为不少城市商铺零售市场的主力军，而传统的商铺物业已经很难满足它们对硬件和软件的要求，这给房地产行业留下了巨大的市场空白，于是融合传统流通业与地产业的商铺地产企业应运而生。随着以“MALL”为代表的大型综合购物中心落户北京、深圳等大中城市，我国零售业全面对外开放，几乎所有的大中城市都已经或计划建设大型的购物中心。但随之而来的是某些主要城市存在过量开发导致市场风险危机大增。

我国目前的商业地产在很多城市存在着越建越多，越建越大，越建越洋，越建越窄的倾向。主要表现为总量接近饱和，结构多方失衡，泡沫凸现，空置率上升。实际开发时，许多开发商往往片面注重零售店铺对整座商业用房的吸引作用，一味地讲求宽敞豪华。不仅抬高了房价，也抬高了整座商业房产的价格(包括公寓、写字间等),从而造成商业地产结构失衡,租购需求减少,闲置率不断上升。

有关部门统计的40余座城市,每年新增80多家购物中心,一些人口只有20多万的城市却建了几个购物中心。有的购物中心一天营业额只有近1万元,不少购物中心有场无市、有商无业,倒闭、转向的不在少数,浪费了大量投资,西欧五国在人均国民收入1万美元时,平均购物中心规模才有3万—4万平方米。20世纪90年代初期,美国、日本购物中心平均面积也只有2万平方米左右,地区购物中心仅占全美购物中心总数的5%,社区购物中心占32%,邻里中心占63%。很明显,在美国,有2/3的购物中心是小型化的。而我国的购物中心平均达到了13万平方米。目前我国的购物中心开发商偏爱巨型化开发,甚至将购物中心的建设视为城市发展的形象工程、献礼工程,众多开发商展开了亚洲第一Mall竞争。这也同时增加了商业银行的信贷风险。

7.3 写字楼

7.3.1 写字楼及其分类

1. 写字楼的概念

写字楼就是企事业单位从事各种业务经营活动的建筑物及其附属设施和相关场地。在我国,通常称为办公楼。写字楼的主要使用者为金融、保险、贸易、房地产、法律服务、学校和教育服务行业的单位。它有别于房地产投资中的住宅等"生活资料",属于"生产资料"。写字楼主要以行之有效的物业管理,以出租经营的方式达到物业保值、增值和收益的目的。在全球经济一体化、城市化进程加速和产业结构转型的背景下,我国城市的写字楼市场取得了快速的发展。从2001年至2007年,全国写字楼销售面积从493.4万平方米增加至1454.2万平方米,年复合增长率高达19.74%,写字楼需求非常旺盛。同时,写字楼物业作为能够产生长期稳定现金流的良好投资品,越来越受到机构投资者的青睐。

2. 写字楼的分类和分级

美国通常把写字楼划分为A、B、C三个等级,其中A级为投资级,该类写字楼最适合市场要求,高档装修和完善的配套设施是主要特征。该类物业能使公司形象和地位得到提升。B和C级写字楼一般比较陈旧,设计和功能跟不上现代潮流,部分物业通过改造可以上升为A级。

由于我国的写字楼发展历程短,分类标准还不成熟。目前,国内关于写字楼的划分主要有以下两种标准。

(1)"甲"系列分类:顶级写字楼、甲级写字楼、乙级写字楼和丙级写字楼。这种分类主要参照了星级酒店的评级标准,是房地产业内的一种习惯称谓。写字楼划分主要以硬件和软件为依据。硬件方面包括楼宇外观设计、内外公共装修标准是否具有超前性,是否达到5A写字楼水平;设备设施如电梯等候时间、中央空调管式数量、停车位数量、配套服务设施、电力负荷、绿化、夜间照明等方面是否与世界甲级写字楼水平同步。软件方面主要指物业管理服务是否达到星级酒店标准。按照上述标准，写字楼分为如下四个类别：

① 顶级写字楼：在商圈内具有标志性、代表性和具有强大辐射力的甲级写字楼。因此写字楼的软硬件标准要达到国际水平，具有代表性和标志性，在建筑规模（一般超过 5 万平方米）、高度（楼层净高 2.7 米以上）、物业服务品牌等方面出类拔萃，具有非常强的美誉度和知名度。进驻顶级写字楼的客户主要是国外知名的跨国公司、国内外大公司。例如上海的金茂大厦、北京的国贸中心、广州的中信广场。

② 甲级写字楼：硬件方面外观设计、内外公共装修标准相当于四星级酒店，达到 5A 级写字楼水平，设备设施基本与世界同步，如电梯等候时间小于 30 秒，中央空调为四管式，软件方面物业管理服务水准达到三星级酒店以上标准。

③ 乙级写字楼：硬件方面外观设计、内外公共装修标准与甲级写字楼相比比较差，部分达到 5A 级写字楼水平，设备设施以合资品牌为主，如电梯等候时间大于 40 秒，中央空调为两管式；软件方面物业管理服务为达到星级酒店的标准。

④ 丙级写字楼：硬件方面外观设计、内外公共装修标准为普通材料，基本的通讯设施及办公服务，设备实施基本为国产电梯、分体空调等；软件方面为传统的物业管理服务。

小知识

什么是 5A 或 3A？

5A 或 3A 是一种楼宇自动化程度的分类标准，即 As 系列分类。自动化水平越高，舒适度增加，办公的效率也越高，所以在自动化被人们广泛重视的情况下，As 系列分类常常被作为写字楼档次的标志。实践中，自动化被诠释成智能化，常常以智能化代替自动化的称谓。写字楼定级有 3A 级智能化和 5A 级智能化之说。3A 是指三种自动化系统，包括楼宇自动化（building automation system）、办公自动化（office automation system）和通讯自动化（communication system）。由于楼宇自动化较复杂，专家们把它分为三类：楼宇自动化系统、保安自动化系统（safeguard automation system）、消防自动化系统（fire automation system），合起来称为 5A。由此看，不能认为 5A 就高于 3A。各系统包含的内容是：

楼宇自动化系统包括冷热源系统、空调系统、变配电系统、照明系统、给排水系统、电梯管理系统、停车库系统。

办公自动化系统包括计算机网络系统、会议中心系统、门厅多媒体查询系统、物业管理计算机系统。

通讯自动化系统包括双向电视电话会议系统、共用天线电视系统、公共广播系统、数字式用户交换机系统、楼内移动电话系统、综合布线系统。

保安自动化系统包括监视电话系统、通道控制系统、防盗报警系统、巡更系统。

消防自动化系统包括消防联动、自动喷淋、自动报警等系统。

(2)按功能复合程度分类:纯写字楼、综合楼和商务综合体。纯写字楼是办公功能占绝对优势的物业类型,底层虽然可能有商业,但都是为办公活动提供服务的。一般在底层只有银行、咖啡店、高级餐厅、商务中心、娱乐场所、会议室等。当有两种或者两种以上的主要功能并存时,我们称为综合楼。如办公与商场复合的类型,如北京的丰联广场、万通大厦等。综合楼的高级形态是商务综合体。所谓商务综合体又称综合性建筑或复合型建筑,是集写字楼、公寓、酒店、商场、会议、展览及娱乐建筑于一身的微型城市,其特点是功能协同、空间紧凑、抗风险能力强。建筑综合体因其规模宏大、功能齐全而被称为"城中之城",在城市规划建设中扮演着非同寻常的角色,如曼哈顿的洛克菲勒中心、东京的阳光城、北京的国贸中心等都属于大型建筑综合体。商务综合体要求在很小的空间距离内同时满足高档商务活动需要,如高档酒店、会议、展览、商业推广活动、办公、高级公寓、专业时尚店等有机融为一体。它是创新活动基地、文化交流之地、财富荟萃之地,是地标性建筑,反映城市风貌和经济实力,有着大批的白领阶层和成熟的公司企业,是高档消费活动场所。商务综合体的配套商业设施主要包括餐饮(高档饭店、麦当劳、比萨店、咖啡店、果蔬店、茶吧、酒吧)、特色超市、精品购物店(世界名牌时装、饰品、珠宝、艺术品、民间工艺品)、银行、商务服务中心(票务代理、图文制作、速递)等。北京华润置地开发的优士阁根据 Shopping Mall 的综合性、复合性和互补特点,进一步借用以描述商务综合体,称为"商务 Mall",集办公、酒店、金融、图书馆、健身等为一体。

尽管如此,在写字楼分级方面国际和国内都没有固定而统一的界定标准。所以在实际中,要结合写字楼物业所处的位置、交通方便性、声誉和形象、建筑形式、装修标准、写字间空间布置、为承租人提供的服务、物业管理水平和承租人类型等来判断写字楼的档次。

7.3.2 写字楼投资的风险

写字楼投资既可以是指投资企业开发写字楼项目以出售或出租来获取利润,也可以是指私人或机构购买房地产企业开发的一定面积的写字楼产品,再通过转售或转租的方式获得资产的增值或现金流收益。写字楼的投资具有较高的风险性。

(1)写字楼投资具有明显的长期性。写字楼项目从投资计划实施开始到物业形成要经历相当长的基本建设期,如果建好后自己经营,资金回笼、获取利润需要更长的时间,存在着各种不可预测或难以控制的对收入产生影响的不确定因素,如宏观经济环境、经济政策、通货膨胀、物价波动、市场供给、楼盘所处地段的商业价值变化、消费者偏好变化等,即影响投资者实现预期利益的不确定性。因此由于写字楼投资的回收期通常较长,使其长期性与风险性经常结合在一起。

(2)写字楼的投资数额较大。投资写字楼必须防范贬值风险,如果写字楼本身所处的地段由于一些市政或其他原因造成了贬值,对写字楼本身必然会造成很大的影响;如果所投资写字楼区域在未来的几年里将涌现出过多新楼盘,也会对现有写字楼市场构成冲击。

(3)投资成本高。相对于住宅项目,写字楼的按揭条件较严格,按揭成本较高,按揭贷款多为六成以下,因此需要较高的首付能力和强有力的还款能力。在利率方面,由于住宅一般可以享受优惠贷款利率,但写字楼贷款无法享受,因此贷款成本也较高。另外,还有购置物业的税费、出租所涉及的税费、物业管理费用都较高。

(4)写字楼用途单一。写字楼与住宅都具有投资功能,但它们有截然不同的属性。住宅是一种“生活资料”，而写字楼是一种“生产资料”。当写字楼租不出去的时候，它只能闲置在那里，而不能像住宅一样，可以自住。这样写字楼闲置不但不会产生利润，反而会增加更多的资金消耗。

7.3.3 写字楼市场分析

写字楼投资或开发必须建立在深入的市场分析的基础上，市场分析主要包括对需求和供给两方面的分析。

1. **需求分析**

需求分析包括现实需求分析和潜在需求分析。现实需求分析要对具有代表性的办公楼进行租户调查，分析出租户的特质；潜在需求分析要对最近刚租用购买写字楼物业或者计划租用购买写字楼物业进行研究。

在潜在需求分析方面，可以采用写字楼工作职位法进行预测。写字楼工作职位法首先预期办公室职位的增加量，再乘以每个办公室雇员占用的平均面积，得到将来写字楼物业的需求。一般说来，为每个办公室工作人员提供15～20平方米的单元内建筑面积比较合适，虽然每个工作人员封闭的办公面积只需要5～6平方米，但接待室、会议室、交通面积、储藏面积、办公设备所占的面积以及公共活动所需的面积等应给予足够的考虑。此外，如果出租单元的平面设计中私人办公室数量较多，则人均办公面积的指标可再提高一下。另外，在预测的时候，要充分考虑所主要面对的行业的特点以及办公文化的发展新趋势。例如越来越多的公司采用开放式的办公室，减少私人办公室。

在预测写字楼的潜在需求时，还应该考虑国家和当地的商业周期要进入什么阶段，以及新的阶段会对市场区域中写字楼物业的需求产生什么影响。同时，需求分析不应该仅仅对将来的需求进行一般性的预测，还要找出具体的写字楼项目的需求来源，并对其进行评估，进而发现潜在客户的租户范围及对物业的要求。

2. **供给分析**

写字楼的供应总量将对写字楼市场的空置率和租金产生直接而深刻的影响。在供应分析方面应首先对项目所在城市的写字楼市场的发展和整体供应水平进行分析，了解城市写字楼供应的高峰期以及原因。还要以写字楼的商业价值为中心，对城市中各区域的供应数量与质量水平进行横向比较，同时也要重视各区域的写字楼市场的发展历程以及各个写字楼的成功与失误之处。这样可以对目前的写字楼市场供应市场有一个全面而深入的认识。具体项目可以包括：

(1) 存量物业的特点。

①位置。街道中部的位置不容易引起注意，即使是高层建筑，也可能不如拐角处的位置占优势，毕竟拐角处的交通也较方便。通常写字楼群的中心位置很受租户的欢迎。

②高度。高层建筑由于优越的视觉效果而更有利些。

③层高。层高是一个非常关键的因素，往往受到用户尤其是境外用户的重点关注。一般而言，优质办公楼的层高应该在2.7米以上。

④建筑物的外装修。采用什么材料，质量如何，是不是很容易被污染，建筑物的外观对租金水平的高低有很大的影响。

⑤内部公共部分。电梯数量和电梯比是多少，甲级写字楼一般不超过每5000平方米有一个电梯。

⑥车位配比。车位配比要充分考虑公共交通的现状和未来发展趋势，而且要结合城市背景，如在上海，车辆保有程度不高，因为购买一辆车需要缴4万元牌照费，这在很大程度上限制车辆的数量。而在成都，车辆保有程度是非常高的，因此上海的写字楼要比成都配备的车位少。

⑦内部品质。大堂是至关重要的，不仅是写字楼的脸面，也彰显入驻企业的形象。大堂是否设有双入口，大堂面积是多少，挑高多少，装修使用材料材质如何，保养清洁如何，接待设置、楼层指示牌等方面均能体现一幢楼的品质。

⑧外部环境。交通配套，以拥有轨道交通最佳，还要方便出行。商务配套中，餐饮及生活服务类设施是基本要求，而最重要的是酒店。酒店给差旅人员提供居住，酒店和写字楼之间具有较强的协同效应。

⑨物业管理。物业管理水平总是与物业管理费成正比的，五大行的管理服务受到国际认可，但相伴而来的是高昂的物业管理费。非大厦使用者则从细节出发，如保洁、外来车辆管理等情况判断物业管理水平。

⑩办公楼入驻企业的规模、类型。它反映出一幢写字楼的品质，并在一定程度上决定后来租户的水平，这也是一个重要的参考标准。

⑪租售策略。在我国一线城市几乎所有的甲级写字楼都是出租性的，但在成都所有的甲级办公室是出售形式的，乙级写字楼是出租型的。

⑫空置率。这一指标反映了写字楼目前的经营状况以及市场供应是否足够。

(2) 未来供应的趋势。这其中尤其需要关注土地交易信息，有哪些项目在未来几年将进入市场，同时，还需要关注城市规划以便从宏观层面了解城市的商务区的发展或变迁。

专题

城市综合体——商业地产的主流模式

章惠生　中国城市发展研究院常务副院长

随着市场竞争的日益激烈，市场风险的日益加大，转战商业地产成了地产企业保持公司可持续发展的试金石，而城市综合体已基本成为我国商业地产发展的主流模式，不仅在北京、上海这样的一线城市取得了骄人的成绩，形成了相对成熟的市场格局，还逐渐将其优势扩展到了二三线城市中间。城市综合体凭借其集聚人气、活跃商业的集群优势，不仅带动了区域性的经济发展，而且给城市形象增添了光彩，也增加了城市竞争力。城市综合体的开发模式虽然日益成熟，但在开发过程中仍然存在很多问题，本文就目前所存在的问题提几点建议。

精准定位

城市综合体这一开发模式是多种业态的集聚。它包含住宅（公寓）和商业业态的组合，如商业（商场、购物中心）、商务（办公楼）以及酒店、公园、会所等。如何精准定位，这对城市综合体的开发成功与否尤为重要。

城市综合体所包含的商业地产的定位一般不能作为单体来做，比如一个城市综合体项目里面需要有一个购物中心，那么这个购物中心应定位为一个专业商场还是一个综合性百货商场呢？如果只考虑商业部分而不考虑该项目整体定位，那么往往会做出在某一点上看似正确但放置于整体项目中并不十分准确的决定。所以对城市综合体多业态的商业地产的定位，首先要考虑这个项目地块所处的区位，其次要充分考虑其在该城市、该区域中所起的作用和功能。

二三线城市在城市综合体定位时，切忌盲目追随一线城市现有的成功案例简单复制。因为一线城市的城市综合体定位基本都是相对高端的，它们所处的区域大都是繁华的市区，拥有成熟的商圈和便捷的交通，而二三线城市往往达不到这样的要求。

所以在二三线城市对城市综合体项目定位时应深入调研现有的城市商业处于哪一阶段，如果仅仅是商业街或者是一般的商业中心，就不能将其定位于顶级商业地产。如果真要这样定位，看似拔高了，一旦付诸实施，就会由于高消费需求不足，消费能力不强，而导致这一顶级商业地产项目的失败。这样的调研不仅仅是项目周边的环境调查，也不仅仅是调研周边商业状况，而是要深入到周边商场的租金是涨还是跌，周边商场的营业额是增还是减，连商场的商业经营理念都要调研。

为什么有的商场虽然规模不大但依靠先进的经营模式也能够经营得很好，而有些体量较大的商场往往做的不尽如人意，对这些问题都要进行深入分析、深入研究。分析过程中不能仅仅局限于已经发现的情况，浮现出来的问题固然要调研，更要关注到潜在的消费层，乃至潜在的经销商，对潜在的变化把握住了，商业地产未来的发展方向才有可能明确。如果凭经验靠推断，在一个商业地产严重过剩的城市，要开发城市综合体这是十分危险的。这就要求在定位之前，细分市场之时绝不能局限于表面化，应从外到内，从宏观到微观深入分析研究。对现有的情况要了如指掌，更要深入研究潜在的因素，并要预测其未来发展趋势。不仅要根据区域目标客户的偏好和消费倾向进行深入调研，而且对周边的商业态势，尤其是租金涨跌的原因，营业额增减的主要因素要深入分析、研究。如何选择竞争对手和分析竞争对手，我们都要不断的反复的分析研究，这样得出的定位才能够符合这个城市区域的实际需求。

因地制宜，以人为本

当给城市综合体的整体定位基本完成后，对于商业业态的其他项目就知道在规划设计上究竟应做哪些事了。比如说商业地产中的购物中心，在二三线城市尽量不要做大型购物中心，因为大型购物中心体量大、成本高，而且主力商户进驻购物中心时商品相对层次也比较高，在二三线城市尤其是三线城市，一般多是高消费需求不足，最终由于大型购物中心商品销售不畅，而导致失败。在建设城市综合体时要留有充分余地，特别是商业地产业态这一部分，比如说商场应该在层高上要留出发展的空间，而不应为控制成本而降低层高，以致在今后向中高档商场发展缺乏足够的土建空间。商场定位可随时间条件而改变，若干年后，可以改变里面的经营模式，也可以进行高档次装修，逐渐使里面的商品更高级，乃至于经营精品，要经营精品就要有精品的商场来支撑，在开发建设之初就已经埋下伏笔，这就便于商场的可持续性的发展。

城市综合体多是商业业态的组合，所以在为每一种业态定位时都要符合城市综合体项目的整体定位。如果一个城市综合体项目是所在城市的标志性建筑,且在区域内体量较大,那必须要将其做精做细。这一要求不仅仅是要因地制宜,而且还要根据城市的功能、城市经济发展状况以及城市居民收入和消费能力。在规划设计方面还要注意到以人为本。如在区位选择上应选择交通便捷的区域,商场的照明不仅要求在白天能保证足够的亮度,夜晚还要靠商城外的射灯、霓虹灯、所产生的广告效应吸引市民注意,以方便上班族下班购物。除了外立面的独特设计,商场的内部布置也要合理,应考虑怎样让顾客能浏览到商场的每一个角落,如将最吸引人的业态放置于商场最高层,如手扶电梯的出入口的设置,既要便于顾客上下方便又可对商场一览无余不留死角。商场并不是越拥挤越好,要为顾客留出休息的空间。在建筑设计时要考虑到怎样使承载整个商场的水泥柱子的布放对商业经营最有利(即合理的景深),既保证了建筑的功能与牢固又达到商业利好的效果。

运营之时要统筹管理一个成功的城市综合体除了规划定位要精准合理、载体建设要尽善尽美外,在开发、招商、运营方面也要做到统筹管理。我国有许多失败的例子,都是因为开发、招商、运营分割操作造成的,项目整体华美气派,走进商场却发现经营惨淡甚至摊位闲置多时的情况时有发生。这就要求在开发之时务必要首先想到招商的问题。

招商的首选就是主力商户,主力商户确定后紧接着就要考虑如何运营操作。商业经营模式如采用统一运营模式,自己持有是比较好的选择。但如果企业资金不足,有出售物业的必要时,应先把城市综合体的商业部分做好做稳,再找合适时机整体出售。这样做可以保证商场稳定健康的运营。在经营之初可以选择跟专业的商业经营公司合作,因为他们的经营理念和经营模式相对超前,他们有丰富的商业经营经验。当把整个商场调整、理顺、充实、提高之时,也就是该商场走向企业品牌之日。

我们要避免散户进来不按章法的各自经营而降低整个市场档次的现象。目前我国对商品标准的制定还有待完善,发展中的品牌、中高档商品的判定标准有待明确。高端品牌商品没有相应的消费能力支撑,中低档商品特别是生活必需品(鞋、衣服等)充斥市场又不被看好的情况下,商场的运营管理更应严肃谨慎。商品是商场的终端,满足顾客的需求是根本,如顾客缺少购买行为,商家就难以经营下去,从而导致商场运营不畅,最终形成恶性循环。

商场的供应除了商品,还有就是服务。统一经营模式的商业业态,服务人员的良好服务也是促使商场繁荣的一个主要因素,统一着装,文明礼貌就能使顾客感到温馨和放心。为休息坐在一边的老年顾客递上一杯热水,这不仅是一种人性化的服务,而且也是商场对顾客的一种热情。二三线城市一般不会有很多世界500强企业或资本数十亿的大公司,所以,城市综合体的商务部分,不能模仿繁华市区成熟商圈来建筑五星级写字楼。业态组合也要注意其灵活性,美食街、主题公园、电影院、博物馆都是很好的选择,并不一定要严格复制住宅、商业、商务、酒店的一线城市开发模式。二三线城市应根据各自的实际情况、城市现状、消费能力以及城市发展趋势来因地制宜,更要在各种商业业态经营模式上有更多的研发和创新。

资料来源:章惠生.城市综合体——商业地产的主流模式[J].城市开发,2010(2):72-73.

思考与练习

1. 非住宅房地产的主要功能有哪些？
2. 非住宅房地产与住宅房地产的区别是什么？
3. 商业房地产的运营模式是什么？
4. 什么是商铺物业？
5. 商铺物业的主要运营模式是什么？
6. 如何理解写字楼的分类？
7. 写字楼投资的风险主要表现在哪些方面？
8. 写字楼市场分析的重要环节有哪些？

第三篇

房地产市场的宏观分析

第8章　城市经济增长和房地产市场

重点内容

1. 城市经济增长的驱动因素
2. 城市经济增长的三部门模型
3. 城市经济增长对房地产市场的影响
4. 投资效应
5. 财富效应

本章通过对城市经济增长的本质和驱动因素进行分析，建立了城市经济增长的三部门模型。在此基础上介绍了房地产市场和城市经济增长之间的相互作用，不但阐述了经济增长对房地产市场的重要影响，也说明了房地产市场对城市经济增长的影响。

8.1　城市经济增长概述

城市是一个经济、社会和生态在一定的区域空间中的统一体。作为一个经济实体，经济增长自然而然成为其主要内容。因此，将城市经济增长作为一个相对独立的范畴进行研究，具有十分重要的意义。

伴随着我国住房制度改革的持续深化和房地产市场的迅速发展，房地产业已经成为我国国民经济的支柱产业。从城市经济发展来看，房地产市场是典型的地域性市场，房地产业对城市经济的发展有着更为重要的作用，近年来日益显著，房地产开发投资已成为城市固定资产投资中最大也是最活跃的部分。

8.1.1　城市经济增长的内涵

城市经济增长是指城市经济的动态演化过程，是城市经济作为一个整体规模的扩张及水平和质量的提高。其中包括：城市价值的增长，即城市经济部门所创造城市生产总值和人均生产总值的不断增加；城市物质财富的增长，即城市所生产的最终产品和劳务以及城市所积累的有形资产和无形资产的不断增多；城市人口的增长，即城市人口数量的增加和人口质量的提高。因此，城市经济增长涉及两方面的内容：城市规模的扩大和城市经济效率的提高。

那么城市经济增长的本质是什么呢?

城市现有的生产力水平是城市经济能获得持续增长的基础,而城市经济规模的扩张、经济结构的升级转换以及经济功能的不断完善、强化,在很大程度上推动着城市经济的增长,同时也促进着城市生产力的发展,并且,城市经济增长的速度、质量可以作为评价城市生产力发展的主要指标之一。所以城市经济增长的本质就是发展城市生产力。

城市经济增长最主要的测度指标一般有两个:就业量和国民收入。测度城市经济增长的国民收入指标考查的是某一特定城市的国民收入或人均国民收入。而将就业量作为城市经济增长的测度指标主要是基于两点原因:一是城市就业量与人口之间存在着稳定的对应关系,而人口规模是测度城市规模最适宜的工具;二是就业量在外部条件不变的前提下,与城市经济的规模存在着稳定的对应关系。当以就业量作为测度指标时,就是以它来表示一个城市的经济规模,城市经济的增长就源自于劳动力的需求或供给的增加。

城市经济增长理论认为,决定城市存在和发展的经济力量主要有三种——比较利益、规模经济和聚集效益。比较利益是建立在区域分工基础上的贸易比较优势所带来的经济利益;规模经济主张大规模的集中生产,进而大幅度地降低物流成本,从而为城市的形成创造了初始条件;聚集效益则是城市形成和发展的直接推动力,它使大量的和多样化的厂商、居民及相关单位在空间上集中,从而推动了城市的形成、发展和扩大。

8.1.2 城市经济增长的驱动因素

1. 城市经济增长的环境因素

城市经济增长不但受国家和国际宏观经济环境的影响,而且城市的自然环境条件、市场的经济环境和政府的政策制度等也都会对城市经济增长起到重要的影响作用。

(1)国家和国际宏观经济环境的影响。城市经济发展与国家经济发展有着密切的关系,国家宏观经济的状况对城市经济的发展有着重要的影响。从图 8-1 可以很明显地看出来,全国的 GDP 增长率变化趋势和北京市、上海市 GDP 增长率变化趋势基本一致。

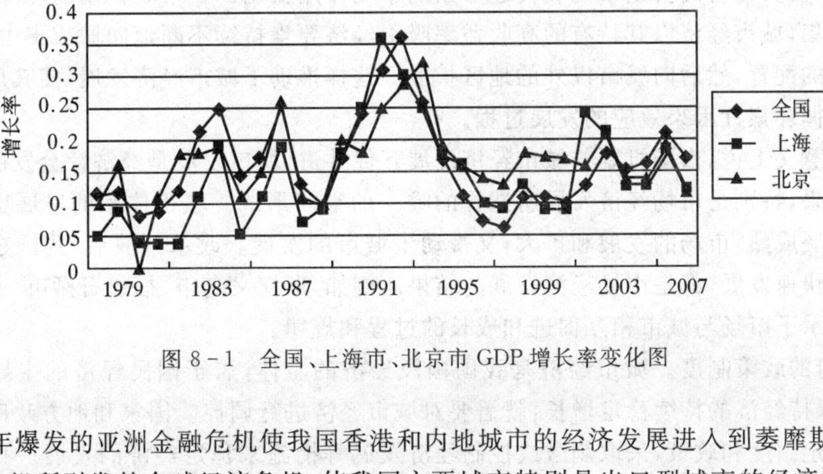

图 8-1 全国、上海市、北京市 GDP 增长率变化图

1998 年爆发的亚洲金融危机使我国香港和内地城市的经济发展进入到萎靡期。目前,由美国次贷危机所引发的全球经济危机,使我国主要城市特别是出口型城市的经济发展进入到又一个经济严冬期。这说明了国际宏观经济环境对城市经济发展也有着重要的影响作用。

(2)自然环境的影响。在城市发展过程中,城市土地的利用强度、方向、效率等受到城市自然资源条件和环境条件的制约，自然环境与资源自身承载力的限制成为城市经济增长的外部约束条件。制约城市经济增长的自然资源环境主要有地质地貌条件、水文条件和气候条件等。地质地貌条件对城市经济发展和增长有着根本性的影响。地质条件好的城市可以使城市建筑有牢固的基础。地貌状况则影响城市的布局、平面结构和空间布置。城市的发展离不开水资源，水文条件如江河湖泊等水体，不但可作为城市水源，同时它还在水运交通、改善气候、稀释污水、排除雨水以及美化环境等方面发挥作用。气候条件在为居民创造适宜的生活环境、防止环境污染等方面起着十分重要的影响作用。

适宜的得天独厚的自然条件是城市产生的自然基础。世界上最早的城市出现在一些大河流域，例如尼罗河流域、两河流域、小亚细亚和地中海东部沿岸、中国黄河流域以及印度河流域。这说明城市的形成和发展是需要一定的自然资源条件的。

此外，从我国的城市发展和城市布局也可以看出自然资源条件对城市发展所产生的影响。改革开放后，我国最先发展起来的城市大多出现在东部沿海地区，这些地区气候适宜，交通便利，地质条件适合城市经济的建设和发展。东部沿海地区已初步形成以沪宁杭为依托的长江三角洲城市群、以广深为依托的珠江三角洲城市群、以北京和天津为依托的京津冀城市群。目前，对全国影响最大的珠三角、长三角和京津（冀）三大城镇密集地区在不到全国1.3％的面积内集中了全国20％的城镇人口和28％的GDP。

（3）市场环境因素。城市经济的发展离不开市场的作用。从我国的经济发展来看，市场经济体制更有利于常规时期的城市经济发展。因为在市场经济体制下，市场根据自然法则和经济运行的规律来配置各种生产要素，各种经济发展的生产要素和劳动力在效益最大化原则下选择无障碍地在空间上自由流动和聚散，进行有效组合，促进经济发展的规模化和专业化，也促进城市经济的发展。在市场经济体制环境下，产业转换与发展、要素的流动，以及城市聚集效应等其他动力因素都能有效地发挥作用，推动城市经济不断向前发展。现代城市是一个生产要素和劳动力聚集的大市场，也是经济系统中人流、物流、能源流、信息流和资金流等的枢纽。在市场经济条件下，经济系统中的这些资源和生产要素向能获得最高收益的最佳区位聚集，这种流动需要完善的要素市场和传递要素的市场作用机制。在市场机制的环境下，要素向城市流通聚集，城市经济以其特有的高收益率吸引经济要素持续不断地向城市集中，并通过市场进行有效的配置，然后向城市以外的地区扩散。这样推动了城市经济发展，使其形成了一个连续的具有循环累计因果效应的发展过程。

从某种意义上说，市场机制与城市经济发展互促共进，城市发展是经济社会发展的客观要求和必然结果，特别是市场经济发展所选择的唯一的空间形式。城市体系的发展也促使了市场体系的发展成熟，市场的发展和扩大，又带动了城市的发展。改革开放后，我国东部沿海城市的出现和快速发展，都是市场经济发展的结果。例如，浙江义乌市、福建石狮市、浙江温州市等都充分显示了市场与城市相互促进和成长的过程和规律。

（4）政府的政策制度。城市经济是我国国民经济的主体，居于国民经济的主导地位。因此，国家要保持经济的持续稳定增长，就需要对城市经济进行调控。国家和地方政府的调控主要是通过制定制度和政策，采取刺激或控制经济发展等措施来稳定经济的发展。我国经济发展制度是从计划经济到市场经济的，在体制转轨时期，要相应地制定适合现有经济发展的相关政策和制度。与经济体制变革相适应的城市土地使用制度变革、城镇住房制度改革、城镇户籍制度改革、现代企业制度和社会保障体系的逐步建立及健全，都影响和推动着我国城市经济发展的进程。例如农村土地制度创新也使农村土地在集体所有下允许农户承包的土地以转包、转让、互换、入股、租赁等形式，在集体经济组织范围内实行流转，解决了进城劳动力的土地闲置问题，促进了农村劳动力向城市的转移，为城市经济发展提供了所需的劳动力，为城市经济的可持续发展提供了一定保障；部分地区小城镇户籍制度的改革促进了农村剩余劳动力自然有序地向城市或其他工业区的流动。

2. 城市经济增长的动力机制分析

所谓城市经济增长的动力机制是指推动城市经济持续稳定增长所必需的动力的产生机理，以及维持和改善构成这种作用机理的各种经济关系、组织制度等综合系统的总和。

在城市经济区域内，国民经济的增长取决于城市现有的生产能力（产出）和需求。产出取决于劳动力、资本和土地等生产要素的数量和质量；需求则是由私人和公共的消费需求及其投资需求两部分构成。除此之外，经济增长还取决于技术进步、产业布局和结构以及社会政治体制等。

扩大投资是加快经济增长、推动经济起飞的有效途径。发展中国家和地区的城市需要高投资来持续建设和发展城市的基础工业，形成自己的工业体系；扩大投资可以刺激需求，从而拉动经济较快增长，为企业提供良好的需求市场，刺激其扩大生产规模，为城市创造更多财富；扩大投资可以使城市处于持续的活力中，城市经济将会持续增长。但是扩大投资是有限度的，这个限度就是适度的投资率。目前世界上比较认同的适度投资率选择标准为：①城市社会心理上和物质上能够承受，能够推动城市经济高速稳定增长；②计划投资率＝需求投资率＝供给投资率；③计划投资率变动介于城市居民心理所能承受的消费率变动区间之内。

从城市发展的历程来看，经济的发展是生产力发展的过程。在此过程中，技术进步起了关键作用。技术进步通过其拥有的创新能力不断突破人类认识的范围，产生新的科学思路和技术方法，不断实现纵向、横向的发展和积累，不断对城市经济的增长和发展产生革命性的影响，使城市经济增长获得必要的动力。具体来讲，技术进步的动力作用主要表现在：①节省要素投入，增加产出数量，提高产出质量；②减少对自然资源的依赖，增强经济发展的内在稳定性及一个城市的综合竞争能力；③促进产业结构的多样化、高度化和劳动生产率的提高，增加城市经济总量；④形成新兴产业，尤其是高技术产业，并扩大其联动效应，引起新的劳动需求，创造新的就业机会，改善城市居民生活。美国经济学家索洛提出了以增长速度方程为模型，用“余值法”测算技术进步对经济增长的贡献率的方法。索洛的“余值法”通过现实的检验证明是正确的，目前我国技术进步对经济增长的贡献率只有30%左右，与国外发达国家相比，我国的贡献率还比较低，但随着我国经济发展水平的不断提高，贡献作用越来越显著，成为了城市经济增长的持续动力。

人力资本是城市价值创造活动的主体。在城市价值体系的变化中，人力资本可以直接参与生产和价值的形成。人力资本凭借技术进步机制有效地促进科学技术的进步，使城市物质生产要素和劳动力更有效结合，提高劳动生产率，为城市经济长期增长提供持续动力；人力资本借助多元的金融工具在全国以至全球范围内吸收和整合各种生产要素以弥补本城市资源的不足，从而更有效、更大规模地推动本城市经济增长；人力资本以现代信息技术为手段，不断搜寻最优的“劳动—资本及其他因素”的结合形式，使产出增长超过要素的投入增长。

在城市经济系统中，企业作为创造财富并为城市提供持续发展基础的经济组织，既是城市经济活动的主要主体之一与组织细胞，是推动经济增长的力量单元，又是城市扩大投资、拓展生产力发展规模和提高生产力发展水平的重要基础。因此企业素质的好坏以及由此形成的企业活力的大小,直接决定着城市经济增长速度的快慢和效益的高低,从而使之成为城市经济增长的基础性机制。

总之,城市经济增长既受宏观经济环境、自然条件、市场因素和社会制度等外部环境条件的影响,也受投资、技术进步、人力资本和企业素质等内部驱动力作用。

8.2 经济增长对房地产市场的影响

8.2.1 城市经济增长的三部门模型

决定区域经济增长的源泉是本地生产的产品的输出,输出会将经济资源带到其他区域。全国的经济周期、区域的工业组合及当地工业的竞争力都有助于决定对当地输出的需求,因此需求对经济增长至关重要。然而,要生产当地产出,最主要的生产要素必须在区域内容易得到。劳动力、资本和房地产都是决定当地产出的重要因素,对区域经济来说,在这三类生产要素中,劳动力和房地产是两个核心资源,在制度环境相同的情况下,不同区域之间竞争力主要由这两个资源决定。

区域内的人口结构和现有劳动力的技能情况决定当地劳动力资源的条件。一个区域没有劳动力,就必须从其他区域吸引劳动力,这通常要比留住当地劳动力困难得多。气候、休闲设施、公共服务决定了一个地区是否容易吸引和保持劳动力供给。

区域内房地产存量、结构(住宅、商业和工业)和开发能力是区域经济增长的另一源泉。劳动力和企业没有能力支付住房和厂房,生产就无法进行。一个区域增加房地产供给的能力,决定了该区域经济能否持续发展。没有这个能力,房租就会上涨,从而引起工资及产品价格上涨,最终导致本区域生产成本提高,这样就会抑制区域经济的扩张和长期增长。

城市经济的三部门模型可以清楚地解释城市经济增长与劳动力市场及房地产市场之间的关系。这个模型涉及一个产出市场,即商品和服务市场;两个投入要素市场,即劳动力市场和房地产市场(包括市场结构和土地供应)。这三个市场紧密联系,劳动力和房地产用于生产区域产出的投入,它们又从产出的销售中获得报酬。这个报酬必须能够吸引劳动力和房地产开发,这样它又决定了当地生产成本,即通过影响最终的产品价格来影响地区的竞争力。

1. **产品和服务市场**

传统意义上认为区域间输出的主要是制造业产品,但在现代经济中,许多服务业也已作为区域间输出产品。如投资咨询机构在全国设立分支机构为全国客户服务。

每个区域产出(Q),或用于区域间输出(X),或用于当地消费(C),或用于增加新的当地资本(即投资 I)。设某区域总消费为 C,区域间输入为 M,则

$$Q = C - M + I + X \quad \text{(式 8-1)}$$

公式 8-1 的含义是:区域产出的总需求 Q,包括当地消费需求和区域输出需求,也是当地产出价格的减函数。由此可绘出区域内所有产品和服务的产出需求曲线,如图 8-2(a)所示。

该曲线的含义是:为了保证横轴上的产出需求量,当地商品所必须保持的价格水平。如果曲线几乎垂直,就意味着区域输出的需求是显著价格非弹性;如果曲线几乎水平,就意味着区

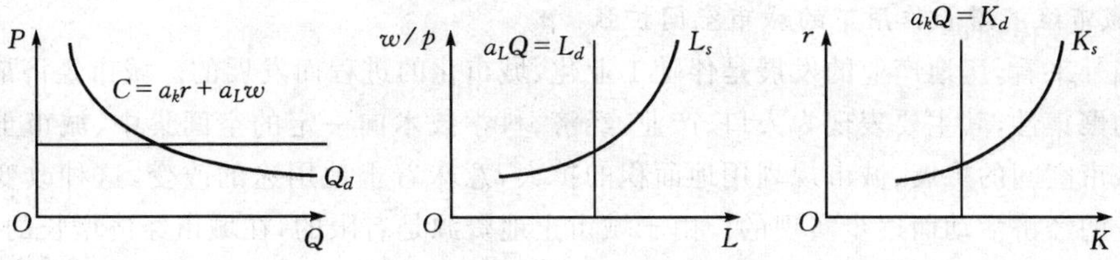

(a) 产出市场　(b) 劳动力市场　(c) 房地产市场

图 8-2　区域经济三部分模型

域输出所面对的市场是一个非常具有竞争性的全国性或全球性市场。

在区域经济供给方面，这里讨论几个影响生产成本的主要因素。由于大多数原材料可以在区域间运输，这些原材料价格在不同区域基本相同，对产出品价格的影响非常小。但是，实现生产的两种主要要素——劳动力和房地产——存在着很大的区域差别，从而导致不同区域生产成本产生较大差异。

2. ***劳动力要素市场和房地产要素市场***

图 8-2(b)和 8-2(c)描述了劳动力要素市场和房地产要素市场。在这两图中，竖直线代表为满足图 8-2(a)产出市场的产量而需要的要素水平。在劳动力市场中，劳动力需求(L_d)等于 $\alpha_L Q$；在房地产市场，房地产需求(K_d)为 $\alpha_k Q$。由于前面已假设不存在要素替代，所以这两种要素的需求仅依赖于产出数量，而不依赖于要素的价格。在图中表现为要素需求曲线垂直于横轴(即完全缺乏价格弹性)，并随着产出水平的提高而向右平移。图中，向上倾斜的曲线 L_s、K_s 代表了该区域劳动力、房地产要素的供给情况。图 8-2(b)所示的劳动力市场，横轴表示区域劳动力的数量，竖轴表示区域工资除以其产品和服务的价格，即图 8-2(a)中纵轴的价格，即 w/p 的比值——被区域价格指数或生活费用调整后的工资标准，被用作区域的有效工资。从长期来看，正是有效工资决定了区域劳动力的供给。向上倾斜的供给曲线表示为了保证横轴的劳动力数量所必需的有效工资，工资增长会吸引劳动力流入，这将表现为沿劳动力供给曲线向上方移动。劳动力供给曲线平坦，表示有效工资的提高可以比较容易吸引劳动力的流入；曲线陡直，表示这一区域很难吸引劳动力。

图 8-2(c)所示的房地产市场，与劳动力市场相类似。横轴代表房地产存量(K)，纵轴代表房地产租金(r)，包括土地和建筑物的租金。供给曲线 K_s 表示维持横轴所需的房地产存量水平所对应的租金水平。当开发的限制条件较多时，房地产供给曲线可能比较陡直或缺乏弹性；反之，曲线平缓，富有弹性。

上述模型表现了经济增长与房地产市场之间的关系，它们之间的相互作用也可利用该模型进行比较静态分析，详细内容可参阅迪帕斯奎尔编著的《城市经济学与房地产市场》中的第七章内容。

8.2.2　经济增长对房地产市场的影响

在城市经济增长的带动下，城市的综合经济实力和各种物质形态发生变化，从而影响了城市房地产业的发展。

1. 城市经济增长作用下的城市空间扩张

从国外来看,房地产业的发展是伴随工业化、城市化的进程而发展的。城市经济最大的特征是它的聚集性,其主要表现为人口、产业、经济、科学技术向一定的空间集中、城市土地面积扩大。城市空间的扩展、城市规划用地面积的扩大,意味着土地用途的改变,这种改变是通过房地产业的经济活动而逐步实现的。由于城市土地资源是有限的,在城市经济增长的作用下,城市的空间利用形式会横向和纵向双向发展。横向发展主要是城市用地规模的不断扩张,而纵向发展主要是城市空间利用效率的提高。

2. 城市经济增长对房地产投资的影响分析

经济增长是一种长期的经济现象,是指一个国家或者地区国民产出或经济生产能力的持续增加,同时,可表现为国民收入的持续增加、人民生活的改善和社会经济活力的增强。房地产投资是城市经济投资中重要的一部分,其存在和发展受到城市经济增长状况的影响。房地产投资具有价值大的特点,往往需要巨大的资金投入。城市经济增长的内容包括城市价值的增加和城市物质财富的增长。城市价值的增加表现为城市经济积累实力,城市物质财富的增长表现为城市经济活力,也就是说城市的经济平稳快速增长能够增加城市经济的实力和活力,增加社会投资资金积累的规模,为房地产投资提供稳定和足额的资金来源。

城市经济增长还可以通过改变城市消费水平来影响房地产业的投资。城市经济的增长能够增加国民收入,提高城镇居民收入水平,消费水平也就同时增加。房地产消费是城市居民消费中重要的一部分,当总体消费水平提高时,房地产消费也随之增长,这样就会刺激房地产投资的持续增长。

当然,如果城市经济增长较快且呈现平稳增长,国民经济将持续健康发展,这就会带动房地产投资,房地产业因而也会快速发展;相反地,如果城市经济增长缓慢甚至停滞,总体经济处于萧条状态,各类投资与消费需求势必受其影响呈现不景气,这时房地产投资就会大大受到限制。

3. 城市经济增长对房地产需求的影响分析

房地产是重要的生产和生活要素,为城市经济提供了必要的空间基础和物质载体。

城市经济总量的增长,会使城市各个经济部门和企业对工业厂房、仓库和写字楼等房地产产品的需求不断增加,城市商业经济的较快发展,也会带来商业地产的巨大需求。城市人口增加是城市住宅需求量上升的重要原因。以西安市为例,2007 年西安市新增人口为 11.14 万人,按照本市当年人均住房面积 23.63 平方米计算,需要新建住宅建筑面积为 263.24 万平方米,占西安市 2007 住宅销售面积的 33.62%(数据来源于 2008 年西安市统计年鉴)。城市人口增加除了引起城市住宅类产品的需求增加外,还会带来城市办公楼、商业营业用房、工业厂房和仓储等巨大需求。城市人口增长不是简单的人口增加,而是城市的劳动力和消费群体的增加。劳动力的增加就会产生办公楼、工业厂房或仓储用房的需求,产生房地产产品的需求;当人口增加转化为对商业、娱乐和服务等其他消费需求后,就间接地产生了对房地产产品的需求。另外,从消费的角度来看,城市经济增长必然带来较高的消费水平,同时也会改善居民消费结构。房地产消费是居民消费中主要的消费之一,是居民必需的消费需求。居民消费投入的增加必然会引起房地产消费的增长,也就促进房地产需求量的上升。

目前,我国的城市化水平不高,农村剩余劳动力较多。从我国城市经济长远发展来看,农村劳动力向城市转移是一个必然趋势,但是就目前的情况来看,城市户籍的开放性影响了城市人口的增长,因而出现了城市流动人口增加的现象。在经济发达的长三角、珠三角和京津唐地区的城市，流动人口是城市人口的重要组成部分。流动人口对城市租房市场的影响是显著的，而且随着经济的发展，在城市购房的流动人口数量也会不断增长，这也是未来城市房地产的一个重要需求源。以流动人口较多的广州为例，分析流动人口对城市房地产业的影响。广州市2007年全市户籍登记人口为773.48万人(数据来源于2008年广州市统计年鉴)，而年末实有外来劳动力共计172.15万人，占户籍登记人口的22.26%。我们假设按照外来劳动力每年有5%的人产生房地产消费需求，每人消费面积按照广州市2007年人均住宅面积20平方米计算，每年流动人口产生的住宅类消费总需求为172.15万平方米，占到2007年全市住宅销售总面积的14.86%。可以看出，城市流动人口对广州市住宅消费需求的增长有着重要影响。

广州市流动人口较多只是一个比较特殊的例子，但是，随着我国经济水平的增长和城市经济的发展，城市流动人口增长将是一个大的趋势，将会对城市房地产业的发展产生重要的推动作用。

4. **城市经济增长影响房地产供给结构**

城市经济的发展水平与城市产业结构发展的高度化程度密切相关。产业结构高度化也称产业结构高级化，是指一国经济发展重点或产业结构重心由第一产业向第二产业和第三产业逐次转移的过程，标志着一国经济发展水平的高低和发展阶段及方向。城市经济增长必然会带动产业结构升级。从世界城市经济发展的历程来看，随着经济的发展，城市工业产值会逐步上升至最高点，然后处于下降趋势，第三产业会随着经济增长成为城市的主导产业。在城市产业结构升级过程中，房地产供给结构也会随之升级。在城市经济发展初期，城市房地产的供给主要是工业厂房、仓储等基础工业所需的房地产产品。住宅供给主要是低档的多层住宅。城市工业化发展，在城市经济聚集的作用下，城市第二产业成为城市经济主要动力。集中的工业区不断出现，这就需要开发建设新的工业化厂房、研发用房、仓储物业以及办公用房等。在城市经济增长过程中，城市工业化会带动商业经济发展，进而改善城市空间结构。因为商业经济发展需要大量的酒店、商场、娱乐场所等商业物业和写字楼、公寓式住宅等。在这一经济发展阶段，住宅产品主要是成片开发的中高档小区，建筑形式也呈现多样化。当第三产业成为城市经济的主导产业时，房地产供给就会呈现多样化。像SOHO住宅区、旅游地产、区域房地产综合开发、历史文化遗址地产开发等房地产开发形式都会出现。

8.3 房地产市场对经济增长的影响

房地产业作为城市经济的一个组成部分，它的发展会对城市经济的基础部分产生一定影响。

房地产业为城市经济发展提供了物质空间。城市的聚集效益是城市形成的原因之一，也是城市规模扩大和经济发展的原因。城市人口和产业的集中，在需求方面为工业发展提供了市场条件，促进了城市工业经济的发展。城市工业化发展导致其他部门相应产生，形成了包括商业、金融、交通、中介、媒体等城市网络。房地产作为重要的生产和生活要素，为城市的经济网络提供了必要的空间基础和物质载体。另外，房地产业所提供的生产设施、生活服务设施、公共设施和文化娱乐设施等体现了一个城市的经济环境、生态环境和投资环境。发展房地产业、建设良好的生态环境和投资环境可以增强城市对外来投资的吸引力，促进城市经济的良性循环发展。具体来讲，房地产主要通过投资效应和财富效应来影响经济增长。

8.3.1 房地产市场的投资效应

投资效应是指投资活动在一定区域内所产生的影响、反应和效果。

投资者进行投资的首要目的是要获得一定的利益，但是投资对区域所产生的影响以及区域的反应是投资者在实施投资行为时难以准确预计的。多数情况下，投资者只是追求利益而忽视效应，而利益仅仅是投资效应的一个组成部分。

实践表明，在其他条件没有重大变化时，要保证国民经济能以较高速度增长，必须通过适量增加投资来拉动国民经济增长。房地产投资作为国民经济投资的有机组成部分，将有效拉动城市经济增长。房地产投资对城市经济增长的影响主要有三个方面：一是房地产投资本身对城市经济增长有促进作用；二是房地产投资的关联效应；三是房地产投资的挤出效应。

根据哈罗德-多马经济增长理论模型，资本的不断形成是决定经济增长的因素。目前关于房地产投资对城市经济增长影响的研究较多，结论也基本一致。张琳、陈美亚的研究表明，当房地产开发投资增长1%时，将带动国内生产总值增长0.082%。王先柱运用我国2000年第1季度到2006年第3季度的房地产投资数据分析发现，房地产开发投资与产出具有双向格兰杰因果关系，房地产投资对产出具有较大、持久的正影响，而且住宅投资对产出具有强劲的冲击力，时间更短。梁云芳、高铁梅、贺书平等人的研究也得到了基本一致的结论，这些研究结果都表明了房地产投资对经济增长有积极的拉动作用。

房地产业属于高关联产业，无论从开发建设过程所需的上游产品来看，还是从其建成后的服务对象和依托来看，都是关联度很高、产业链很长的产业。因此，房地产投资能够带动相关产业的发展，带动城市经济增长。在房地产投资中，被带动的直接或间接相关产业达60多个，从而引起整个社会的经济增长。另外，房地产投资具有资金占用规模大、发展周期长的特点。当房地产业处于发展上升期时，各类型的资金都会加入进来，如来自银行、基金、股市、投资机构的资金，其他实业团体出于获取超额利润的考虑也会加入这种大规模的投资中，因此一些对经济长期与持续增长起关键作用的行业或产业所需要的投资将被占用，这也称为投资的"挤出效应"。当其他对国民经济有关键作用的产业或行业发展受到限制时，房地产投资的"挤出效应"将对城市经济产生长期的、根深蒂固的负面影响，而且投资也会引起消费"挤出效应"。当居民收入一定时，随着房地产投资增多，居民收入中用于房地产消费的比重也会增大，这样就影响到了其他方面的消费，从而影响了其他产业的发展。

8.3.2 房地产市场的财富效应

财富效应是指由于金融资产价格上涨（或下跌），导致金融资产持有人财富的增长（或减少），进而促进（或抑制）消费增长，影响短期边际消费倾向（MPC），促进（或抑制）经济增长的效应。简而言之，就是指人们资产越多，消费意欲越强。财富效应又称实际余额效应。

庇古（A. C. Pigou）较早就提出了财富效应，他认为如果居民所持有的货币、公债等资产的实际价值增加而导致财富增加，居民将增加其消费支出，从而导致社会消费品生产的增加和就业机会的增多，从而促进城市经济增长。房地产市场财富效应是指由于房地产价格变化导致房地产所有者财富变化，影响其短期边际消费倾向，促进或抑制经济增长的效应。

路德维希和斯洛克（Ludwig & Slok，2002）指出，房地产价格上升可以通过兑现的财富效应、未兑现的财富效应和流动性约束效应三种机制促进私人消费，也可以通过预算约束效应、替代效应抑制私人消费。房地产价格兑现的财富效应是指房地产价格的上升使房产持有者财富增加，从而导致消费支出增长的现象。一般说来，房地产价格兑现的财富效应表现在两个层面：首先，房地产价格上涨直接使房地产市场投资者获得资本利得，它事实上构成居民可支配收入的一部分，进而对居民的消费需求产生影响；其次，房地产价格上涨，通过改善企业经营状况、扩大就业等途径间接影响增加居民收入，从而刺激居民消费需求的增长。房地产价格未兑现的财富效应是指房地产价格的上升导致人们对未来经济发展的预期看好，消费者的信心增加，从而消费支出出现增加的效应。对于绝大部分人而言，特别是刚有房的年轻人，房产价格上升带来的仅仅是心理上的虚拟财富而不是真实的财富，所以对消费的真实影响并不大。对有很强遗赠传统的我国来说，房地产价格的上涨也不太可能使拥有房产的老年人改变当前消费，而是更可能把房产或者增加的财富留给面临更高房价的后代。流动性约束效应是指随着房地产价格上升，拥有房地产的居民可以获得更多的融资价值，当消费者财政紧张时，可以通过房地产融资获得消费保障。预算约束和替代效应都会对消费产生抑制效应。我国房地产业目前还不发达，未拥有房地产业的家庭还很多，所以，当房地产价格上升时，预算约束效应和替代效应将会比较显著。

房地产是我国居民的重要财产，所以房地产的财富效应对我国居民有着重要的影响。国家统计局城调队2002年对我国城市居民家庭财产的首次调查表明，房产占家庭财产的47.9%。王子龙、许箫迪和徐浩然通过对我国1996—2007年房地产价格和居民消费的季度数据深入研究认为：随着我国经济增长和居民收入的增加，房地产财富对居民消费的影响不断增强，“预期”房地产财富效应不容忽视。无论长期还是短期分析都表明，我国房屋价格变动会对居民消费带来财富效应。通过脉冲响应函数分析可知，房地产价格的正向冲击将对居民消费产生正效应，导致居民消费增加。房地产市场财富效应通过作用于居民消费，最终对宏观经济的运行产生影响。李亚明和咚仁城通过统计分析得出：上海、深圳、北京、天津和重庆五个城市的消费和房地产价格之间存在长期的均衡关系。从长期来看，房地产价格每变动1%，五大城市消费将变动0.53%、1.01%、0.71%、0.51%和0.41%，且只有重庆市是负向影响关系。也就是说，占城市居民家庭财产重要部分的房地产财富效应将会对城市经济增长产生重要影响。

专题

上海市居亚太房地产投资和发展最具潜力城市第二位

城市土地协会（ULI）和普华永道9月初在上海发布的《2007亚太房地产发展趋势》中，在众多亚太房地产投资和发展最具潜力的城市里，上海居第二位，仅次于大阪。

报告认为，尽管中国对海外资本投资房地产市场做出了一定限制，但也并没有挡住海外资本进军上海地产的脚步。外资将继续涌入亚太地区，特别是以上海为代表迅猛发展的中国房地产市场。

上海的商业地产是国际资本追逐的主要对象。“上海写字楼租金以每年20%的速度增长，而空置率几年来一直保持在6%以下。”第一太平戴维斯投资部董事马捷认为，以写字楼为代表的上海商业地产发展潜力不可估量。

37.63 亿美元涌入上海地产市场

城市土地协会(ULI)的这份报告认为,在亚太地区投资发展竞争力方面,上海仅次于大阪,是亚太地区最适合房地产投资的市场之一。

ULI 通过对诸多海外投资机构及个人的调查问卷统计发现,有 64%的被调查者建议在上海购买酒店和度假村地产,约 32%的被调查者建议购买上海的住宅地产。

如果说 ULI 的调查还只是未来的一种投资意向,那么对 2005 年国际资本进入上海房地产市场的统计则可以充分说明,海外资本对上海房地产市场的态度究竟是怎样的。

央行 2006 年 9 月 1 日发布的《上海金融稳定报告》显示,2005 年通过四种途径进入上海房地产市场的海外资本已达 37.63 亿美元。而这个数字比 2004 年增长了 40%,其中非居民直接将外汇资金结汇购买房产的比例最高,占总注入金额的四成。

在对外资投资地产进行规范和限制的政策出台后,外资进入上海商业地产的脚步仍然没有停止。

在今年 7 月中旬国家规范外资准入和管理出台不到一个月,合生创展 7 月 24 日即宣布将位于陆家嘴金融贸易区的合生国际大厦 100%股权以 3 亿美元的代价售予 Pacific Delta Investments Limited。不到两个月,9 月 13 日马来西亚云顶集团宣布以 5.727 亿港元价格通过收购富域国际的全部股权而持有位于上海普陀区的长寿商业广场。

"短期环境的变化会使国际资本对投资方式和时机进行调整,但对其进入上海地产进行投资的信心并没有特别大的影响。"高力国际物业执行董事张震频在接受记者采访时表示,限外政策会在短期内对交易有一定影响,但国际资本更看重上海发展的大趋势,投资方向并没有转变。

那么究竟是哪些因素使国际资本如此青睐上海? 五合国际总经理邹毅认为,上海市场比较规范,这减少了国际资本的疑虑和投资风险。从资本对接的角度看,相对开放的金融环境有利于国际资本进入房地产市场。在软环境方面,上海的文化氛围、生活习惯和较好的服务使基金经理及外籍人员能够在较短时间内适应上海的生活。

"如果单看某一方面,其他城市似乎都有其中的一些特点,但综合而言上海无疑是最有竞争力的。"邹毅表示,二线城市虽然有一定的发展潜力,但与上海相比还不够成熟。

国际资本寻找各种投资渠道

诸多物业中,写字楼、服务式公寓等优质的商业项目是众多海外基金追捧的对象。

"不包括物业包装、转售后价值的提升,单是较稳定的租金收益回报对海外基金便有极强的吸引力。"张震频说。

马捷表示,上海写字楼的租金以每年 20%的速度增长,而空置率几年来却一直保持在 6%以下,如果用目前的租金计算,便可以反推出未来的租金收益是相当可观的。

而邹毅也表示,上海商业地产租金的回报将会进一步细化。国际资本对上海商业项目的考查基本是从以下几个方面来进行:产权清晰;酒店和公寓要有好的品牌和管理公司,以保证有较稳定的收益率;位置要处于配套较完备的地区,以方便办公、入住等日常生活;商业内部的品牌、结构也要有一定的升级空间,以便可以引进一些奢侈品等。

马捷说,进行物业或公司的收购之前,海外基金需要最短两个月的尽职调查。在调查中对项目的设计建造标准、工程质量、公司财务状况和法律关系进行详尽而彻底的调查。

在收购前，投资机构一般还要通过熟悉物业所在地市场的专业物业顾问公司针对项目进行深入的市场研究，对物业的租赁、销售和市场走向进行综合判断和预测，以了解该物业在投资方面的可行性和市场发展潜力。

此外，马捷还表示，在收购完成后投资者还要提高写字楼的设计、施工标准，以保证未来五年甚至更长时间不会落后于国际标准。

"海外基金投资的标准变化不大，但上海优质的商业项目却很有限。"邹毅表示，受房地产开发周期的影响，今年上半年商业地产放量较有限，而一些开发商并不急于兑现，转而持有物业。因此海外基金转而投资、收购高级服务式公寓及位于市中心的高档住宅。

"从投资的资本数来看，国际资本在日本投资地产的数额都在几百亿美元以上，而这个数字在中国还不到一百亿。与之相比，上海投资的空间还是相当大的。"张震频认为，美国、欧洲及一些海湾国家的资本目前都要找到新的投资领域和渠道，世界的目光都集中到了亚洲，而上海又是最具发展潜力的城市之一，从这个角度来看，上海商业地产的发展潜力无疑是巨大的。

资料来源：王海春. 上海市居亚太房地产投资和发展最具潜力城市第二位[N]. 中国房地产报，2006－10－09(3).

思考与练习

1. 分析城市经济增长的内涵以及影响因素。
2. 简述城市经济增长和房地产业相互作用关系。
3. 简述城市经济增长对房地产的影响。
4. 房地产市场对城市经济增长的影响表现在哪些方面？
5. 简述投资效应和财富效应的原理。

第9章　房地产市场周期循环与房地产泡沫

重点内容

1. 房地产周期循环的表现
2. 房地产泡沫的内涵
3. 房地产泡沫的测度
4. 房地产泡沫的防范措施

房地产市场与宏观经济类似，繁荣和萧条会交替出现。而在房地产市场繁荣时期，常常会出现市场是否存在泡沫的激烈争论。为了使读者能对这些问题有更好的理解力和辨析力，本章介绍了房地产市场周期循环及房地产泡沫的基本原理，包括房地产周期循环的概念、表现和计量指标以及房地产泡沫的内涵、成因、危害、防范措施等内容。

9.1　房地产市场周期循环的基本原理

9.1.1　房地产市场周期循环的概念

周期分析是认识事物变化规律的重要方法，被广泛应用于宏观经济的诸多领域。房地产市场的运行呈现出周期特征，它和其他宏观经济运行一样，时而高涨，时而收缩，呈现出一定的规律性。英国皇家特许测量师协会(RICS)在1994年提出了"房地产周期(周期)循环"的概念："房地产周期循环是指所有类型房地产的总收益率的重复性但不规则的波动。"该定义可以看出，英国皇家特许测量师协会主要从房地产总收益率的角度来定义房地产周期循环，但实践中重复性但不规则的波动在其他许多房地产活动指标(例如租金、价格、吸纳率、空置率、建设量)中也很明显，只是它们的变动落后或领先于房地产总收益率周期。因此，房地产市场周期循环可以一般地定义为房地产活动或其投入与产出围绕着其长期趋势的周期性但并非定期的波动。也就是说，从短期来看，房地产周期循环呈现波动性，但在一个足够长的发展时期内，这种波动又会体现出周期性循环的特征。一个完整的循环从起点到终点(或紧接着下一次循环起点)之间的时点跨度就是周期,也就是相邻的两次周期循环间隔的时间长度。与循环相应的概念是波动,波动可分为周期波动和随机波动。周期波动是围绕市场趋势的循环变化;随机波动是指反复出现但没有固定的周期跨度的变化。从运动轨迹来看,我国房地产周期与海外相比有独特的波长。美国从1870年开始大约按18～20年的频率完成一次周期循环波动,与库兹涅茨长周期(18～20年)基本一致;日本基本是7年一次周期;我国香港从1945年二战后大致是7～8年一次周期;我国台湾从1970年开始大致是5～6年一次周期,以上三个国家和地区基本是遵循朱格拉周期(6～7年)。① 而我国内地的房地产周期波动时间大致是4～5年一次,是介于基钦周期(2～3年)和朱格拉周期(6～7年)之间的一种新周期,具有独特的波长。

房地产市场周期的概念首先于1933年出现于美国,此后对该问题的研究一直是美国房地产经济学家研究的重点问题之一,并逐渐将研究重点从市场本身的周期运动过渡到其对房地产投资者行为的影响。在我国,房地产周期研究是伴随着国内住房制度改革、房地产业的蓬勃发展而提出的。进入20世纪八九十年代,随着经济体制改革和住房制度改革的深化,房地产业蓬勃发展,这为房地产业周期研究提供了现实的经济环境。同时,国外对于房地产业周期的研究成果很快被介绍到国内,国内一些专家、学者、业界人士纷纷对房地产业周期波动加以分析、研究。早期的房地产周期研究与建筑周期研究融为一体,主要集中探讨房地产周期的影响因素。米歇尔认为,建筑业的发展由于受人口增长、房屋折旧、维修及投资利润率高低等因素的影响,因而其供求不但像工业那样可以无限地扩大和缩减,而且庞大的建筑投资对经济活动的影响更为明显、巨大,由此形成一定的波动。随着研究的不断深入,房地产周期研究与建筑周期研究分离,成为一个独立的研究对象。

一般来讲,关于造成房地产市场周期循环的原因主要来自两个方面:其一是房地产市场之外的外部因素,例如城市经济、政策因素和整个宏观经济的周期波动,这导致了对房地产空间需求的波动,进而形成房地产市场的周期循环;其二是房地产市场的内部因素,主要是供给不能准确和及时地响应需求变化所造成的供给是造成周期循环的主要原因。可以看出,外部因素所造成的房地产市场周期循环,只是房地产市场对经济周期的响应,这种响应在任何产品的市场中都存在,而不是房地产市场所独有的现象。然而,并非任何产品市场都有因内部因素所引发的周期循环。如果某种商品的市场自身调节能力很强,可以迅速对外部经济的需求变化作出响应,那么该商品市场应表现出与宏观经济基本一致的周期循环特征。而房地产并不能做到与外部经济的同步循环,其根本原因在于房地产市场是一个内在不稳定市场。当经济对房地产的需求突然增加时,由于供给滞后,因而不能迅速地满足需求的变化。而且房地产的耐久性意味着当需求降低时,不可能立即拆除部分房屋,因而总供给量也不容易向下调整。正因为如此,房地产市场的周期循环有其独有的特征。

9.1.2 房地产周期循环的表现

1. 房地产周期循环的阶段划分

一个完整的房地产循环可以分为两个过程,即扩张过程和收缩过程。在这两个过程中又可分为四个阶段:复苏阶段、繁荣阶段、衰退阶段和萧条阶段。前两个阶段构成了房地产扩张过程,后两个阶段构成了房地产收缩过程。当扩张过程转为收缩过程时,房地产经济达到繁荣

① 何国钊,曹振良,李晟.中国房地产周期研究[J].经济研究,1996(12):52-58.

阶段的最高点，即波峰；当收缩过程转为扩张过程时，房地产经济达到萧条阶段的最低点，即谷底。它一方面同宏观经济总的发展态势密切相关；另一方面又同相关行业经济与宏观经济的协调程度紧密联系。

(1)从复苏阶段看，在房地产周期波动过程中，承继萧条(波谷)而出现的复苏阶段，一般会经历较长的时间。由于前一时期新开发建设的数量过多或需求的负增长导致了市场上供给过剩，所以谷底的空置率达到了峰值。此时，需求开始增长，慢慢吸纳先前过剩的供给，推动市场逐渐走出谷底。这时供给增长停滞，或很低的速度，随着存量房地产逐渐被市场吸纳，空置率逐渐下降，房地产租值从稳定状态过渡到增长状态。随着市场复苏阶段的继续，对市场复苏和增长的预期会使业主小幅提高租金，使市场最后达到长期均衡下的空置水平。伴随着房地产市场的增长，与房地产业具有密切相关的建筑业、建材业等行业也快速发展，由此推动了房地产业的进一步扩张。

(2)从繁荣阶段看，继复苏阶段后，房地产周期循环便进入繁荣阶段，并达到周期循环的波峰。这一阶段主要特征是：需求继续以一定的速度增长，形成了对增量房屋空间的需求，当空置率降到了自然空置率以下，表明市场上的供给紧张，租金开始迅速上涨，房地产投机者与自用者均大量增加，其他行业的企业也因对市场极度乐观和高额利润而进入房地产市场，市场一片乐观情绪，迅速形成并不断加大房地产泡沫，但需求继续增长，而且还比供给的增长快。只要需求的增长率比供给的增长率高，空置率就一直下降。当需求和供给的增长率相同的时候，循环达到顶峰。在顶峰转折点之后，需求增长的速度开始低于供给增长速度。

(3)从衰退阶段看，当房地产价格高涨到把真正的自住性住房需求排斥在市场之外，而仅靠投机资金支撑时，房地产周期也由盛转衰，预示着衰退阶段的到来。这一阶段的主要特征为：尽管这一阶段房地产空置率仍然低于自然空置率水平，但房地产市场在交易价格和交易数量两个方面都出现衰退的趋势。在房地产价格方面，虽然不同楼盘的楼价有升有降，但市场上房地产价格总体水平已经出现下调趋势。由于房价下降，交易数量减少，房地产企业的利润大幅下调，投资风险增加，一些实力较差、抗风险能力较弱的开发商因资金债务等问题而宣告破产。在这一阶段，供给的增长率比需求的增长率高，租金上涨趋势减缓甚至停止。空置率又开始上升，逐渐接近长期平衡空置率。由于建设时滞，供给仍在上升，于是空置率上升到长期平均空置率之上，进入第四阶段。

(4)从萧条阶段看，刚进入此阶段时空置率低于长期自然空置率，供给的增长率很高，而需求增长率较低或者是负增长。新的建设逐渐减少，当新建设的增量供给停止的时候，市场达到最低点。市场下滑过程的时间长短，取决于市场供给超出市场需求数量的大小。在该阶段，如果物业租金缺乏竞争力又不及时下调租金的话，就可能很快失去市场份额，租金收入甚至会降到只能支付物业运营费用的水平。物业的市场流动性在这个阶段很低甚至不存在，房地产交易很少或有价无市。上述各阶段特征如图 9-1 所示。

2. 房地产周期与宏观经济周期的关系

从整体来说，一个国家房地产周期和宏观经济周期是一种正相关关系、波长大体一致。如在我国，两者的周期大致都是 4～5 年。但复苏、繁荣、衰退、萧条四个阶段在时间上不一致。一般来说，房地产的复苏、萧条期滞后，而繁荣、衰退期超前。研究这种差别，不仅有理论意义，更重要的是在实践中，投资者和国家宏观调控可通过两者波动的时差进行决策，即可根据房地产的波动来分析预示宏观经济的走势，亦可根据宏观经济的走势预测房地产的发展趋势。

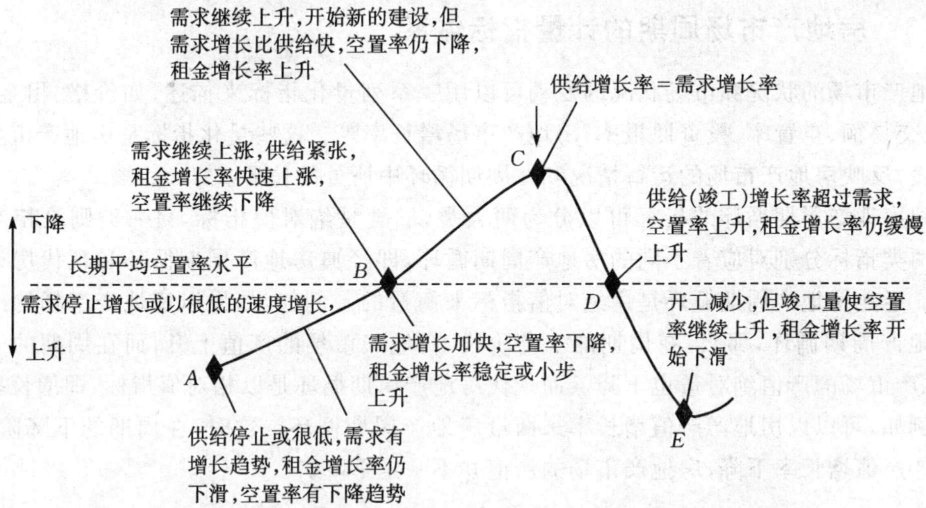

图 9-1 房地产市场周期循环的各阶段市场表现

(1) 从复苏阶段看,尽管房地产是基础性和先导性产业,但由于产品价值大,耗用资金多,生产周期长,并且是非工厂化单件设计单件生产,故当经济开始复苏时,房地产开发商需要经过较长时间的筹备、计划才能投入生产,因此,房地产业的复苏要稍微滞后于宏观经济,但很短暂。

(2) 从繁荣期看,房地产业的繁荣期要比宏观经济繁荣期来得迅速。因为房地产业经过复苏阶段的准备,其先导性产业的作用要充分显现出来。首先是有市场,由于经济高速发展,居民收入水平提高,全社会对各种商业用房、工业用房、写字楼、各类住宅别墅等的需求扩张,拉动房地产业迅速发展;其次是有较充足的资金,在高速发展并有市场的情况下,房地产开发商不仅可以加速自有资金的周转,同时还可以取得更多的贷款,使房地产业得到更快的发展;再次是价格刺激,房地产产品开发周期较长,一般需要 1～2 年,有的时间更长,当需求扩张时会引起楼价上涨,由于楼宇的供给价格弹性较小,从而加剧了楼价的进一步上扬,势必刺激楼宇投资,进一步加速房地产发展。

(3) 从衰退期看,房地产要早于和快于宏观经济。房地产之所以提前衰退,一方面是房地产作为基础和先导性产业,其"超高涨"或"超前发展"可以满足宏观经济继续高涨的需要,而提前进入衰退期;另一方面是房地产业的发展应以社会经济各部门的发展为基础。如果房地产业长期一枝独秀,必然导致与其他部门的脱节,最终也会使房地产业难于维持较长时间的高速发展而逐步降下来,进入衰退期。从房地产业自身发展的局限性来看,它要先于宏观经济进入衰退期,而宏观经济的衰退则进一步加速了房地产业的衰退步伐。

(4) 从萧条阶段看,房地产应当滞后于宏观经济。因为当宏观经济出现萧条时,各行各业的发展都处于停滞不前的状态,失业率、通货膨胀率较高。但由于房地产本身具有保值增值的功能,所以在其他行业都萧条的时候,人们会放弃其他投资,转向房地产开发投资或直接购买房地产,从而维持房地产市场一定的供给和需求,推迟了房地产市场的萧条。

9.1.3 房地产市场周期的计量指标体系

房地产市场的状况和市场状况的变动可以用一系列量化指标来描述,如价格、租金、租金增长率、交易额、空置率、投资回报率、房地产市场增长率等。这些量化指标是房地产市场周期的晴雨表,反映房地产市场的运行情况和在周期循环中所处的位置。

反映房地产周期循环的指标可以分为两大类,一类是绝对值指标,另一类则是相对值指标。这两类指标分别对应着不同的房地产周期循环,即经典房地产周期循环和现代房地产周期循环。经典房地产周期循环是用绝对值指标来衡量的。例如,如果以房地产市场的产值来衡量房地产周期循环,那么,在周期的上升阶段,房地产市场的产值上升,而在周期的下降阶段,房地产市场的产值绝对量也下降。而现代房地产周期循环是以相对值指标,即增长率来衡量的。例如,可以以房地产产值增长率来衡量房地产周期循环。这时,在周期的下降阶段,只是房地产产值增长率下降,房地产市场的产值并不一定下降。

9.2 房地产泡沫的一般理论

9.2.1 泡沫及房地产泡沫的内涵与特征

1. 泡沫的涵义

在日常生活中,人们大量地使用"泡沫"这个词,经常把某一产业在一定时期内的发展状态称之为"××泡沫",例如:"房地产泡沫"、"股市泡沫"等等。它就像一个肥皂泡,外表绚丽多彩,但没有内涵,一旦破裂,繁荣景象消失殆尽、化为乌有。"泡沫"一词最早用于形容1636—1637年发生在荷兰的郁金香热,18世纪巴黎出现的"密西西比泡沫"以及伦敦出现的"南海泡沫"等事件。由于泡沫对于经济整体破坏性极大,理论界很早就开始关注并研究泡沫经济问题。

现代投资理论对"泡沫"的经典解释出自《辞海》:"虚拟资本过度增长与相关交易持续膨胀日益脱离实物资本的增长和实业部门的成长,金融证券、地产价格飞涨,投机交易极为活跃的经济现象"。

1987年版的《新帕尔格雷夫经济学大辞典》引用美国著名经济学家、前美国经济学会会长查尔斯·P·金德尔伯格(Charles P. Kindleberger)的话来定义泡沫经济:"泡沫状态这个名词,随便一点说,就是一种或一系列资产在一个连续过程中陡然涨价,开始的价格上升会使人们产生还要涨价的预期,于是又吸引了新的买主,这些人一般只是想通过买卖牟取利润,而对这些资产本身的使用和产生赢利的能力是不感兴趣的。随着涨价常常是预期的逆转,接着就是价格暴跌,最后以金融危机告终。通常'繁荣'的时间要比泡沫状态长些,价格、生产和利润的上升也比较温和一些。以后也许接着就是以暴跌(或恐慌)形式出现的危机,或者以繁荣的逐渐消退告终而不发生危机。"诺贝尔经济学奖得主斯蒂格利兹教授给泡沫经济下的定义更为简洁:"如果今天价格上涨的原因是由于投资者相信明天他们会以更高的价格卖出去,而基本要素又不能调整价格,那么就存在着泡沫。"

同时,金德尔伯格认为,"这种以泡沫状态或繁荣开始,并以各种情况的金融危机(但也不一定总有危机)而告终的投机行为,其投机现象随不同的时间而异,包括的范围很广,如商品、国内债券、国内股票、外国债券、外国股票、城市与郊区房地产、农耕地、别墅、市郊购物中心、房地产投资托拉斯、波音747型飞机、超级油轮、所谓'可收藏的东西',诸如油画、珠宝、邮票、钱币、古董等等。"在这个比较广阔的范围内,房地产是会出现泡沫状态的最常见的一种。

2. 房地产泡沫的涵义

房地产泡沫简单来讲,是指房地产市场价值偏离其基础价值的非稳持续上涨的过程与状态。可理解为房地产价格在一个连续过程中的持续上涨,这种价格的上涨使人们产生价格会进一步上涨的预期,并不断吸引新的买者。随着价格的不断上涨与投机资本的持续增加,房地产的价格严重背离其价值,由此导致房地产泡沫。泡沫过度膨胀的后果是预期的逆转、高空置率和价格的暴跌,即泡沫破裂,它的本质是不可持续性。有的学者从房地产行业的特点与中国的实际状况出发进行定义,指出房地产泡沫是由房地产投机所引起的房地产价格脱离市场基础持续上涨,因为建筑物是劳动产品,其价格相对较稳定、较易判别,所以房地产泡沫实质上是指地价泡沫。

最早可考证的房地产泡沫是发生于1923—1926年的美国佛罗里达房地产泡沫,这次房地产投机狂潮曾引发了华尔街股市大崩溃,并导致了以美国为首的20世纪30年代的全球经济大危机,最终导致了第二次世界大战的爆发。从20世纪70年代开始积累,到90年代初期破裂的日本地价泡沫,是历史上影响时间最长的房地产泡沫,从1991年地价泡沫破灭到现在,日本经济始终没有走出萧条的阴影。

房地产泡沫的主要特征表现为:

①房地产泡沫是房地产价格波动的一种形态;

②房地产泡沫通常是在经济长期增长的背景下发生的;

③房地产泡沫是指房地产价格呈现出的陡升陡降的波动状况,振幅较大;

④房地产价格波动不具有连续性,没有稳定的周期和频率;

9.2.2 房地产泡沫的成因

房地产本身并不是虚拟资产,而是实物资产。但是,与虚拟经济膨胀的原因相同,房地产泡沫的产生同样是出于投机目的的虚假需求的膨胀,所不同的是,由于房地产价值量大,这种投机需求的实现必须借助银行等金融系统的支持。一般来说,房地产泡沫的成因,主要有以下几方面:

1. 土地的有限性和稀缺性

房地产与人们和企事业单位的切身利益息息相关。由于土地资源的稀缺性、垄断性、不可再生性,以及房地产的开发周期长,从短期看,它的供给缺乏弹性。人们对房地产价格的上涨历来就存在着很乐观的预期。尤其当经济发展处于上升时期,会有大量的基础建设和房屋建设,房地产的需求旺盛,而土地资源的供给又相对有限,这为地价的快速上涨创造了可能。

2. 投资预期

经济学认为,预期是人们参与经济活动时对未来状况的一种判断,是一种复杂的心理活动。其本质是对当前决策有关的经济变量的未来值的预测。通常情况下,若对未来市场预期价格上升,现实价格也会随着上升;反之若对未来市场预期价格下降,现实价格也会随着下降,这就是所谓的"自我实现的预期效应"。

预期有两个明显的特点：第一，预期的同质性，即经济主体对资产价格的走向具有共同的预期，一大批人对资产的价格的涨跌方向看法相同，而这种共同的预期是形成泡沫的基础。第二，需求与价格预期的正反馈。当市场参加者预期未来价格会上升，结果随后的市场价格走势证实了自己的初始预期，于是他们就可能会进一步产生对未来的价格继续上升的预期，而这种预期也就会再次导致市场价格在该时期内上升。以此类推，市场价格会越来越高，这样就形成了正反馈过程。

由于未来的不确定性，交易者通过考虑一切相关的各种信息，对房地产资产的未来收益作出预期来决定房地产的交易价格。如果交易者预期房地产资产将来会升值，房地产价格在本期证实了自己价格上升的预期，于是他们就可能会在下一期进一步产生价格继续上升的预期，于是需求增加。由于房地产资产的外部供给具有较强的约束性，很容易产生需求大于供给的局面，推动价格进一步上涨，上涨的价格又进一步强化了其他投资者的心理预期，使预期自我实现和自我维持，如此循环，从而形成一种自我增强的正反馈机制。在这种正反馈刺激下，房地产价格越是上涨，就有更多的人购买房地产，需求的增加促使房地产价格进一步上涨和预期的进一步增强，产生房地产价格与其市场基本价值之间的正向偏离，房地产价格逐渐单边上扬，最终产生泡沫并促成泡沫的膨胀。当泡沫过度膨胀时，一旦预期逆转，房地产价格将会迅速而急剧地下降，促使更多的人抛售手中的资产，加剧价格的进一步下跌，出现泡沫收缩的正反馈振荡。同时，受前期价格上涨的利益驱使，市场上房地产产品的供应量还在增加，但此时已无人肯接手买入而加剧需求量的减少，导致房地产价格越来越低，从而形成负反馈过程，进一步加速了价格的下跌，结果是房地产泡沫的破裂。由此可见，投资者的乐观心态是房地产价格和需求泡沫增长的心理基础，乐观心理逆转也是导致泡沫破灭的充分必要条件。

3. **过度投机**

投机是指为了从资产价格的变动中获利而买进或卖出资产并不对资产本身的使用或赢利能力感兴趣。房地产兼具消费与投资的双重属性。根据金德尔伯格对世界金融危机史的研究，房地产在经济波动的某个特殊阶段会成为人们重要的投资对象。当经济发展到一定阶段，社会财富积累到一定的程度后，就会形成一个数量可观的富裕阶层，促进房地产从普通商品向保值增值的投资工具转变。一旦房地产成为人们普遍投资的对象，房地产交易的目的就不再仅限于直接的生产或消费，而更多地是为了从交易中获利，从而使房地产投资向房地产投机转变，使房地产泡沫发生的可能性大大加强。在具有投资品性质的房地产市场中，如果投机者对房地产价格上涨形成了共同的心理预期，为了在未来高位抛出获利，他们会选择低价大量买进，房地产价格从而被抬高。在非理性预期和“羊群效应”的作用下，投机者和资金大量涌入房地产市场，导致需求量急剧增加，进一步推动房价上涨，从而吸引后继投机者和资金的进入，甚至使投机需求取代真实需求成为市场主体，形成恶性循环。投机需求完全脱离了实体经济领域，投机者并不在意资产本身的使用或赢利能力，只希望能在较短的时间内获得价差收益。

4. **金融自由化和宽松的货币政策**

随着金融的开放及其体系的发展，以金融为代表的虚拟经济与实物经济相背离的趋势日益明显，房地产泡沫与金融市场之间共生性的关系已经从各个角度得到国内外学者的广泛论证。金融自由化动员了更多金融资源，充分发挥了市场机制在资金流动中的作用，资本流动性大大增加，其中部分资金促进了泡沫的形成与膨胀。此外，宽松的货币政策和低利率导致货币供应量迅速增加，流向房地产的资金过快增长，对房地产的需求迅速增加。再有，金融机构过度放贷是房地产泡沫产生的直接助燃剂。从经济学的角度来说，价格是商品价值的货币表现，价格的异常升涨，肯定与资金有着密切的关系。由于房地产价值高，房地产泡沫能否出现，一个最根本的条件是市场上有大量的资金流动性。因此，资金支持是房地产泡沫生成的必要条件，没有银行等金融机构的配合，就不会有房地产泡沫的产生。土地和房地产由于其稀缺性，成为社会公认的保值增值的工具，而且房地产是不动产，容易查封、保管和变卖，使银行部门认为这种贷款风险很小，在利润的驱动下银行也非常愿意向房地产投资者发放以房地产作抵押的贷款。购房者可以只需投入少量的资金就可以融通大量的资金购买多处房产，使住房需求膨胀。此外，银行部门还会过于乐观地估计抵押物的价值，从而加强了借款人投资于房地产的融资能力，进一步加剧了房地产价格的上涨和产业的扩张。甚至，房地产行业的高报酬率，使许多银行在贷款操作过程中，违反法律法规的规定，向开发商发放大量违规贷款，从而使行业进入门槛降低，造成过度开发，金融风险不断堆积，使泡沫产生的可能性增加。

5. **信息不对称**

信息不对称，使信息劣势方在交易中处于劣势地位。从市场交易各方掌握的信息看，房地产市场存在明显的信息不对称问题，房地产泡沫与信息不对称问题有直接的关系。

一是信息不对称容易诱发房地产投机过度。由于我国资本市场不发达，投资渠道较少，使具有资产性质的房地产容易成为资本追逐和炒作的对象。大量国内资本和国际游资进入房地产市场，制造了虚假的需求信息，引发了虚假的市场繁荣，推动我国房地产价格几年来非理性上涨。在房地产价格不断上涨的过程中，“买涨不买跌”心理不断强化，投机气氛日益浓厚，导致了泡沫的不断增多。

二是信息不对称容易诱发银行业的逆向选择和道德风险问题。在信息不对称下，由于我国金融体制尚不健全，在银行信贷市场上，风险偏好型、信誉不佳的房地产商和投资者获得了较多的银行贷款，加重了“假按揭”等问题，导致逆向选择产生。另外，信息不对称还会产生道德风险问题。由于我国银行尤其是国有银行内控体系尚不健全，如国有商业银行以政府“或明或暗”的担保为后盾，盲目地追求市场份额、信贷规模，忽略对借款企业或个人的资信审查、跟踪调查，低估了投资项目潜在的风险，这种道德风险在房地产价格上扬，抵押物市值不断攀升时常常是不易被察觉的，但大量银行资金的介入，会加快资产价格的膨胀和泡沫的产生。

9.2.3 房地产泡沫的危害

1. **增加房地产开发商和建筑企业的财务风险**

房地产泡沫的累积，使地价、房价不断攀升。地价攀升直接加大了房地产商的开发成本和投资风险；房价攀升吸引更多企业贸然涉足房地产领域，使房地产市场风险加大。由于我国房地产开发大量依靠负债经营，一旦房地产泡沫过多，银行贷款收紧，企业的资金链条就可能断裂，风险就会暴露。而建筑公司的命运和房地产商息息相关，房地产商的风险势必会延伸为建筑公司的风险。在泡沫破灭时，大量房地产公司和建筑公司都会破产倒闭。

2. **导致金融危机**

房地产业与银行的关系密切，房地产开发企业项目投入资金中约20%～30%是银行贷款；建筑公司往往要对项目垫付资金，这部分资金也多是向银行贷款，还有，至少一半以上的购房者申请了个人住房抵押贷款。一旦泡沫破裂，房地产价格会急剧下跌，房地产商的赢利空间急剧萎缩，大量投资可能无法正常回收，如在东亚金融危机中，中国香港、日本、韩国、泰国、新加坡的房地产价值缩水30%～70%，造成大量呆账、死账，引发信贷风险。如果银行信贷风险不断加大，会降低银行的抗风险能力，并有可能造成部分银行经营困难甚至破产。银行与一般企业不同，安全性对其特别重要。一般生产性企业的倒闭只是事关自身和股东，对其他主体的影响较小。而银行的倒闭不仅仅是这家银行自身的事情，往往会引起连锁反应，从而引发金融危机。

3. 造成生产和消费危机

房地产泡沫的存在意味着投资于房地产有更高的投资回报率。在泡沫经济期间，大量的资金向房地产行业集聚，投机活动猖獗。例如，日本大企业的高额利润许多都来源于土地投机和股票投机带来的营业外收益，结果放松了对本企业的经营和管理，造成企业素质的普遍下降。日本企业在高速增长时期，通过以银行借款为中心的间接融资方式来扩大其设备投资。1987年以后，在股价和地价上涨的引诱下，都大幅度转移到了权益融资和投机土地的筹资方式上。大量的资金向房地产业流动，意味着生产性企业缺乏足够的资金，或者说难以用正常的成本获得生产所必须的资金。另外，高房价使居民不得不压缩在其他方面的消费支出，从而使消费结构畸形，同时会严重抑制其他消费需求对相关行业的拉动作用。从地方经济角度看，高房价带来了高昂的生活成本，不利于该地吸引优秀人才，造成了人才流失；带来了高昂的商务成本，降低了该地企业的赢利和竞争能力，造成了企业外流。因此，高房价对于地方经济发展是不利的。

房地产泡沫的破灭往往伴随着经济萧条，股价下跌，企业财务营运逐渐陷入困境。股价下跌使企业发行的大量公司债权在长期内不能转为股权，从而给企业带来巨额的偿债负担。地价和股价下跌使企业承受了巨大的资产评估损失和被迫出售土地及股票的销售损失。企业收益的减少又使投资不足，既降低了研究开发投资水平，又减少了企业在设备上的投资。生产的不周期又导致雇佣环境的恶化和居民实际收入的下降。企业倒闭意味着大量员工的失业，即使没有倒闭的企业，由于收益的下降也要不断裁减人员。此外，地价的下跌还使居民个人所保有的土地资产贬值。由于经济不周期和个人收入水平的下降，居民对未来怀有不同程度的忧心，因此会减少当期的消费，扩大收入中的储蓄部分，以防不测。个人消费的萎缩又使生产消费品的产业部门陷入困境。

4. 引发政治和社会危机

一方面，地价上涨导致投资预算增加，在高地价市区进行投资无利可图。如日本东京进行道路建设时，征用土地的费用高达总造价的43.3%，个别地段高达99%。这进一步造成了公共投入的相对缩减，形成经济发展的瓶颈。另一方面，由于城市地价持续高涨，土地作为人们心目中最安全、收益率最高的资产被大量保有，使本来就稀少的土地大量闲置或者低效使用。同时，由于房地产价格的上涨，房地产持有者与非房地产持有者、大都市圈与地方圈的资产差距越来越大，导致社会分配新的不公，严重挫伤劳动者的积极性，带来了深刻的社会问题，而且，在金融危机下，犯罪案件激增。以马来西亚为例，1997年房地产泡沫破灭以后，当年的犯罪率比1996年增加了38%，1998年第一季度犯罪率比1997年更增加了53%。由于人们对日益恶化的经济危机感到不满，社会危机逐渐加剧，工人、学生反政府的示威游行引起暴乱，社会动荡不安。

9.2.4 房地产泡沫的测度

国内外学者近年来进行了大量的有关房地产泡沫测度方面的研究，且研究的角度和方法各有特色。

1. *利用房地产基础价值与市场价格的偏离度来测度泡沫程度*

由于房地产的基本价值是决定房地产泡沫的重要指标，因此房地产基本价值模型的确定十分重要。凯里(Carey, 1990)就探讨了土地市场上的投资者对同一土地的基本价值的若干种不同估值方法。一般来说，基础价值难以正确地得出，因此大多的研究都是透过分析有关影响房地产基础价值的资料从而间接得出是否存在泡沫的现象。周伟星和索耐特(Weixing Zhou & Sornette, 2003)使用超指数(super-exponential)模型对英国和美国的房地产市场进行了实证研究，结果发现英国房地产市场存在着明显的泡沫特征，而美国房地产市场则不存在泡沫，并进一步分析指出英国的房地产泡沫开始于2000年股票市场泡沫结束之前，会在2003年年底之前破灭或者改变其运行方向。

2. *利用统计指标测度房地产的泡沫程度*

(1)房地产市场供求强度指标。房地产市场供求强度指标的大小将影响未来的房价走势及投资者对未来房地产市场的预期，是目前最为常见的衡量房地产市场是否过热的重要指标。它主要包括反映人们现实购房需求的房价收入比、房地产价格增长率/实际GDP增长率以及空置率等指标。张熙宋和金正浩(HeeSoo Chung & JeongHo Kim, 2004)使用房价收入比方法得出了韩国首尔存在房地产泡沫的结论。洪开荣(2001)提出一种房地产泡沫计量的“市场修正法”，以物业空置率为基础，通过考虑各种相关的经济因素对原始指标进行修正，估量出房地产泡沫的大小。其中，房地产泡沫系数＝物业总空置率×经济增长修正系数×产业贡献修正系数×交易状况修正系数。

(2)房地产金融支持度指标。房地产市场供给和需求两方面都需要金融支持，但如果房地产业的信贷集聚度超过它在经济中应有的比例，就容易导致房地产泡沫的产生。从这个角度出发，学者们建立了一系列金融支持过度的衡量指标来判断房地产泡沫的存在性及严重度。周京奎(2004)将房地产金融支持年增长率、房地产金融支持额占信贷总额的比重、房地产金融支持额年增长额占信贷总额年增长额的比重作为衡量金融支持过度的指标，并根据日本和泰国的经验数据确定达到金融支持过度的指标值。

9.2.5 房地产市场泡沫的防范措施

房地产市场的健康稳定发展，关系到整个金融体系和国民经济的稳定发展，在房地产泡沫出现之前，对房地产泡沫采取有效的防范措施是非常重要的。

1. **健全房地产市场信息系统，引导市场预期**

预期、信息不对称和有限理性是房地产泡沫形成的主要因素，因此房地产泡沫的防范也应从这些方面入手。防范房产泡沫应首先完善房地产市场信息机制，减弱消费者有限理性引发的非理性行为，影响市场交易主体“跟涨不跟跌”的同质性预期，以此来削弱房地产泡沫形成的市场微观基础。目前，我国房地产市场信息统计体系还存在指标含糊不清、数据准确程度差、实用性差等缺点，对此，一方面，政府应尽快完善统计指标体系，建立符合自己城市特点的房地产市场预警体系，定期发布当地商品房开发投资、竣工量、销售量以及交易价格等数据，加强房地产市场的信息透明度，积极引导房地产企业的资金投向和消费者的理性消费；另一方面，政府应重视市场调研工作，对楼市进行动态监测，通过研究房地产市场的波动及其规律，对房地产未来市场的走势做判断性预测分析，引导人们对房地产市场价格的预期，以避免房地产市场陷入“预期——涨价——再预期——再涨价”的怪圈；再有，政府应促进房地产企业商品房销售信息的透明化，减少房地产企业利用“捂盘惜售”的投机行为带来的供给短缺的假象。另外，政府还应增加低价位住房供应，持续完善住房保障体系，这不仅能强化人们对政府优化结构、平抑价格和调控房地产市场能力的信心，也避免中低收入者由于心理恐慌而盲目进入商品房市场的现象发生。

2. 控制土地供给源头

土地是由国家垄断的房地产一级市场，是房地产市场的源头。土地供应的失控，土地交易管理的粗放和收益分配的不合理，往往与城市政府对土地供应的管理有关。因此，我国房地产泡沫的防范应从管理土地交易制度入手，建立土地信息系统，公开现有土地使用结构、规划、评估价格等信息，防止圈地炒地牟取暴利，从源头上切断“高地价——高房价——更高地价”的房地产泡沫循环传导途径。此外，还应在个人、集体、地方政府及中央政府间，重新建立起一个长期有效的利益分配机制：首先，采取措施降低地方政府对“土地财政”的依赖程度，加强土地出让金收支管理的透明化、公开化和长期化。同时，加强对存量土地投入使用情况的监控，加大房地产开发用地闲置的治理力度，打击土地市场的投机行为，增大土地有效供给。

3. 完善银行的风险控制

为防范房地产泡沫的滋生，银行等金融机构应该建立完善的贷前风险控制制度，具体措施包括：严控银行资金进入风险较高的房地产项目；严格审查房地产开发贷款发放条件，将贷款投向开发资质、信用等级较高的开发企业，从源头上控制投机资本；强化和规范个人住房贷款管理，如严格评估抵押物，规范个人贷款审查的程序和标准，逐步建立并完善个人诚信系统；加强对金融机构的监管力度，提高金融机构的透明度。

4. 抑制投机

外资大量流入房地产市场，会影响我国信贷政策实施的有效性，因此需采取适当的措施控制外资流入房地产市场的规模。一是着重限制短期投机性资本流入，加强对境外资本流入和流出房地产行业及其汇兑环节的管理；二是通过调节房地产税收制度抑制投机。一方面，大幅度提高土地增值税税率，限制以转手套利为目的的土地交易；另一方面，提高房地产再次转让的税费，提高投机成本，开征物业税，提高房地产占有成本，尤其对拥有两套及以上住房的居民家庭征税。

专题

国际房地产市场泡沫的教训

美国房地产市场泡沫

美国的按揭贷款有三个层次：第一个层次是优质贷款市场(prime)，主要对信用分数在660分以上的优质客户提供传统的15～30年固定利率按揭贷款。第三个层次是次级贷款市场(subprime)，主要对信用分数低于220分、没有收入证明和负债较重的借款人提供3～7年的期限较短的贷款，给不符合抵押贷款市场标准的借款者提供按揭服务。第二层次是ALT-A贷款市场，主要提供介于上述两者之间的贷款。由于美国次级抵押贷款的影响，1994—2006年，美国房屋拥有率从64%提高到69%，超过900万的家庭在这期间拥有了自己的房屋，其中大部分是低收入者，这些借款人由于信用记录较差或付不起首付而无法取得普通抵押贷款，次级抵押贷款为低收入者提供了选择权。一般认为，美国的次级贷款市场总规模在12000亿～15000亿美元左右，其中约47%的借款人没有收入凭证，这部分人贷款总额在5000亿～6000亿美元之间，风险较高，但因为贷款利率比基准利率高2%～3%，参与金融机构众多。对于次级贷款申请人而言，次级贷款在于采取可调整利率(ARM)形式，开始几年每月按揭支付的金额较低，且固定，但几年后还款压力会突然增加，但他们认为房价会持续上涨，房地产的增值速度会高于利息负担的增加。为规避房价下跌对贷款人造成的风险，他们与投资银行合作，将次级贷款进行若干证券化安排，首先按照质量高低分为三部分：普通债务抵押凭证，占10%；中级债务抵押凭证，占10%；高级债务抵押凭证，占80%。经过资产评估公司评级，高级债务抵押凭证被评估为AAA级，顺利卖出，风险被转移；而普通和中级债务抵押凭证，在过去几年房地产形势较好的情况下，被对冲基金经理通过从低利率国家融资购买。此外，投资银行针对债务抵押凭证，又进行一系列的金融创新，开发出信用违约掉期和基于信用违约掉期的合成债务抵押凭证，使一万多亿美元的次级贷款膨胀到十几万亿美元。

随着美国经济的反弹和通货膨胀压力的重新抬头，美联储从2004年6月到2006年6月的两年时间内连续17次上调联邦基金利率，导致浮动利率抵押贷款的利率上升，大约4000亿美元可调整利率贷款的利率开始重新设定，2007年美国住宅房地产的销售量和销售价格均继续下降，从而导致购房者还款压力骤然增加，潜在购房者开始观望。由于次级抵押贷款危机本身最关键的环节是大量信用衍生品创造降低了风险溢价，因此在危机来临时，最先反应的也是风险溢价上升，流动性资金撤离高风险投资领域而转向寻求资金的避风港，次级抵押贷款的损失将分散到此前购买这些衍生性金融产品的投资者中，由于商业银行体系已经把贷款风险剥离，对实体经济的长期发展影响将取决损失的承担者在经济体中的角色和地位。

香港房地产危机

香港在1996年银行业放开住房按揭贷款审查标准后，房地产高涨，购买私人住宅的贷款到1998年升了5倍，占GDP的40%。后来在提高利率的直接作用下，继1997年金融风暴之后，香港的房地产价格大幅下跌，1998年经济陷负增长，至1999年3月房地产下跌了60%。香港房地产危机主要原因在于：

第一，亚洲金融危机打击了香港的宏观经济，东盟各国及韩国货币贬值使港元币值坚挺，使房地产价格昂贵的香港竞争力减弱，经济环境恶化。

第二，1997年香港回归后，特区政府明确以抑制房价为重要目标，提出：从1998年起的未来10年平均每年建成8.5万套住宅单位，至2007年全港70%的家庭拥有自置物业等，对香港房地产业投资者的信心带来了一定的影响，对香港宏观经济产生较大的负面影响。

第三，随着粤港两地人流、物流交往的加快，以及交通条件的改善，抑制了香港居民对楼宇的需求。因为深圳房地产价格远远低于香港，加上香港制造业大规模北移，不少香港居民搬迁到深圳或内地其他地区居住。

日本房地产泡沫成因

由20世纪80年代中后期开始的日本房地产泡沫在90年代初最终破灭，这次泡沫经济影响范围广，持续时间长，给日本国民经济的发展造成了灾难性的后果。日本房地产泡沫经济的形成是伴随长期的经济高速增长逐步形成的，但正是长达三十年平均每年涨幅14%的持续积累使日本地价共上涨了56.1倍。在房地产泡沫破灭后，日本大城市中各类物业的价格平均下降了50%，特别在东京银座地区，商业性房地产包括写字楼和商铺及其用地的平均价格仅为1990年泡沫高峰时的25%，低于1983年的水平；而住房及其用地的平均价格是1990年的40%，接近1983年的水平。日本这次大规模房地产泡沫是多种因素共同作用的结果，主要原因在于：

首先，长期实行低贴现率。20世纪70年代开始日本实行低贴现率等金融政策。1985年日本签署了“广场协议”后，日本银行进一步下调了贴现率以设法平抑日元对美元的升值。低贴现率带来了货币供给的不断扩张，从而超过了实际经济需求。于是大量货币供应涌入房地产和股票投资的资金来源，导致了资产价格上涨。

其次，银行信贷资金被大量投资于土地资产。房地产价格的攀升，引发了房地产和建筑公司等开发机构对土地投机资本的大量需求。于是银行毫无节制地发放抵押贷款进行土地投机融资。这样银行的土地抵押贷款额急剧膨胀，1992年3月房地产抵押贷款余额占日本银行贷款余额的35.5%。除了商业银行等，一些由日本财政部支持的住房贷款机构也在土地投机中大量发放信贷资金给开发企业。房地产的升值和信贷规模的不断扩大形成恶性循环推动了房地产泡沫的形成和膨胀。

再次，大量企业资金参与土地投机。由于当时日本经济增长速度开始下降，企业实物投资积极性不高，因而很多企业就把这些资金运用于土地资产和金融资产的投机从中获取巨额利润。企业的这种投机活动大大推动了房地产价格的上涨。

另外，落后的土地政策和税制促进了房地产泡沫的膨胀。日本长期以来实行的土地政策缺乏调整，政策上的滞后性在一定程度上造成了土地的资产功能过强，从而促成房地产泡沫的产生。比如，日本固定资产标准税率为1.4%，但随着土地价市场的不断高涨，土地资产的实际有效税率非常低。同时日本继承税定价金额为官方公布地价的70%，但官方公布价远远低于市场价，这样也促使更多的人将金融资产转变为土地。另外日本长期实现租地权的过分保护政策，抑制了出租地的供给，从而在限定供给的同时却无限扩大了市场需求，而这些税制和调控措施的滞后无疑都成了地价飞涨的助推手。

资料来源：

1. 伍装. 国际房地产市场泡沫教训与启示[J]. 银行家. 2007(12):87-89.

2. 罗海平. “房地产泡沫”的形成与防控——兼论如何实现房产市场的健康发展[J]. 经济导刊，2008(01):54-56.

思考与练习

1. 房地产周期循环的涵义是什么？
2. 房地产周期循环各阶段的特征是什么？

3. 房地产周期与宏观经济周期有什么样的关系？为什么？

4. 什么是房地产泡沫？它的主要特征是什么？

5. 房地产泡沫形成的主要原因有哪些？

6. 房地产泡沫的危害主要表现在哪些方面？

7. 常见的房地产泡沫测度的方法是什么？

8. 如何防范房地产泡沫？

第 10 章 房地产制度与政策

重点内容

1. 土地所有权的权能
2. 我国国有土地所有权和集体土地所有权
3. 我国土地使用权制度内容
4. 我国现行住房制度体系的内容
5. 我国现行住房保障制度内容及其发展

本章内容主要是政府对房地产经济公共管理方面的基本制度，从产权、所有权基本理论入手，详细阐述了我国土地所有权制度及其使用制度，在此基础上，介绍了我国住房制度的历史和现状，在分析住房保障政策的基本理论的同时简要论述了我国现行住房保障制度，并与美国、日本、新加坡和法国的上述相关制度进行比较。

房地产制度与政策是房地产经济学中涉及政府公共管理服务职能的重要内容，其所包括的内容较为广泛，如房地产开发制度、销售制度、管理制度等，本章主要涉及我国房地产制度中的土地制度、住房制度和住房保障政策等基本内容。

10.1 中国土地制度与国际比较

我国土地制度包括土地的所有制度、使用制度和开发制度等多方面，本节仅对土地所有制度及与其密切相关联的土地使用制度作出阐述和介绍。

10.1.1 中国土地所有权制度与国际比较

1. 土地所有权概述

(1)所有权的涵义。所有权，又称财产所有权，是指所有人依法对自己财产所享有的占有、使用、收益和处分的权利。财产所有权是人们进行生产、分配、交换和消费的前提，在静态上确定了财产的归属。所有权是物权中最重要也最完全的一种权利，具有绝对性、排他性、永续性、弹力性等特征。根据我国《民法通则》规定，财产所有权具有占有、使用、收益、处置和排除他人对其所有物的非法干涉的权能。

产权是相较于所有权的大概念,《牛津法律大辞典》将产权定义为:“存在于任何客体之中或之上的完全权利,包括占有权、使用权、出借权、转让权、用尽权、消费权和其他与财产有关的权利。……不要把财产权视为单一的权利,而应把它视作若干独立权利的集合体。其中有一些独立权利可以在不丧失所有权的情况下予以转让。”一般认为,产权体现一种经济关系范畴,是指社会经济运行中通过一定方式界定并加以维护的各种经济行为主体对财产的权利关系。产权是包括了所有权在内的权利的集合体,二者密切联系,同时又存在差别。

(2)土地所有权概念和特点。土地是人类生存之本,是人类社会重要的物质财富,土地所有制度对任何社会都具有根本性质。

土地所有权是指所有权人依法对自己的土地享有的占有、使用、收益和处分的权利。土地所有权是所有权的一种具体类型,是所有者所拥有的、受法律保护的、排他性的专有权利。一般来说,土地所有权属于不动产财产所有权范畴。但土地所有权相对于一般财产所有权而言有其特殊性,主要表现在:

①土地所有权主体的限定性。依照我国现行法律规定,土地所有权的主体只能是国家或集体组织,其他任何人或任何组织不能成为土地所有权主体。然而,国家和集体组织作为土地所有者,其利益实现却具有间接性。土地作为不动产,只有通过使用才能实现其经济效益。在我国,不管是国家或是集体组织,都是一个集合体,其本身并不能直接使用土地,只能采用使土地暂时脱离所有者的直接控制,由使用人直接占有、支配和使用,所有者通过收取土地租金等间接方式来实现其所有权。

②土地所有权客体的特定性。土地所有权作为物权的一种,其客体是特定的土地。土地所有权属于不动产物权,在我国,土地所有权的客体具体包括国有土地和集体土地两类。

③土地所有权流转的限制性。由于土地所有权主体的限定性,导致土地所有权不可以也不可能像其他所有权客体一样在市场主体之间随意流转。土地所有者享有的权利,应当遵守国家相关法律法规乃至其他规范性法律文件的规定,在法律赋予并允许其权利行使的范围内来行使,不得任意处置土地和侵害他人的合法权益。土地作为重要的自然资源,我国法律严格禁止违反法律的土地流转行为,不允许以任何违法形式进行土地交易,如买卖、抵押、土地所有权投资等。当然,我国法律并不禁止符合法定条件和程序的土地流转行为。

④土地所有权权能具有可分离性。土地归国家或集体组织所有,这只是对土地归属做出的制度安排,但由于国家或集体组织并不直接行使土地所有权,因而有必要将土地所有权的权能相分离,以最大限度实现土地价值。如我国集体组织土地所有权,主要实行土地承包经营和宅基地使用权制度来实现土地价值最大化。

(3)土地所有权的权能。按照我国相关法律的规定,所有权包括占有、使用、收益和处分四项积极权能,以及排除他人对其所有物非法干涉的消极权能。具体内容如下:

①占有权能。占有是指权利主体依法对土地事实上的管领和控制。占有权能是土地所有权的基本权能,是土地所有人行使对土地支配权利的基础和前提,只有对土地进行实际的占有,才谈得上对土地的使用、收益乃至处分。当然,土地的占有权能一般属于所有权人,由其实际控制自己的财产,但非所有权人行使土地占有权能的情形也很常见,因为土地所有权人一般都不直接通过支配土地获得土地收益。

②使用权能。使用是指权利主体占有土地,按照土地的性能和用途对土地进行有效利用,以获取经济利益或满足生活上某种需要。土地使用权是实现土地所有权目的的唯一途径,土

地只有使用才会产生价值和收益，才能实现土地的使用价值。土地使用权能可以由所有权人行使，也可以由所有权人让渡给他人行使。在我国，土地使用权的使用权能一般是由所有权人通过土地使用权形式授予其他主体行使，如国有建设用地使用权等。

③收益权能。收益是指权利主体依法收取土地所产生的经济利益，包括人为利益和自然利益。在土地所有权中，不仅土地所有权人享有收益权能，土地使用权人也同样可以享有收益权能。土地所有权人行使收益权能主要体现为收取相关土地使用费用，如建设用地出让金、土地承包费等；土地使用权人行使收益权能主要体现为利用土地获得一定的经济利益，如利用国有土地从事一定的经营活动，利用集体组织的土地从事耕种等。收益权能在土地所有权中，可以与占有权能、使用权能一样同所有权人相分离，但收益权能与所有权人的完全分离，也就意味着所有权人所有权的丧失。

④处分权能。处分是指权利主体对其土地依法进行处置，从而决定土地的命运。处分权能决定着土地财产的权属，是土地所有权的核心。处分包括对土地的占有、使用、收益等各项权能的处置，也包括对土地所有权本身的处置。

就一般所有权而言，处分权能包括事实上的处分和法律上的处分。所谓事实上的处分是指所有权人在生产或生活中对物的直接消耗，即通过事实行为使物的物理性质发生变化。但就土地所有权而言，由于土地的物理属性及国家保护土地的特殊政策，土地所有权人无权通过事实行为处分土地，即土地所有权人不享有事实上的处分权能。所谓法律上的处分是指所有权人依照自己的意愿，通过某种法律行为处置物，使物所有权的权能全部或部分发生变更。法律上的处分实际上有狭义和广义之分，所谓狭义处分，仅指物的所有权主体的变更；而广义的处分除包含上述处分外，还包括对物的所有权所设定的负担，如租赁、抵押等。就土地所有权法律上的处分而言，由于土地所有权制度的特殊性，我国土地所有权人只享有在土地所有权上设定负担的处分权能，如国有土地使用权抵押制度等。

⑤土地所有权的消极权能。土地所有权的消极权能是指所有权人在法律规定的范围内，排除他人对其所有的土地违背其意志加以干涉的权能。鉴于这种权能不是所有权人对物可以施加的积极行为，在没有外人行为干涉时，此种权能不会体现出来，因而称为消极权能。所有权是所有人享有的不为他人非法干预的独立的支配权利，如果所有权人的权利遭到干涉或侵害，所有权人可依法行使该权能予以保护。但依法对土地所有权实施的合法干涉，所有权人不得予以排除。

(4)土地所有权的取得和消灭。所有权的取得是指权利主体依据一定的法律事实而获得某物的所有权。所有权取得方式很多，通常按照是否以原所有权人的意志转移为依据，把所有权的取得分为原始取得和传来取得。所谓原始取得是指所有权不依赖于原所有人的意志而取得；所谓传来取得是指通过某种法律事实从原所有权人那里取得的所有权。就土地所有权的取得而言，我国主要是通过原始取得方式获得土地所有权，而不存在传来取得的情形。当然，在一些允许土地所有权自由流转的国家，传来取得是经常发生的土地所有权取得方式。

所有权的消灭是指依据一定的法律事实使所有权人丧失所有权，或者使所有权与所有人相分离。一般来说，引起所有权消灭的法律事实很多，如所有权主体消灭，所有权转让、抛弃，所有权客体消灭等。就土地所有权而言其消灭具有特殊性，国家土地所有权的消灭与国家的政治、经济制度密切相关，其消灭就同时预示着国家政治经济体制发生了不可逆转的变化；集体土地所有权只有在国家基于公共利益需要时，依法采取征收措施的情况下才可能消灭。

2. 中国土地所有权制度

按照相关法律的规定，我国土地所有权制度分为国家所有和集体所有两种。

(1)国家土地所有权。国家土地所有权是指国家对自己所有的土地依法享有的占有、使用、收益和处分的权利。这是我国最为重要的土地所有权形式，在我国社会经济发展和人民生活中占有重要地位。我国的国家土地所有权制度以国家为唯一主体，其所有权客体具有特定性，仅包括城市的土地以及法律规定为国家所有的农村和城市郊区的土地，除此之外的其他土地并不属于国家土地所有权的客体范围。国家土地所有权的主体只能是国家，并由国务院代表国家行使权利，但国务院往往不是直接代表国家行使所有权，而是通过授权方式由各级地方人民政府行使国家土地所有权管理权限，再由其他主体依法取得国有土地的使用权利，因而我国实行土地使用权有偿使用制度。

(2)集体土地所有权。集体土地所有权是指农民集体组织对自己所有的土地依法享有的占有、使用、收益和处分的权利。集体土地所有权是我国土地公有所有权的另一种形式，在农村经济中发挥着重要作用。集体土地所有权的主体一般包括村农民集体、农村集体经济组织、乡镇农民集体三类，具有多元性。其客体是除了国有土地之外的其他土地，具体范围由我国相关法律法规确定。集体土地所有权主要通过土地承包经营制度和宅基地使用制度来实现。

3. 土地所有权制度的国际比较

(1)国外土地所有制度。国外土地所有制度多实行土地私有制，但或多或少都存在国家所有土地制度，并且对国家所有土地的管理也日益受到成熟市场经济国家的重视。本书仅以美国、日本和加拿大的土地所有制度为例简要说明。

①美国土地所有制度。美国的土地制度始于独立战争时期，虽经过几次调整，但土地所有制度并未改变，主要由以下部分组成：

实行公私兼有的多元化土地所有制度。私人所有的土地占51%，联邦及州政府所有的土地占47%，印第安人保留地占2%。各级政府在土地的所有权、使用权和受益权上各自独立。即使是在联邦政府拥有的土地中，也同样存在多元化的所有形式，即国家土地管理局控制60%，国家森林局控制24%，国防部、垦荒局等部门控制剩下的16%。但国有土地的主体都是林地、道路、河川、沼泽、港湾、自然保护区、国家公园等环境敏感、利用率较低的土地。

②日本土地所有制度。日本实行土地私有制度。在全国土地中个人所有土地占57%，法人所有土地占8%，国家和地方公共团体所有的土地占35%。其中，国家和地方公共团体占有的土地多为不能用于农业、工业或住宅的森林地和原野。

③加拿大土地所有制度。加拿大联邦公有土地占全国土地的40%，其中97%是北纬60度以北包括北极圈内的土地，气候恶劣，人烟稀少；3%土地零散分布在各省，主要是国家公园、野生动物保护区、军事用地和印第安保留地。联邦公有土地一般都是港口、机场和联邦办公机构及其他重要设施用地。

(2)国内外土地所有权制度比较与启示。世界范围内，土地所有制大致可以分为私有制和国家公有制，但这并不等于说实行私有制国家的一切土地都是私有的，而实行公有制国家的一切土地都是公有的，事实上，两者并不绝对对立。一般来说，实行土地私有制国家中，一部分土地是公有的；反之，在实行土地公有制国家中部分土地仍是私有的。这些与我国土地所有制度都不相同。

任何一个国家和地区的土地所有制、土地产权或财产关系都是通过不断地变化和改革而逐步形成的，是由一定的政治经济制度和国情所决定，都由该国的法律制度所规定。即使是国家所有的土地制度，也可以有不同的模式和表现形式。如美国的全部土地中，除私人土地外，国有土地实行分级所有分级管理，由不同的国家代表机构所占有和控制。

国有土地不仅在不同国家都有不同比例的存在，而且有不断扩大的趋势。大多成熟市场经济国家贯彻政府不应与民争利的原则，具有较高经济价值的城市土地多由私人占有，由市场决定土地资源配置，以实现其高效利用。

10.1.2 中国土地使用权制度与国际比较

1. 土地使用权制度

土地使用权，是指单位或者个人依法或依约，对国有或集体土地所享有的占有、使用、收益和有限处分的权利。根据我国土地所有权形式的不同，可以分为国有土地使用权和集体土地使用权两种类型。

在我国，土地使用权权利主体具有特定性，主要表现在集体土地使用权方面，一般只能由本集体及其所属成员享有使用权利，其他单位和个人非经严格法定条件和程序不得成为集体土地的使用权人。土地使用权具有相对稳定性，主要体现在使用权人使用国有或集体土地都具有相对较长的期限。如城镇国有土地使用权中，居住用地为 70 年，工业、科教、综合用地为 50 年，商业用地为 40 年，这种规定能够激发土地使用权人的投资热情，有利于政策的稳定和树立良好的政策信誉。土地使用权的权利范围仅限于地面，这一点与土地所有权具有一致性，根据我国法律规定，地面以下矿藏、文物及埋藏物等除非当事人能够证明属于其所有的以外，均属于国家所有，并不因土地使用权的不同而受到影响。

土地使用权的取得是土地所有权权能相分离的结果，这种分离并不导致所有权人对土地所有权利的丧失，相反，使用权制度是实现土地价值的一种有效途径，关于土地所有权的取得方式下文将详细介绍，在此不赘述。

一般而言，造成土地使用权消灭的事由有土地所有权与土地使用权归于一体等情形。具体包括使用年限届满，未经批准续期，土地使用权即告停止；根据社会公共利益需要，国家在依法给予补偿的前提下，提前收回土地使用权；土地灭失；土地使用权受让人逾期未全部支付出让金，出让方依照法律和合同规定，终止其土地使用权等。

(1)国有土地使用权。国有土地使用权是国有土地的使用人依法利用土地并取得收益的权利。在我国，国有土地使用权的主体是广泛的。国家机关、企事业单位、公民个人和外国单位及个人，以及三资企业，凡具备法定条件者，依照法定程序都可成为土地使用权的主体，取得的方式可以有划拨、出让、出租、入股等。依据其是否以支付相应对价取得，可以将国有土地使用权划分为有偿取得和无偿取得两类。有偿取得国有土地使用权一般是通过出让、转让、出租等方式来实现；无偿取得国有土地使用权主要是指通过划拨、赠与、继承等方式。

①除了法律明确规定的几种无偿取得国有土地使用权外，我国国有土地使用权应当依法有偿取得，主要有：

a. 土地使用权出让，是指国家以土地所有人的身份将土地使用权在一定期限内让与土地使用者，由土地使用者向国家支付土地使用权出让金的行为。土地使用权出让的一方主体始终是国家，按《土地管理法》规定，土地使用权的出让主体必须是市、县人民政府土地主管部门，其出让的仅仅是国有土地的使用权而非所有权。目前，土地使用权出让有拍卖、招标和协议三种方式。

b.土地使用权转让，是指通过出让方式取得国有土地使用权的单位和个人，将土地使用权再转移的行为，如出售、交换等。

不管是出让行为还是转让行为的后果，一般都使受让人依法取得了土地使用权，从而可以把取得的土地作为劳动对象，进行开发经营。土地使用权的出让构成土地使用权流转的一级市场，土地使用权的转让构成土地使用权流转的二级市场，土地使用权转让行为的发生必须以土地使用权出让行为的发生为前提条件。受让人以出让方式取得国有土地使用权的，可以对其进行开发建设，开展房地产经营活动；也可以对其进行综合性开发建设，满足法定条件形成工业用地或其他建设用地条件后，再行转让，开展房地产经营活动。可见，土地使用权转让需要满足法律所规定的程序和要求，否则不能转让。

c.土地使用权出租，是指土地使用者作为出租人将土地使用权随同地上建筑物、其他附着物租赁给承租人使用，由承租人向出租人支付租金的行为。但未按土地使用权出让合同规定的期限和条件投资开发、利用土地的，土地使用权不得出租。

②我国法律明确规定的几种无偿取得国有土地使用权的方式主要有：

a.土地使用权划拨，是指国家依法按照一定的程序将国有建设用地的使用权无偿地转移给建设用地者。使用者以无偿方式取得土地使用权，需向原土地使用者支付拆迁安置及各项补偿费用。按照我国《土地管理法》规定，下列建设用地，经县级以上人民政府依法批准，可以以划拨方式取得：国家机关用地和军事用地；城市基础设施用地和公益事业用地；国家重点扶持的能源、交通、水利等基础设施用地；法律、行政法规规定的其他用地。

b.土地使用权赠与，是土地使用权人将土地使用权无偿转移给相对人，相对人予以接受的行为。

c.土地使用权继承，指按照法律规定或者合法有效的遗嘱取得死者生前享有的土地使用权的行为。继承人除继承土地使用权外，其地上附着物的所有权也随之得到继承。

综上，不管是以划拨方式无偿取得土地使用权，还是以出让等方式有偿取得土地使用权，都必须满足一定的法律要件和程序后方可进入市场流通。我国法律明确规定，划拨土地使用权在补办出让手续、补缴或抵交土地使用权出让金之后，才可以转让、出租、抵押。以出让等有偿使用方式取得国有土地使用权的建设单位，按照国务院规定的标准和办法，缴纳土地使用权出让金等土地有偿使用费和其他费用后，方可使用土地。

(2)集体土地使用权。集体土地使用权是指农民集体土地的使用人依法利用土地并取得收益的权利。按照用途的不同，集体土地使用权可分为农用地使用权、宅基地使用权和建设用地使用权。农用地使用权是指农村集体经济组织的成员或者农村集体经济组织以外的单位和个人从事种植业、林业、畜牧业、渔业生产的土地使用权。宅基地使用权是指农村村民住宅用地的使用权。建设用地使用权是指农村集体经济组织兴办乡(镇)企业和乡(镇)村公共设施、公益事业建设用地的使用权。按照《土地管理法》规定，农用地使用权通过发包方与承包方订立承包合同取得；宅基地使用权和建设用地使用权通过土地使用者申请，县级以上人民政府依法批准取得。

在我国，集体土地使用权应当通过法律明确规定的方式取得。从原则上讲，集体所有的土地使用权不得出让、转让或者出租用于非农建设。因此，集体土地使用权的取得，一般是指不改变农用地性质的依法承包和转包方式，也可以通过交换方式取得，所谓土地使用权交换是相邻的集体所有制单位，为了改变土地利用的缺陷（如满足机械化作业条件和水利灌溉条件等），进行局部土地界线的调整与交换部分土地的行为。土地使用权交换须在自愿、平等、互利的基础上进行，可由交换单位提出申请，在土地管理部门指导下，协商提出方案，经县级以上地方人民政府批准后，进行划界，申请办理变更登记。

2. **土地使用制度的国际比较**

(1)美国土地使用制度。美国自独立战争后一直实行土地有偿使用制度，虽经多次政策变动和法律修订，但该制度并未改变，主要由以下部分组成：

①实行分类实施用途管制的农地保护使用制度。美国政府专门制定了《农地保护政策法》，将全国的农地划分为四大类，实行严格的用途管制。其中：基本农地和特种农地，禁止改变用途；州重要农地，可有条件改变用途；地方重要农地，可以或有条件改变用途。

②实行依法、自由、开放的地产交易制度。美国所有土地都实行有偿使用，在政策许可范围内，土地可以自由买卖、出租和抵押。无论公私土地，其交易地位、利益均平等，在双方自愿签订协议之后，只需向政府缴足规定税金，即可进行注册登记。为吸引外资，还允许外国人到美国购买土地。另外，政府可以向民间征购土地，但须经规划许可且出于公众利益。

(2)日本土地使用制度。日本的土地使用制度主要是指农地分级严格管理制度，并实施土地有偿使用。为了保护优良农地，日本对农地的购买、转用都作出了严格的管制。一方面，依法划定农业振兴区域范围，该范围内的优良农地不准任意转用。另一方面，凡进行以农地转用为目的的土地买卖必须得到都道府县知事或农林水产大臣的许可。日本的农地一般被分为一、二、三三类，不同类别的土地有不同的限制规定。

此外，根据农地所在的区域与都市规划范围关系不同，又可分为市街化地区和市街化调整地两种。在市街化区域内的农地，如进行以转用为目的的买卖，必须先向地方农业委员会申报，但不必得到许可。还规定规划的市街内农地与宅地同等课税，以促进其转用，缓解城市用地压力，但采用报备制度，以防止土地投机；在规划划定的计划调整地范围内的农地转用则采取许可制度，须经许可才能转用，同时还规定，非农民不得取得转用以外的农地。

(3)土地使用制度的比较及对我国土地制度的启示。在世界范围内，国有土地经营管理方式主要有两种：一是直接管理，土地所有权与经营权合一；二是委托管理，土地所有权与经营权相分离。但不管何种管理方式，世界各国一般都实行程度不同的土地有偿使用制度，以最大限度实现土地的经济价值和使用价值是显而易见的。就我国目前土地所有制度而言，仍有以下方面需要借鉴包括美国、日本在内的其他国家的经验：第一，实行集中、统一、权威、效能的土地管理体制。我国人多地少，土地利用、耕地保护、地产管理任重道远，加之土地管理起步迟、水平低、管理手段滞后，因此建立与我国国情、土地管理任务相适应的新的管理体制迫在眉睫。第二，制定相关的土地法律制度应当明确、具体，注重可操作性。第三，加快土地交易市场的培育、规范。我国的土地市场虽然发展很快，但由于受多种因素影响，仍存在着土地商品意识淡薄、土地市场不发达、土地交易不规范、非法交易猖獗、市场效益低等突出问题，造成土地资产的大量流失和浪费闲置。因而应当尽快完善土地市场的基本规则和配套措施，遵循公平、公开、公正的市场原则，使土地资源通过市场实现优化配置，同时兼顾公私利益。

10.2 中国住房制度与国际比较

住房制度是房地产管理制度与政策的重要组成部分，是以土地制度为基础建立起来的。本节内容主要涉及我国住房制度的历史发展及现行住房体系，并与国外住房制度进行对比分析。

10.2.1 中国住房制度概述

住房是人类最基本的需求之一，是关系国计民生的重大经济和社会问题。住房制度是国家为解决本国居民的居住问题而制定的基本政策、原则和方针等所组成的制度体系总称。经历了六十年的发展，我国逐步形成了体系化的住房制度。

1. 我国住房制度的历史演变

从解放初期由社会主义国有经济、半社会主义合作经济等多种所有制共存的房产结构开始，我国住房制度大致经历了五个发展阶段，回顾住房制度改革历程及其政策调整轨迹，有助于了解我国宏观调控的政策走向，为我国住房制度改革的进一步推进提供了积极的借鉴意义。

(1)实施“统一管理，统一分配，以租养房”的公有住房实物分配制度(1958 年—1977 年)。这一时期我国经济建设与城市发展均处于百废待兴阶段，政府对城镇私有住房采取统一的租赁、使用、分配，对私人建房采取严格限制。各级政府和单位统一按照国家基本建设投资计划进行住房建设，建设资金的来源 90%靠政府拨款，少量靠单位自筹。住房建好后，单位以低租金分配给职工居住，住房成为一种福利。1949—1978 年，据统计，这一时期每年我国城镇累计新建住宅面积仅 5.3 亿平方米。与此同时，建国后我国人口迅速从 5.4 亿增长到 1978 年的 9.6 亿，城镇住房需求明显增加。但由于我国政府坚持以发展生产为先，住房基本建设投资规模逐年削减，城镇居民住房严重紧缺，人们普遍居住租屋或私房，往往是十几户人家住在一个院子里，如北京的大杂院、上海的石库门。尽管为了解决城镇居民住房紧张的问题，政府开始统一规划建设筒子楼。大部分筒子楼都是由各个单位的办公室或单身宿舍改造而成。但此类房屋，房间狭小，房型功能单一，通风及采光效果差，卫生条件很难保障。总之，这一时期“居者无其屋”的现象比比皆是。在人口增长及住房建设限制的影响下，1978 年我国城镇人均居住面积仅 6.7 平方米，较 1949 年建国初期下降 0.9 平方米。

(2)住房实物分配制度改革阶段(1978 年—1993 年)。针对前一阶段住房制度存在的问题，我国对福利分房制度进行了不断探索和改革。十一届三中全会的召开为我国城镇住房建设的发展注入了新的契机。1978 年，邓小平在中央城市住宅建设会议上提出允许以私人建房、私建公助、分期付款等形式解决住房问题，我国城镇住房改革悄然起步。20 世纪 70—80 年代政府及各单位开始积极建房，并以福利分房的形式将房屋分配给企业职工，城镇居民解决住房基本停留在“等、靠、要”三个字上，单位等国家建房，职工靠组织分房，或向单位申请要房。由于分配条件比较苛刻且存在不公平性，城镇居民多年来分不到房子的情况非常普遍，房子成为令大部分城镇家庭担忧的问题。这一时期的改革首先是 1978 年至 1985 年福利分房制度的改革探索，进行公房出售和补贴出售住房试点。1978 年，我国政府尝试把住宅出售给职工，原国家城市建设总局选择南宁、柳州、桂林、梧州和西安五个城市进行增量住房向职工出售的试点，即由政府统一建设，以土建成本价向居民出售。1980 年，进一步提出城镇居民个人可以购买房屋，也可以自己盖。不但新房子可以出售，老房子也可以出售；可以一次性付款，也可以分期付款。同年提出实行住房商品化政策，准许私人建房、私人买房和准许私人拥有自己的住宅。到1981年，公房出售试点扩展到23个省、自治区的60多个城市和部分县镇，由于城镇居民工资水平低、购买能力有限，1982年原国家建委和原国家城市建设总局决定在郑州、常州、四平和沙市四个城市试行公有住房的补贴出售，即政府、单位、个人各负担房价的1/3，但并未能激发人们买房的积极性，导致政府负担过重，从而未继续推行。

其次是1986年至1993年福利分房制度改革深化阶段。1986年中央政府成立了“国务院住房制度改革领导小组”，并于1988年经国务院批准印发了《关于在全国城镇分期分批推行住房制度改革的实施方案》，这标志着住房制度改革进入了整体方案设计和全面试点阶段。并于1993年11月在不断探索中确定了“以出售公房为重点，售、租、建并举”的新思路。

(3)住房实物分配向住房市场化改革的过渡阶段(1994年—1998年)。1994年7月，国务院下发了《关于深化城镇住房制度改革的决定》，确定房改的根本目的是：建立与社会主义市场经济体制相适应的新的城镇住房制度，实现住房商品化、社会化；加快住房建设，改善居住条件，满足城镇居民不断增长的住房需求。在“以出售公房为重点，售、租、建并举”的思路指导下，这一时期我国建设了大量住宅，城镇住房建设的特点是统一规划、统一建设、统一管理，社区规划及住宅单体建设均模仿前苏联的建筑风格，住宅单体主要是5～6层的单元楼，单套房屋面积在80～100平方米左右，户型开始分区，包括厨房、卫生间、卧室……房屋的私密性和卫生条件得到明显改善，但楼间距较小，房间内的日照和通风条件仍不是很好。这一时期，部分城镇居民住房条件有所改善。

(4)住房市场化全面推行阶段(1998年—2004年)。1998年7月，发布的《国务院关于进一步深化城镇住房制度改革加快住房建设的通知》(国发[1998]23号)进一步确定了深化城镇住房制度改革的目标是：停止住房实物分配，逐步实行住房分配货币化；建立和完善以经济适用住房为主的多层次城镇住房供应体系；发展住房金融，培育和规范住房交易市场。同时决定，1998年下半年开始停止住房实物分配，逐步实行住房分配货币化。这一政策宣告了福利分房制度的终结和新的住房制度的开始。

自国发[1998]23号文件发布后，我国房地产业发展迅速并且在2002年以后出现了房地产“过热”现象。2003年发布的《关于促进房地产市场持续健康发展的通知》(国发[2003]18号)，肯定了国发[1998]23号文发布五年来，城镇住房制度改革所取得的成绩，并认为房地产业已经成为国民经济的支柱产业，要坚持住房市场化的基本方向。实际上，国发[2003]18号文对国发[1998]23号文进行了修正，将国发[1998]23号文提出的“建立和完善以经济适用住房为主的多层次城镇住房供应体系”改变为让“多数家庭购买或承租普通商品住房”，要“增加普通商品住房供应……努力使住房价格与大多数居民家庭的住房支付能力相适应。”同时将经济适用房的性质重新定位为“是具有保障性质的政策性商品住房”。可见，国发[2003]18号文的出台将大多数家庭推向了市场，实现了我国住房市场化的根本转变。

截至2003年，我国城镇住房私有率达到80%，较1998年上涨了45个百分点。其中，北京住房私有率达到97%，上海达到98%。与此同时，在住房市场化政策的带动下，房地产企业大批兴建住宅小区。据统计，2003年我国城镇新建住房面积达到5.5亿平方米，与1998年相比增长了16%；城镇人均住房面积达到23.5平方米，较1998年增长了26%。在市场经济稳步发展及国内房地产市场逐步形成的影响下，我国城镇住房产品不断升级。国内房地产企业大量兴建高层住宅楼，单套房屋面积扩大至80～140平方米，并从简单装修发展为精装修；户型设计合理优化，室内日照、通风条件明显提高；社区环境、交通条件、周边配套均有所改善，超市、幼儿园等便民设施出现；社区物业管理兴起。此外，别墅、复式公寓等高端居住产品不断出现。

(5)多层次住房保障制度发展完善阶段(2003年至今)。国发[2003]18号文实施以后，我国房地产业高速发展，城镇住房在社区环境、周边配套、建筑设计、居住氛围等方面都日趋成熟。但与此同时由于房价上涨过快，也引发了一系列社会问题，百姓住房难的问题越来越突出，所以我国政府开始加强宏观调控在房地产业发展中的作用。2005年3月，为了应对房价上涨过快问题，国务院办公厅发出《关于切实稳定住房价格的通知》，就稳定房价提出八条意见("国八条")，此后两年时间里，引导和调控房地产市场的新国八条，限制期房转卖、整顿房地产市场秩序的国六条等政策相继出台。2007年8月《国务院关于解决城市低收入家庭住房困难的若干意见》(24号文)要求进一步建立健全城市廉租住房制度，改进和规范经济适用住房制度，逐步改善其他住房困难群体的居住条件，完善配套政策和工作机制。这表明，我国首次明确提出把解决低收入家庭住房困难工作纳入政府公共服务职能，标志着政府住宅调控思路的转变，其关键是要建立多层次住房保障体系建设，加快住房分类供应体制的实施。

2. **我国现行住房制度基本概况**

我国现行住房制度实际上包括了以福利、实物分配为特征的传统住房制度，房改后形成的住房商品化、社会化、市场化制度，以及包含经济适用住房等在内的政策性保障住房制度。

首先，以福利、实物分配为特征的传统住房制度，是在我国建国后实行的，在现行的住房制度中并不占主要地位。这种住房制度的基本特点是获得房屋的人一般可以居住使用该房屋，但不能获得房屋所有权，采用这一制度的多是国有或集体企事业单位。这一制度缘起于1958年的公有住房实物分配制度，后又经过不断地改革，虽然到目前为止有一部分企事业单位已经按国家相关法律法规政策的规定进行了房改，将原来福利、实物分配的房屋以货币化折现的形式出售给了居住人，但改革的进度参差不齐，进展缓慢。当然，随着我国住房体制改革的进一步深化，以福利、实物分配为特征的传统住房制度必将逐步退出历史舞台。

其次，商品化、社会化、市场化住房制度是我国住房制度的重要组成部分，1994年国务院下发的《关于深化城镇住房制度改革的决定》，明确了我国房改的根本目的，并提出房改的基本内容可以概括为"三改四建"。

所谓"三改"即改变计划经济体制下福利性的旧体制，包括：改变住房建设投资由国家、单位统包的体制为国家、单位、个人三者合理负担的体制；改变各单位建房、分房和维修、管理住房的体制为社会化、专业化运行的体制；改变住房实物福利分配的方式为以按劳分配的货币工资分配为主的方式。所谓"四建"即建立与社会主义市场经济体制相适应的新的住房制度，包括：建立以中低收入家庭为对象、具有社会保障性质的经济适用住房供应体系和以高收入家庭为对象的商品房供应体系；建立住房公积金制度；建立政策性和商业性并存的住房信贷体系；建立规范化的房地产交易市场和房屋维修、管理市场。该决定的实施以及2003年发布的《国务院关于进一步深化城镇住房制度改革加快住房建设的通知》，最终促成了我国以商品房市场供应为核心的住房制度，人们需要通过市场以支付相应货币方式来获得房屋的所有权和居住权，并能够在法律法规允许的范围内行使处分权，发展房屋的市场流通。

最后，政策性保障住房是我国城镇中低收入阶层住房的重要来源，该种住房制度真正得到政府的重视还是在近年。由于房地产市场化程度的不断提高，房地产价格上涨过快，导致城镇居民尤其是低收入家庭住房困难日益成为社会问题。基于此，我国政府提出应根据城镇住房制度改革进程、居民住房状况和收入水平的变化，完善住房供应政策，调整住房供应结构，根据当地情况，合理确定经济适用住房和廉租住房等保障性住房的供应工作。

10.2.2 国外住房制度

1. 美国住房制度

美国住房政策是政府公共政策中一项重要内容，其核心是怎样帮助低收入者解决住房问题。美国住房商品化程度较高，私人拥有住房比例较大，其住房政策包括两个方面：一是鼓励为低收入者建造“住得起的住房”；二是通过担保贷款等方式帮助居民拥有自己的住房。具体表现在：

(1)鼓励私人拥有住宅。私有住宅特别多是美国住宅结构的突出特点，美国住房自有化水平的提高得益于美国居民住房消费观念的变化以及政府颁布的各项鼓励政策。如面向中低收入者的低息贷款购房建房政策，购房贷款担保、贴息；面向所有购房者的，通过以其所交购房贷款利息抵消个人收入税等。这些政策使美国家庭消费逐步由租房转向买房，自有住房占总住房面积的比例不断提升。

(2)提供较低租金的公房，或提供房租补贴。政府必须为低收入者提供较低租金住房，其租金一般不到私有住房租金的一半，其核心是帮助战后大量转业军人解决住房问题。该政策一是侧重于增加住房供给量的“供方”战略，由中央政府拨款用于建造公共住房，地方设置了财政归中央管辖的住房局，负责具体落实联邦住房拨款的使用，同时监督公共住房低收入者；二是帮助住房需求者的“需方”战略，针对低收入的需求水平来建造公共住宅。但该政策的实施在满足一定居住要求的同时，也导致了一些严重的社会问题。由于广大低收入者集中在政府提供的公房里，因而逐渐形成了低收入社区，出现教育、就业以及犯罪等各种问题。为此，政府采取向低收入住户发住房券作为补贴，使其可以自由在租房市场中租赁房屋，促使低收入住户融入其他社区。

(3)补贴私人开发建造低收入住房。为了减少政府财政负担，政府将目光聚集到掌握社会财富 80%的私人身上，实施了这一政策。对于提供低收入住房的开发商，政府提供一对一的免税优惠，建成后的房屋归开发商经营，但要求所提供的低收入住房不得少于总开发面积的一定比例。这项政策不仅满足了低收入者的住房需求，也将部分低收入人群分散到中产阶级及其他居民区中。

(4)禁止住房中的种族和宗教歧视。针对美国社会种族和宗教歧视较为普遍的状况，政府在住房政策方面专门制定了相关的政策法规，以保证这些特殊人群的住房权利。

2. 英国住房制度

英国的住房分为私人住房和公共住房。英国的住房方式分为自住住房、租住私房和租住政府公房三种类型，但政府均提供相应的政策支持。

(1)对自有住房提供的政策支持。英国的自有住房是通过多种方式形成的，除了继承外，新形成的自有住房主要是通过向住房协会抵押贷款购买。对购房者而言，这种来自于住房协会的贷款低于市场利率，这也成为住房抵押贷款的主要资金来源。政府对住房供给者提供的政策优惠，在整个住房信贷政策中起次要作用，表现在政府从侧面对住房消费者提供财政补贴即税收补贴方面。

(2)对租用私房居民提供的支持。虽然公房制度的建立对私房租用造成了负面影响,但私房仍是住房供应体系的重要组成部分。由于私房的房租比公房的房租贵,因此政府采取了现金津贴的方式来支持私房出租,津贴数额的计算与公房租户一样,按照当地公房的市场租金以及家庭收入情况而定,一般由地方政府在审核后,用现金的方式直接支付给房东。

(3)对租用公房居民提供的支持。英国政府的公房制度,是为解决一战后大量复员军人需要住房而设的。由于是福利房屋,刚开始其租金水平相对较低。但随着市场经济的发展,这类房屋的租金水平也不得不按照典型的市场租金来确定,以便形成统一的租房市场。当然,为了保障低收入者的住房需要,当市场租金价格高于以往公房的福利性房租时,政府通过为低收入者提供房租折扣的形式来对租用公房的居民提供支持。

另外,英国住房制度设置了防止因住房支出而沦为贫困的机制,规定居民在享受了标准住房福利时,如果扣除自负房租后,其实际收入低于贫困线,则可进一步得到住房补贴。

3. 其他国家住房制度

新加坡作为市场经济高度发达的国家,在其住房建设与分配上,并未完全通过市场调节来实现,而是采取了政府分配与市场出售相结合的形式。新加坡的住房体制可谓计划与市场相结合的典范,即中、低收入者的住房由政府投资建设并实行有偿提供,高收入者住房由市场提供。政府根据居民收入线水平对居民进行住房分配,低收入者可享受廉租屋待遇,中等收入者可享受廉价屋待遇,中高档收入者则可享受入息公寓(即由政府按市场价格提供的高级公寓)待遇;而高收入者的住房则由私人投资商投资建设。

法国和荷兰政府对经济事务很少干预,主要通过市场进行资源配置,但针对住房制度的特殊性,两国政府都奉行在充分发挥市场力量的同时,对住房市场进行强有力干预的政策,并根据不同情况灵活运用。法国和荷兰政府住房政策的核心是鼓励中高收入家庭买房,帮助低收入家庭租房,使各种收入群体都能得到与其收入水平相适应的住房,这一政策目标主要是充分运用补贴、税收、金融、保险、担保等工具来实现。

10.2.3 住房制度国外比较

房地产政策是一国经济制度的重要组成部分,它归根到底主要是与市场相关联,强调市场效率。住房政策则属于社会政策范畴,更注重社会公平和居民的基本住房诉求,它的直接目的就是使不同收入状况的人能够居者有其屋。上述国家的经验表明,住房目的的实现,既要靠市场,也要依靠大量的公共政策。住房政策的实施,一是建立通过市场交换获取住房的通道,二是帮助中低收入者获得可居住的住房。然而,我国并没有把住房政策和房地产政策这两个表面相似而实质属于不同范畴的事物区分开,没有把住房和房地产、市场和保障予以有效区别。政府忽视了普通民众最基本的住房需求,住房保障职责缺位,廉租房、经济适用房建设滞后;在土地供应、市场监管、住房金融政策等诸多方面,政府所应发挥的功能也严重缺失。因而在我国住房制度的完善方面,目前最紧迫的就是建立一整套具有层级性的住房供应制度,将买房和租房作为实现"居者有其屋"的两条途径;采取政府调节与市场调节相结合的形式,即中、低收入者的住房由政府投资建设并实行有偿提供,高收入者住房由市场提供的体制。

10.3 中国住房保障政策

针对上述土地制度和住房制度的基本内容，我国房地产制度和政策不可能实行全面的市场化和商品化。本节主要分析住房保障政策的基本理论，并介绍我国现行住房保障政策的主要内容，阐述我国住房保障制度的新发展。

10.3.1 住房保障政策理论

住房保障政策是国家或政府依法通过国民收入再分配，保障居民基本居住水平的一种制度。它是一种在住房领域内实行的社会保障制度，其实质是政府利用国家和社会的力量，为中低收入家庭提供适当房屋，解决他们的住房问题。住房保障政策的基本目标和宗旨就是解决住房困难，提高人民的居住水平和居住质量，保障公民的居住权利。

1. 住房保障政策分类

住房保障政策一般是通过政府提供财政补贴或其他经济、法律手段的方式，影响住房的相对价格结构，从而改变资源的配置、供给和需求结构，满足人民的住房需求。按照不同的标准，住房保障政策可划分为不同的类型，但不同的类型之间具有交叉性。

(1) 按照政府干预市场的手段不同，住房保障政策划分为财政政策、金融政策和土地政策三种。财政政策是政府通过选择和运用财政补贴、减免税收等手段，实现住房保障政策目的，解决中低收入家庭的住房问题。金融政策是政府通过对货币信用的调控，运用各种金融工具，实现政府住房保障政策，主要包括提供低息贷款、贴息贷款、抵押贷款等方式。土地政策是政府在土地供应、使用等数量或价格方面的优惠政策总和，如经济适用房政策中，土地无偿划拨制度就是如此。

(2) 按照政府对住房市场的干预程度不同，住房保障政策划分为自由市场下的住房保障政策、高福利下的住房保障政策和社会市场下的住房保障政策。自由市场下的住房保障政策崇尚市场的自由竞争，主张国家对经济的干预应减小到最低限度，适用于发达国家。高福利下的住房保障政策以市场经济为基础，但同时强调国家的经济干预职能，注重国民收入再分配，注重效率下的公平，适用于高福利国家。社会市场下的住房保障政策则主张尽可能由市场支配住房资源，同时在必要的情况下由政府进行干预，目前我国的住房保障制度更倾向于此种。

(3) 按照住房保障政策实施主体不同，住房保障政策划分为全国性的、省市级的乃至社区级和单位级的住房保障政策。如经济适用房政策就属于全国性住房保障政策，但这种分类方式的现实意义不大。

2. 住房保障政策原则

(1)效率与公平统一，公平优先原则。住房保障政策的效率性体现在政府政策在多大程度上实现了预期目标，所以要求政府的住房保障政策尽可能有利于住房等资源的自由有效配置。住房保障政策的公平性体现在人们可以通过自身的努力获得与其基本经济状况相适应的住房保障。也就是收入水平与住房水平相同的家庭应享受同等的住房保障，收入水平与住房水平不同的家庭享受不同的住房保障。

公平与效率在住房保障政策中同样是对立统一关系，住房保障政策要求作为再分配调节手段之一的社会保障制度至少在现阶段应体现公平优先的原则，这与房地产政策追求效率优先、兼顾公平的原则相区分。公平原则通过收入再分配功能的发挥，起到调节收入差距的作用，使社会成员能享有一定程度的结果平等的权利。效率则表现在通过为社会成员提供基本生活保障，消除其后顾之忧，从而调动积极性，提高劳动效率，并为提高社会生产力提供人才支持。社会保障中公平与效率的冲突主要体现在个人收入分配结果的合理差距上。虽然我国社会主义市场经济制度建设的总体框架是在坚持社会主义基本制度基础上，遵循效率优先、兼顾公平的原则，但由于在经济运行中，竞争起点及规则存在差异或不对等，造成收入分配的较大差别，这已造成社会不稳定的巨大隐患。因而，当前和今后一段时期，只有把社会公平放在首位，才能体现在这一问题上政府政策的价值取向。

(2)住房保障政策的适度原则。住房保障政策的适度原则主要是指应当在市场作为房地产基础性配置手段的前提下，保证保障政策之外的住房消费群体能够通过公允的市场机制获得住房，而不会干扰商品化房地产的市场秩序。适度的住房保障政策是不改变各层次商品房市场价格定价机制，从而不干扰开发主体经济选择的决策，也就是在一定层面上，遵循市场优先的基础上实施住房保障政策。

另外，住房保障政策的制定还应当注意全面性，就是只要具备所规定的条件，任何层次主体均可以通过该政策的实施获得相应的住房优惠或福利。同时该政策应当保障社会成员通过与其实际支付能力相适应的最低廉对价来获得最方便、最有效率的政策扶持，从而体现政策的社会功能。住房保障政策应该在一定的时期内具有连续性和稳定性，这样可以使新旧政策之间连贯，使社会成员对政策有合理、理性的预期，防止出现不必要的波动。

➢10.3.2 中国现行的住房保障政策

1998年7月《国务院关于进一步深化城镇住房制度改革加快住房建设的通知》的颁布，使我国逐步开始了建立和完善以经济适用房为主的多层次住房供应体系，对不同收入的家庭实行不同的住房供应政策，在此基础上我国的住房保障政策针对的主要是满足中低收入群体的住房需求。

1. 住房公积金制度

住房公积金，是指国家机关、城镇集体企业、外商投资企业、城镇私营企业及其他城镇企业、事业单位、民办非企业单位、社会团体及其在职职工缴存的长期住房储金。住房公积金制度是一种强制性的住房储蓄制度，职工及其单位都必须按照职工工资的一定比例向职工的公积金账户存款，增加职工的住房资金积累。从1991年上海借鉴新加坡中央公积金制度到1999年国务院颁布《住房公积金管理条例》，住房公积金制度逐步推向全国，其管理进一步规范化、制度化。而2002年《国务院关于修改〈住房公积金管理条例〉的决定》则进一步扩大了住房公积金制度的覆盖面，完善了公积金的管理制度。住房公积金管理由住房公积金管理委员会决策，住房公积金管理中心运作，银行专户存储，财政监督。

(1)住房公积金的管理决策机构。省、自治区和直辖市人民政府所在地的市以及其他设区的市应当设立住房公积金管理委员会，作为住房公积金管理的决策机构。同时省、自治区和直辖市人民政府所在地的市以及其他设区的市应当按照精简、效能原则，设立一个住房公积金管理中心，负责住房公积金的管理运作。

(2)住房公积金的缴存。住房公积金管理中心应当在受委托银行设立住房公积金专用账户。依法应当为职工缴纳公积金的单位应当到住房公积金管理中心办理住房公积金的缴存登记，经该中心审核后，到受委托银行为本单位职工办理住房公积金设立手续。每个职工只能有一个住房公积金账户。

(3)住房公积金的提取和监督。住房公积金应用于职工购买、建造、翻建、大修自住住房，任何单位和个人不得挪用。职工个人缴存的住房公积金和职工所在单位为职工缴存的住房公积金，属于职工个人所有。地方人民政府财政部门应当加强对本行政区域内住房公积金的归集、提取和使用情况的监督，并向木级人民政府住房公积金管理委员会通报。

虽然如此，住房公积金制度及其实施过程仍存在诸多问题，如住房公积金制度的社会保障意义并不明显，本质上是职工的自我保障而非政府对低收入者提供额外的住房保障；即使将住房公积金视为社会保障，其覆盖范围也较为狭窄，仅局限于政府部门和效益好的国有企业和事业单位，大部分集体企业和民营企业的职工、困难企业的职工、无单位的城市居民如城镇个体户、自由职业者和农民工等群体事实上被排斥在该制度之外；公积金使用上主要用于支持住房建设与购买住房，而不支持租房和其他用途，客观上有利于富裕主体，而不是低收入群体。

2. 经济适用房制度

所谓经济适用房，指政府提供政策优惠，限定套型面积和销售价格，按照合理标准建设，面向城市低收入住房困难家庭供应，具有保障性质的政策性住房。经济适用房的建设和供给体现了政府的干预性，在供应对象上限于城市低收入住房困难家庭。

1991 年 6 月，国务院在《关于继续积极稳妥地进行城镇住房制度改革的通知》中提出："大力发展经济实用的商品房，优先解决无房户和住房困难户的住房问题"，成为我国经济适用房政策的开端。此后，我国逐步明确经济适用房政策的发展方向，到 1998 年 7 月国务院在《关于进一步深化城镇住房制度改革加快住房建设的通知》中进一步明确了"建立和完善以经济适用住房为主的住房供应体系，中低收入家庭购买经济适用住房"的政策。经济适用住房作为住房货币化改革的主要配套措施被提出，并将此前实施的安居工程并入经济适用房计划。至此，我国将经济适用房定位为主导的住房供应方式之一，经济适用房被正式确定为解决城镇居民住房困难的主要途径。

(1)经济适用房管理体制。国务院建设行政主管部门负责对全国经济适用住房工作的指导和实施监督。县级以上地方人民政府建设或房地产行政主管部门负责本行政区域内经济适用住房管理工作。县级以上人民政府发展改革(价格)、监察、财政、国土资源、税务及金融管理等部门根据职责分工，负责经济适用住房有关工作。可见，经济适用房是实行以县级以上地方人民政府建设或房地产行政主管部门为主，其他职能部门为辅的管理体制。

(2)经济适用房具体管理制度。经济适用房的具体管理制度主要体现在建设管理、价格管理、准入管理和产权管理四个方面。

首先，建设管理主要是指经济适用房的建筑面积、规模、规划设计、建设标准乃至工程质量都有较普通商品住房严格的条件。同时在开发建设管理方面一般按照政府组织协调、市场运作的方式进行。

其次，确定经济适用住房的价格应当以保本微利为原则，实行政府指导价格。其销售基准价格及浮动幅度，由有定价权的价格主管部门会同经济适用住房主管部门，依据经济适用住房价格管理的有关规定，在综合考虑建设、管理成本和利润的基础上确定并向社会公布。房地产开发企业实施的经济适用住房项目利润率按不高于 3% 核定；市、县人民政府直接组织建设的经济适用住房只能按成本价销售，不得有利润。这充分体现了经济适用房的政策性和保障性。

再次，准入管理是指法律法规对经济适用房购买者获得经济适用房的前提条件、具体程序、管理方式等的规定。经济适用住房由市、县人民政府按限定的价格，统一组织向符合购房条件的低收入家庭出售。经济适用住房供应实行申请、审核、公示和轮候制度。市、县人民政府应当制定经济适用住房申请、审核、公示和轮候的具体办法，并向社会公布。可见，城市低收入家庭申请购买经济适用住房应满足相应的条件。

最后，产权管理是产权人行使经济适用房相关权利受到法律的限制，具体包括转让限制、保持限制和出租限制三个方面。如购买经济适用房不满五年，一般不得直接上市交易，如因特殊原因确需转让，由政府优先回购；已经购买经济适用房的家庭又购买其他住房的，原经济适用房由政府按规定及合同约定回购；个人购买的经济适用房在取得完全产权前不得用于出租经营等规定。

(3)经济适用房的政策优惠。鉴于经济适用房的保障性质，一般都有相关的优惠规定，主要表现在建设用地采用无偿划拨方式取得，建设项目有较大的税收优惠，相关规费（如项目外基础设施建设费）依法由政府负担等方面。

3. 公有住房出售制度

公有住房出售是指国家将公有住房按照有关规定的优惠价格出售给城镇居住、有正式户口的在职职工或离退休职工中的现住户的制度。这一制度是我国改革原有住房体制的产物，公有住房的出售对象限于原先拥有公有住房管理权的企业内的职工，企业内的住房困难户有优先购买权；公有住房出售的价格主要有适用于高收入家庭的市场价，适用于中低收入家庭的成本价，适用于以成本价售房确有困难的市县作为向成本价过渡之用的标准价三种；并且法律法规在付款方式、房屋权属、产权登记和水费管理、售后房屋维修等管理服务方面都做了较为严格的规定。公有住房出售制度在房改进程中不可跨越，在目前情况下具有一定住房保障政策的性质，在一定程度上保障了中低收入家庭实现居住权利，没有将其完全推向市场化，但这一制度的过渡性质决定了其只可能是一种短期的政策，消亡不可避免。

10.3.3 中国住房保障政策的新发展

随着住房制度改革中，住房商品化、市场化基本方向的确立，近年来我国房地产市场取得了长足的发展，但商品房价格上涨过快在带动经济快速发展的同时，也带来了一系列社会问题，城镇中低收入人群的住房问题就是其中之一。有鉴于此，我国政府借鉴国外经验，先后在住房公积金、经济适用房、公有住房出售和廉租房、限价房等住房保障政策方面都有了较为明确的制度保障，廉租房和限价房政策却在高房价情形下，进一步发展和完善了住房保障制度。

1. 廉租房制度

廉租房是指政府以租金补贴或实物配租方式，向符合城镇居民最低生活保障标准且住房困难的家庭提供社会保障性质的住房。廉租房的分配形式以租赁补贴为主，实物配租和租金减免为辅。我国的廉租房只租不售，出租给城镇居民中最低收入者。可见，廉租房是针对既无力购买或者租赁商品房，又买不起经济适用房（即没有能力在市场中实现住房需求）的城镇最低收入家庭而设计的政策。

我国廉租房制度虽然建立的时间很长，可追溯到解放初期，现代意义上的廉租房制度却是在1998年住房货币化改革时提出的，是多层次住房供给体系的重要构成部分，是针对法律法规认可的城市贫困人群（即具有城市非农业常住户口的最低收入家庭和其他需要保障的特殊家庭)而设计的住房保障制度。此后,虽然中央政府大力督促地方政府积极落实廉租房政策,强化了地方政府在解决最低收入家庭住房问题中的职责和作用,但我国廉租房制度并未获得快速发展。2007年11月,建设部等九部委出台了《廉租住房保障办法》,进一步明确了廉租住房的保障对象为“城市低收入住房困难家庭”,并明确廉租房建设的资金来源等基本问题,为廉租房政策的快速发展奠定了法律制度基础。

(1)廉租房管理体系。国务院建设主管部门指导和监督全国廉租住房保障工作。县级以上地方人民政府建设(住房保障)主管部门负责本行政区域内廉租住房保障管理工作。廉租住房保障的具体工作可以由市、县人民政府确定的实施机构承担。县级以上人民政府发展改革(价格)、监察、民政、财政、国土资源、金融管理、税务、统计等部门按照职责分工,负责廉租住房保障的相关工作。可见,县级以上地方人民政府建设(住房保障)主管部门是本行政区域内廉租房的主管机关,其他职能部门为辅助管理机关。

(2)廉租房保障方式。廉租住房保障方式实行货币补贴和实物配租等相结合。实施廉租住房保障,主要通过发放租赁补贴,增强城市低收入住房困难家庭承租住房的能力。

首先,货币补贴是指县级以上地方人民政府向申请廉租住房保障的城市低收入住房困难家庭发放租赁住房补贴,由其自行承租住房。其中:补贴额度按城市低收入住房困难家庭的现住房面积与保障面积标准的差额、每平方米租赁住房补贴标准确定;面积标准根据当地家庭平均住房水平、财政承受能力以及城市低收入住房困难家庭的人口数量、结构等因素,以户为单位确定;每平方米租赁住房补贴标准,由市、县人民政府根据当地经济发展水平、市场平均租金、城市低收入住房困难家庭的经济承受能力等因素确定。

其次,实物配租是指县级以上地方人民政府向申请廉租住房保障的城市低收入住房困难家庭提供住房,并按规定标准收取租金。其中:配租面积为城市低收入住房困难家庭的现住房面积与保障面积标准的差额;实物配租的住房租金标准实行政府定价,按照配租面积和市、县人民政府规定的租金标准确定。有条件的地区,对城市居民最低生活保障家庭,可以免收实物配租住房中住房保障面积标准内的租金。

(3)廉租房保障资金及房屋来源。廉租房保障资金包括货币补贴方式中所需的租赁补贴资金、实物配租方式中廉租住房的新建和购置资金、相关机构的运行费用等。其来源主要有五个方面:年度财政预算安排的廉租住房保障资金;提取贷款风险准备金和管理费用后的住房公积金增值收益余额;土地出让净收益中安排的廉租住房保障资金;政府的廉租住房租金收入;社会捐赠及其他方式筹集的资金。

廉租房来源是指以实物配租方式租与城市低收入住房困难家庭的廉租住房的获得渠道。其主要包括:政府新建、收购的住房;腾退的公有住房;社会捐赠的住房;其他渠道筹集的住房等方面。当然,廉租住房在建设方式、面积结构、建设优惠措施等方面均有特殊规定。

(4)申请廉租房的条件和程序。廉租房作为有限保障性住房,其申请、获准程序也较为严格。具备下列条件的家庭可申请廉租房:申请人必须年满40周岁;申请家庭的现住房面积低于7平方米;申请家庭成员中至少有1人为非农业常住户口;申请人至少连续吃低保6个月以上;符合当地廉租住房政策规定的其他标准。同时,申请廉租房除了交纳申请书外,还需递交家庭收入情况的证明材料,家庭住房状况的证明材料,家庭成员身份证和户口簿,市、县人民政府规定的其他证明材料。除满足这些条件之外,还需经有权机关严格审查,通过审查的承租人最终方可签订廉租住房保障协议。

可见，虽然廉租住房制度在一定程度上满足了城市低收入家庭的住房需求，但其一直面临着覆盖面过小、实施不力、资金不足和资金来源不稳定等方面的问题与困境。尽管2007年我国对廉租住房的资金来源作出了明确规定，即土地收益、财政资金和公积金收益，但资金问题仍是廉租房政策是否有效发挥作用的瓶颈。因而，能否解决资金问题是廉租房制度能否真正发挥住房保障作用的关键。

2. 限价房

限价房是一种特殊的住房供应方式，是由政府在土地出让的时候就限定了户型和价格的商品房，是政府通过对房地产开发的地价、房价、套型、销售对象等加以限制，以便调节住房市场供应结构、控制供应对象的一种特殊商品房供应制度。限价房主要解决中低收入家庭的住房困难，是目前限制高房价的一种临时性举措，并不是经济适用房。限价房按照“以房价定地价”的思路，采用政府组织监管、市场化运作的模式，保证中低价位、中小套型普通商品住房土地供应。与一般商品房不同的是，限价房在土地挂牌出让时就已被限定房屋价格、建设标准和销售对象，政府对开发商的开发成本和合理利润进行测算后，设定土地出让的价格范围，从源头上对房价进行调控。目前实施限价房政策的仅有北京、广州、上海、南京等部分城市。

一般来说，限价房购买条件比较苛刻，以北京市为例，目前已确定的限价房购买条件包括：具有本市常住户口，中低收入家庭优先，以及已取得经济适用住房购买资格的家庭如放弃购买资格，可以申请购买“中低价位、中小套型普通商品房”等方面。限价房是对我国住房保障政策的有益探索，但限价房面临的供应对象不明确、定价困难、定位不明确等问题导致其不可能成为主导型的住房保障政策。限价房要取得明显的政策效果，取决于供应量，而供应量太大又会冲击房地产市场，因而作为政府干预市场的特殊形式，限价房政策面临两难。

总之，住房是关系国计民生的重大经济问题和社会问题，解决群众住房问题是建设和谐社会的重要方面，我国应不断完善面向整个社会不同阶层的住房制度。将房地产市场(如商品住房、别墅等)完全划归市场化，按照市场规律办事，由市场决定供应和需求；对具有保障性质的住房，政府应通过公共政策手段，严格根据住房需求，科学确定住房供应。

专题

关于加快发展公共租赁住房的指导意见

建保[2010]87号

根据《国务院关于坚决遏制部分城市房价过快上涨的通知》(国发〔2010〕10号)和《国务院办公厅关于促进房地产市场平稳健康发展的通知》(国办发〔2010〕4号)精神，为加快发展公共租赁住房，经国务院同意，现提出以下意见：

一、加快发展公共租赁住房的重要意义

近年来，随着廉租住房、经济适用住房建设和棚户区改造力度的逐步加大，城市低收入家庭的住房条件得到较大改善。但是，由于有的地区住房保障政策覆盖范围比较小，部分大中城市商品住房价格较高、上涨过快、可供出租的小户型住房供应不足等原因，一些中等偏下收入住房困难家庭无力通过市场租赁或购买住房的问题比较突出。同时，随着城镇化快速推进，新职工的阶段性住房支付能力不足矛盾日益显现，外来务工人员居住条件也亟须改善。大力发展公共租赁住房，是完善住房供应体系，培育住房租赁市场，满足城市中等偏下收入家庭基本住房需求的重要举措，是引导城镇居民合理住房消费，调整房地产市场供应结构的必然要求。各地区、各部门要统一思想，提高认识，精心组织，加大投入，积极稳妥地推进公共租赁住房建设。

二、基本原则

（一）政府组织，社会参与。各地区在加大政府对公共租赁住房投入的同时，要切实采取土地、财税、金融等支持政策，充分调动各类企业和其他机构投资和经营公共租赁住房的积极性。

（二）因地制宜，分别决策。各地区要根据当地经济发展水平和市场小户型租赁住房供需情况等因素，合理确定公共租赁住房的供应规模和供应对象。商品住房价格较高、小户型租赁住房供应紧张的城市，应加大公共租赁住房建设力度。

（三）统筹规划，分步实施。各地区要制订公共租赁住房发展规划和年度计划，并纳入2010—2012年保障性住房建设规划和“十二五”住房保障规划，分年度组织实施。

三、租赁管理

（一）公共租赁住房供应对象主要是城市中等偏下收入住房困难家庭。有条件的地区，可以将新就业职工和有稳定职业并在城市居住一定年限的外来务工人员纳入供应范围。公共租赁住房的供应范围和供应对象的收入线标准、住房困难条件，由市、县人民政府确定。已享受廉租住房实物配租和经济适用住房政策的家庭，不得承租公共租赁住房。

（二）公共租赁住房租金水平，由市、县人民政府统筹考虑住房市场租金水平和供应对象的支付能力等因素合理确定，并按年度实行动态调整。符合廉租住房保障条件的家庭承租公共租赁住房的，可以申请廉租住房租赁补贴。

（三）公共租赁住房出租人与承租人应当签订书面租赁合同。公共租赁住房租赁合同期限一般为3至5年，合同示范文本由省、自治区、直辖市住房城乡建设（住房保障）部门制订。承租人应当按照合同约定合理使用住房，及时缴纳租金和其他费用。租赁合同期满后承租人仍符合规定条件的，可以申请续租。

（四）公共租赁住房只能用于承租人自住，不得出借、转租或闲置，也不得用于从事其他经营活动。承租人违反规定使用公共租赁住房的，应当责令退出。承租人购买、受赠、继承或者租赁其他住房的，应当退出。对承租人拖欠租金和其他费用的，可以通报其所在单位，从其工资收入中直接划扣。

四、房源筹集

（一）公共租赁住房房源通过新建、改建、收购、在市场上长期租赁住房等方式多渠道筹集。新建公共租赁住房以配建为主，也可以相对集中建设。要科学规划，合理布局，尽可能安排在交通便利、公共设施较为齐全的区域，同步做好小区内外市政配套设施建设。

（二）在外来务工人员集中的开发区和工业园区，市、县人民政府应当按照集约用地的原则，统筹规划，引导各类投资主体建设公共租赁住房，面向用工单位或园区就业人员出租。

（三）新建公共租赁住房主要满足基本居住需求，应符合安全卫生标准和节能环保要求，确保工程质量安全。成套建设的公共租赁住房，单套建筑面积要严格控制在60平方米以下。以集体宿舍形式建设的公共租赁住房，应认真落实宿舍建筑设计规范的有关规定。

五、政策支持

（一）各地要把公共租赁住房建设用地纳入年度土地供应计划，予以重点保障。面向经济适用住房对象供应的公共租赁住房，建设用地实行划拨供应。其他方式投资的公共租赁住房，建设用地可以采用出让、租赁或作价入股等方式有偿使用，并将所建公共租赁住房的租金水平、套型结构、建设标准和设施条件等作为土地供应的前置条件，所建住房只能租赁，不得出售。

（二）市、县人民政府要通过直接投资、资本金注入、投资补助、贷款贴息等方式，加大对公共租赁住房建设和运营的投入。省、自治区人民政府要给予资金支持。中央以适当方式给予资金补助。

（三）对公共租赁住房的建设和运营给予税收优惠，具体办法由财政部、税务总局制订。公共租赁住房建设涉及的行政事业性收费和政府性基金，按照经济适用住房的相关政策执行。

（四）鼓励金融机构发放公共租赁住房中长期贷款，具体办法由人民银行、银监会制订。支持符合条件的企业通过发行中长期债券等方式筹集资金，专项用于公共租赁住房建设和运营。探索运用保险资金、信托资金和房地产信托投资基金拓展公共租赁住房融资渠道。政府投资建设的公共租赁住房，纳入住房公积金贷款支持保障性住房建设试点范围。

（五）公共租赁住房建设实行“谁投资、谁所有”，投资者权益可依法转让。

六、监督管理

（一）发展公共租赁住房实行省级人民政府负总责、市县人民政府抓落实的责任制。各级住房城乡建设（住房保障）部门负责公共租赁住房的行政管理工作，发展改革、监察、财政、国土资源、规划等有关部门按照各自职责负责相关工作。地方各级人民政府要加强组织领导，明确工作责任，健全住房保障管理机制和工作机构，落实人员和经费，确保公共租赁住房工作顺利实施。

（二）市、县人民政府要建立健全公共租赁住房申请、审核、公示、轮候、配租和租后管理制度。住房保障部门要按照规定的程序严格准入审批，加强对公共租赁住房运营的监督管理，做到配租过程公开透明、配租结果公平公正。对存在滥用职权、玩忽职守、徇私舞弊等违法违规行为的，要依法依纪严肃追究相关单位和人员的责任。

（三）政府投资建设公共租赁住房的租金收入，应按照政府非税收入管理的规定缴入同级国库，实行“收支两条线”管理。租金收入专项用于偿还公共租赁住房贷款，以及公共租赁住房的维护、管理和投资补助。

（四）各地可根据本意见，制订具体实施办法。各地已经出台的政策性租赁住房、租赁型经济适用住房、经济租赁住房、农民工公寓（集体宿舍）等政策，统一按本意见规定进行调整。

资料来源：http://www.gov.cn/gzdt/2010—06/13/content_1627138.htm

思考与练习

1. 简述土地所有权权能的内容及其经济意义。
2. 我国土地所有权的类型都有哪些？
3. 我国土地使用权的内容包括哪些方面？
4. 我国现行住房制度体系的内容有哪些？
5. 我国现行住房保障政策包括哪些具体的制度？

第11章 房地产税收的经济分析

重点内容

1. 税收的内涵、本质属性和功能
2. 税收的构成要素
3. 房地产税收的种类及其内容
4. 国外房地产税制对我国的借鉴意义

这章从国民收入再分配与税收的关系入手，阐述了税收的内涵和本质，介绍了税收的构成要素和税收转嫁理论；在此基础上，对我国房地产税收的内涵及税收体制、我国房地产税收征管制度进行论述，表明房地产税收制度设计是我国国民收入再分配的重要经济来源；通过介绍法国、日本和美国等国的房地产税收制度，以期能为我国提供借鉴意义。

税收是国民收入再分配的形式，本章从国民收入分配的基本原理出发，阐述了税收及房地产税收的基本理论，介绍了我国房地产税收的基本体系及我国房地产税种制度，并与国外的房地产税收制度进行比较分析。

11.1 房地产税收的基本理论

房地产税收制度的基本理论主要涉及税收与国民收入分配的关系，税收和房地产税收的基本理论，掌握这些基本原理有利于进一步理解其对国民经济发展的功能和作用。

11.1.1 税收基本理论

1. 国民收入分配与税收

税收是社会产品分配方式的组成部分，而分配又包含在社会再生产过程中，在生产、分配、交换和销售等环节中不可或缺，由此将税收与国民收入分配紧密联系。

国民收入是指物质生产部门的劳动者在一定时期所创造的价值，从社会总产值中扣除物质消耗后的剩余部分，即劳动者在一定时期内新创造的价值。市场经济条件下，国民收入分配首先取决于每个生产者提供的生产要素，以及这些生产要素在市场上所能获得的价格，其具体体现就是在物质生产领域直接创造产品的劳动者对国民收入的初次分配。事实上，基于劳动者持有生产要素的不同以及该生产要素所获价格的不同，就必然导致劳动者之间在初次分配中收入差异严重失衡。从整个社会来看，这种失衡有可能导致社会问题和矛盾难以消除，因而有必要通过政府的干预手段来协调这种不平衡，这使得初次分配后还要进行全社会范围内的国民收入再分配，这种再分配主要是依靠国家政府的干预来完成。国民收入再分配的方式很多，有国家预算、价格变动和税收等。

税收成为国民收入再分配的形式，是由税收的本质所决定的。国民收入分配的层次性决定了税收必然是在初次分配后参与国民收入再分配的手段，没有国民收入初次分配，也就不会存在税收的再分配。但另一方面，税收的再分配又导致国民收入在初次分配后，将其结果通过合法方式进行改变，从而在国家、国民和整个社会之间实现相对平等的分配；同时，税收还可以直接作用于国民收入分配中的工资、价格、利润等方面，间接实现对国民收入分配进行调节的作用。可见，国民收入与作为国民收入再分配手段的税收的来源具有同一性，二者相互影响，相互制约。

2. **税收的概念和特征**

税收是国家为实现其职能，凭借政治权力，依法通过税收工具强制、无偿征收取得的一种财政收入。国家取得财政收入的手段多种多样，如税收、发行货币、收费、罚没等等，但税收是国家参与国民收入和社会产品的分配和再分配取得财政收入的一种主要形式。税收与其他分配方式相比，具有强制性、无偿性和固定性的特征。

(1)税收的强制性。税收的强制性是指国家以社会管理者的身份，凭借政权力量，依据政治权力，通过颁布法律或政令进行强制征税。负有纳税义务的社会组织和个体成员，必须遵守国家强制性的税收法律，按照税法规定的缴纳税额、方式、时间及课税主体等，及时依法缴纳，否则就要受到法律的制裁，这是税收具有法律强制地位的体现。税收强制性体现在两个方面：一方面是税收分配关系的建立具有强制性，即税收征收完全凭借国家拥有的政治权力；另一方面是税收征收过程具有强制性，即如果出现了税务违法行为，国家可以依法进行处罚。

(2)税收的无偿性。税收的无偿性是指通过征税，社会组织和个体成员的一部分收入转归国家所有，国家不向纳税人支付任何报酬或代价。这是与国家凭借政治权力进行国民收入分配和再分配的本质相联系的。税收的无偿性只是形式上的无偿，即税收一旦征收就不会返还给某个具体的纳税人；但实质上税收是有偿的，即国家通过税收形式向全社会免费提供了公共产品和公共服务。

(3)税收的固定性。税收的固定性是指税收是按照法定标准征收的，即纳税人、课税对象、税目、税率、计价办法和期限等，都是税法预先规定的，并在一定的时期内保持相对的稳定性。税收的固定性保证了国家能够获得的是一种固定连续的收入。对于税收预先规定的标准，征纳双方都应遵守，非经国家法律修订或调整，征纳双方都不得违背或改变这个固定的比例或数额。

税收的上述特征是统一的整体，强制性是实现税收无偿征收的有力保证，无偿性是税收本质的体现，固定性是强制性和无偿性的必然要求。

3. **税收的本质属性和职能**

(1)税收的本质属性。税收作为政府取得财政收入的主要形式，同时也是政府调节经济的重要手段。因此，理解税收的本质属性就不能仅仅将其作为一个经济范畴或经济问题，政府有效地组织财政收入和调节经济只是税制建设的一个方面，除此之外，税收的本质还体现在其法律性、社会性等方面。

①法治是税收的天然属性。税收制度作为规范与约束征纳双方行为的规则，都是以法律形式体现的。税收的开征、停征，税种、税率的确定，税款的征收缴纳以及税收关系的协调等，都必须通过法律加以明确并保证实施。税收具有法律强制力，是任何社会成员都必须严格遵守的。一旦其内容或形式不当，对社会和经济运行的负面影响将不可忽视。因此，从法律层面看待税制建设，应首先从制度的角度来研究其内容、形式、方法和程序等，保障税收制度的合理性、合法性；其次要求税收制度应体现公平、公正，具有确定性与稳定性，同时能够规范征纳双方的税收行为，并在此基础上兼顾筹集财政收入、调控和稳定经济等特定目的。

②经济决定税收关系。税收具有法律强制力表明税收作为上层建筑的天然属性，但税收也与经济相互影响和制约。简单而言，经济决定税收，税收反作用于经济。发展经济是税收的重要来源，也是政府取得财政收入的形式，没有经济的发展，税收制度的设立就丧失了根基。但发展经济的目的并不是仅仅为了给政府创造税收收入，所以就要求在税收制度中，应充分考虑税收对经济的影响，合理界定税收负担及其分布，避免税收对经济产生的负面影响。另一方面，政府可以主动运用税收这一宏观调控手段来调节经济运行，这种调节是在市场作为资源配置基础性手段失灵的情况下，适度地通过国家权力来实现的。当然，税收调节手段也有其局限性，政府不宜过多运用。

③税收关系到社会公平和社会民生。税收制度是一种政府无偿取得纳税人财产的强制性行为，征税必然在一定程度上激化政府与纳税人的矛盾；但另一方面政府取得的税收收入，用于为社会提供公共物品和服务，用于各种转移性支出，用于实施宏观调控。因而，征税规模直接影响到社会产品在公共部门和私人部门之间的分配，最终影响到个人的可支配收入，是实现个体公平和社会整体公平的平衡问题。税款主要用于提供公共物品和公共服务，使地区差异和城乡差异在国家宏观政策的调控下尽可能地减小或消除，从而更好地实现社会民生。可见，税收处在政府与企业、个人等各方利益分配的焦点上，涉及社会成员的收入分配、就业、社会保障等方面，是一个关系民生的非常敏感的社会问题。

(2)税收的职能。税收的职能是税收本质属性的外在具体体现。一般来说，税收具有以下几种重要的基本职能：

①财政收入的来源，具有组织财政收入的职能。组织财政收入是自税收制度产生之日起所具备的最基本功能。税收是政府凭借国家强制力参与社会分配，集中一部分剩余产品的一种分配形式。

②调节社会经济的杠杆职能。税收是国家调控经济的重要杠杆之一，税收直接作用于价格、利润、地租、利息等经济杠杆上，税收的变化直接导致经济在微观乃至宏观方面发生变化。税收必然减少社会组织及其成员的可支配收入，但是这种减少不是均等的，这种利益得失将影响纳税人的经济活动能力和行为，进而对社会经济结构产生影响。政府正好利用这种影响，有目的地对社会经济活动进行引导，从而合理调整社会经济结构。

③调节国民收入分配的职能。税收是国民收入再分配的主要形式，是国民收入分配体系的重要组成部分。国家能够通过税收行为将国民收入初次分配后超越社会整体所能承受的收入差距，通过再分配的方式进行调节，使差距减小或消失，从而实现社会相对公平，保障民生。

④监督管理社会经济活动职能。主要体现在国家在税收征收过程中，一方面要查明情况，

在税务管理基础上，具体掌握税源，正确计算并征收税款；另一方面监督纳税人依法纳税，发现纳税人在任何纳税环节存在问题，都可以采取措施纠正，也可以通知纳税人或政府有关部门及时解决，维护基本的税收秩序。

4. **税收的构成要素**

从基本内容上看，税收的构成要素主要包括纳税人、征税对象、税率、征税标准、纳税环节五项。

(1)纳税人。纳税人又称纳税主体，是法律、行政法规规定负有纳税义务的单位和个人。不同的税种有不同的纳税人，纳税人可以是自然人，也可以是法人。与纳税人相关的是扣缴义务人，是指法律、行政法规规定负有代扣代缴、代收代缴义务的单位和个人。其可分为代扣代缴义务人和代收代缴义务人。代扣代缴义务人是负有代扣代缴的单位和个人，代替税务机关向纳税人代扣代缴应纳税款；代收代缴义务人是指负有代收代缴义务的单位和个人，代替税务机关代收应收税款。

扣缴义务人与纳税人的区别在于：纳税义务人是自己负有纳税义务，而扣缴义务人本身并非直接有纳税义务，只是代替税务机关向应纳税人扣缴税款的人。税法设置扣缴义务人的目的，在于控制税款的扣缴来源，防止税款流失。

(2)征税对象。征税对象是指税收法律关系中主体双方权利义务所指向的物或行为，是征税的根据。征税对象是税与税相区别的标志，因而每一种税都必须明确对什么征税。现代市场经济国家，征税对象主要包括所得、商品和财产三类。根据征税对象的不同性质，可把税收分为五大类：流转税、所得税、资源税、财产税和行为税。与征税对象相关联的税目，是对征税对象的具体划分，税目规定了一个税种的征税范围，反映了征税的广度。

(3)税率。税率指税法中规定的税额所占征税对象数额的比例或额度。税率是税收制度的核心要素，是计算税额的尺度。在征税对象既定的前提下，税率直接决定着国家征税的数量和纳税人的负担水平，集中地体现了一定时期内国家的税收政策。税率可分为比例税率、定额税率和累进税率。

比例税率是对同一课税对象，不论其数额大小，统一按一个固定比例征税。实践中，比例税率分为单一比例税率和差别比例税率。前者指一种税只设一个比例税率，所有纳税人都按同一税率纳税；后者指一种税设两个或两个以上的比例税率。现行的差别比例税率又可分为行业比例税率、产品比例税率、地区比例税率和幅度差别比例税率四类。比例税率没有考虑到纳税人不同的税收负担能力，具有明显的累退性，不能调节社会公平。

定额税率也称固定税率，是按征税对象的一定计量单位直接规定一个固定的税额，而不是按比例征收。定额税率在计算上更为便利，采用从量计征，不受价格变动影响。但其税收负担不合理，只能适用于资源税、车船牌照税、消费税等。

累进税率是按征税对象数额的大小，把征税对象划分为若干等级，每一等级规定不同税率，征税对象的数额越高税率越高。按照计算方法的不同，累进税率又可分为全额累进税率、超额累进税率和超倍累进税率。

(4)征税标准。征税标准是指国家征税时的实际依据或征税依据。国家征税必须有统一的标准对征税对象进行计算，确定征税标准是实际征税的重要步骤。征税标准可以分为从量税、从价税、混合税、选择税四种类型。

(5)纳税环节。纳税环节是指法律、行政法规规定的商品从生产再到消费过程中应当缴纳税款的环节。纳税环节的确定，不仅关系到税制结构、税负公平和税收体系的布局，而且能够保证国家的财政收入，便于纳税人及时缴纳税款，促进企业和个人在税收缴纳方面遵守法律。

5. 税收转嫁

所谓税收转嫁，是指商品交换过程中，纳税人不实际负担所纳税收，而通过购入或销出商品价格的变动，或通过其他手段，将全部或部分税收转移给他人负担。纳税人一般通过提高销售价格或压低购进价格的方法，将税负转移给购买者或供应者。税负转嫁与价格的升降直接联系，税负转嫁是各经济主体之间税负的再分配，并不会影响税收的总体负担，但会使税收负担在不同的纳税人之间进行分配，对不同的纳税人产生不同的经济影响。

(1)税收的转嫁形式。

①前转嫁，又称顺转嫁，是指纳税人通过商品交易活动，将税款附加在价格之中，顺着价格运动方向向前转移给购买者或消费者负担。前转嫁是税收转嫁的基本形式，也是最典型和最普遍的转嫁形式。这种转嫁可能一次完成，也可能多次完成。当购买者属于消费者时，转嫁会一次完成；当购买者属于经营者时，会发生辗转向前转嫁的现象，可称为滚动式前转。如果购买者不再转嫁本环节的税负，只发生原销售者的税负转嫁时，称为单一滚动式前转；如果购买者将本环节的税负也加在价格之上向前转移，称为复合滚动式前转。

②后转嫁，又称逆转嫁，是指纳税人通过压低购进商品(劳务)的价格，将其缴纳的税款冲抵价格的一部分，逆着价格运动方向，向后转移给销售者负担。后转嫁属于由买方向卖方的转嫁，可能一次完成，也可能多次才会完成。当销售者无法再向后转嫁时，销售者就是税负承担者，转嫁一次完成；当销售者能够继续向后转嫁时，也会发生辗转向后转移税负的现象，称为滚动式后转。如果销售者不再转移本环节的税负，属于单一滚动式后转；如果销售者连同本环节税负一并向后转嫁，则属于复合滚动式后转。

③散转嫁，又称混合转嫁，是指纳税人将其缴纳的税款一部分前转嫁，一部分后转嫁，使其税负不归于一人，而是分散给多人负担。它是纳税人分别向卖方和买方转嫁税收的一种形式。

④消转嫁，又称税收的转化，是指纳税人在所纳税款无法前转或后转的情况下，依靠提高劳动生产率、改进工艺等自身努力，使税负在生产发展和收入增长中自行得到弥补。

⑤税收资本化，又称资本还原，是指在某些资本财产的交易中，商品购买者购买商品以后所应交纳的税款，从商品购入价格中预先扣除(即降低商品购买价格)，把税收负担转移给商品的出售者。税收资本化是后转嫁的一种特殊形式，该形式虽然名义上是买方在按期缴纳税款，但实际是由卖方负担。

(2)税收转嫁的条件。随着我国社会主义市场经济体制的建立和发展，我国的各类企业已成为法律意义上平等的市场利益主体，以自由定价为主的价格机制业已形成，这就为实现税收转嫁提供了基本条件和现实可能性。具体而言，商品流通的存在、征税商品供给与需求的相对弹性是税收能否实现转嫁的关键条件。商品流通是税收转嫁的经济前提，但纳税人税收转嫁的比例和程度主要受制于征税商品的相对弹性，即需求弹性较大，供给弹性较小，税收将主要由纳税人自己承担；需求弹性较小，供给弹性较大，税收将主要由其他人负担。

11.1.2 房地产税收理论概述

1. 房地产税收涵义

房地产税收，是指直接或间接以房地产价值或房地产收益为征税对象的各种税收的总称。

由于房地产主要有房地合一、房产和地产三种物质形态，因而房地产税收事实上也就包含：单纯以房产投资或收益为征税对象的税收、单纯以地产投资或收益为征税对象的税收和以房地产投资或收益为征税对象的各种房地产税。此处所说房地产税收，是由众多不同房地产税所组成的多环节征收的税收体系，具有很强的政策功能。

2. *房地产税的概念和类型*

房地产税是以房地产为纳税依据或者以房地产开发经营活动中的特定行为为纳税依据的税种，是房产税和土地税的总称。

房地产税按照对象的不同，可以划分为两类：一是房地产行为税，即以投资或转让房地产等特定项目为计税依据所应缴纳的税，包括城镇土地使用税、耕地占用税、销售不动产营业税等；二是房地产财产税，即以房地产的价值或收益等为计税依据所应缴纳的税，包括土地增值税、房产税、契税等。

按照房地产的生产和销售过程各个阶段的不同，房地产税可分为：取得土地使用权需缴纳的税，如契税、耕地占用税及印花税；项目开发需缴纳的税，如土地增值税等；房地产销售需缴纳的税，如企业所得税、营业税及城市维护建设税等；购买者持有房地产资产需缴纳的税，如城镇土地使用税和契税等；购买者转让房地产需缴纳税，如营业税、土地增值税等。

目前，我国房地产税制相对完整，分布于房地产开发建设、交易和保有的各个环节。从广义上讲，房地产税包括耕地占用税、契税、印花税、土地增值税、营业税、企业所得税、外商投资企业和外国企业所得税、个人所得税、房产税、城市房地产税、城镇土地使用税和城市维护建设税等 12 个税种。从狭义上讲，房地产税收仅包括房产税、城市房地产税和城镇土地使用税三个税种。

3. *房地产税收构成要素及转嫁*

(1)房地产税收构成要素。房地产税是国家税收体系中的一个具体税种，税收的构成要素同样适用于房地产税，但房地产税在具体要素内容上具有特殊性。房地产税收的纳税人一般是房地产的开发者、拥有者、交易者等，我国由于实行土地公有制，因而土地所有者不再成为法定的纳税主体。房地产税收的征税对象就是房地产本身，如房地产保有税、房地产收益所得税等。房地产税包括很多税种，各种税均按照法律规定的税率缴纳税额。房地产税收的征税标准有从价征税，即以房地产价值大小作为征税标准；也有从量征税，即以房地产特别是土地数量作为征税标准。随着房地产价值日益量化，从价征收的房地产税将增多。房地产税收的征税环节贯穿房地产开发经营的整个过程之中，具体包括取得土地使用权、项目开发、房地产销售等过程需缴纳的税收。

(2)房地产税收的转嫁。房地产税收在房地产权利主体保有时，权利主体一般不与他人发生任何房地产经济关系，因而，没有机会和条件转嫁税赋，房地产权利主体要承担全部税额。由于土地和房产是一种有限供给、相对稀缺的商品，对于其使用者或实际需要者来说又是一种不可替代的生产或生活必需品，再加上土地或房产市场是一种供给者垄断性很强的市场，因此，土地或房产买卖或租赁环节征收的税赋，一般情况下会较多地发生税收的顺转嫁，即转嫁给购买者或承租者。当然在房地产供给相对大于需求的市场情况下，税赋有可能向房地产生产要素的出售者转嫁。但就目前房地产市场的发展来说，出现后转嫁情形的可能性很小，当然这是由房地产市场的供求关系所决定的。

11.2 中国现行房地产税收体系与国际比较

我国自古就有对房地产征税的相关制度政策，本节在介绍我国房地产税收历史沿革的基础上，详细阐述了我国现行房地产税收的种类及我国房地产税收征管制度，并与国外房地产税收制度进行比较分析。

11.2.1 我国现行房地产税收体系

1. 我国房地产税收的历史沿革

中国对房地产征税的历史源远流长，从奴隶社会以土地和人口为征税对象开始，到中华民国成立后借鉴西方国家税制，形成的中国近代房地产税收制度；再到新中国成立后，在计划经济时期房地产税收制度的名存实亡；再到改革开放后，房地产税制改革，逐步建立现行的房地产税收体系。

中国对房地产征税可追溯到四千多年前，夏朝的"贡"实质上是一种土地税，可以视为后来的田赋、农业税的起源。周朝的"座布之征"具有房捐的性质。春秋时期，国君向臣属征收的军役、力役称赋，从田亩征收的农产品称税。唐朝征的间架税即为房屋税；从晋朝开始对房地产买卖征税，宋朝以后逐步通行；明朝中叶的一条鞭法，按地亩征收税负，同时每丁应缴纳的丁银仍照纳；清朝进一步将丁银摊入地亩征收，光绪年间户部通知省议办房捐。这都是我国古代的土地税收制度，但到后期，房屋也逐渐成为征税对象。

封建社会对农田征收的田赋是国家财政收入的主要来源。但民国初年，一些城市由于建设的需要对土地征收一些杂税，如宅地税、土地税等。1913 年 11 月，北洋政府公布《划分国家税地方税法(草案)》，规定将不动产买卖的契税、房捐和拟开征的房屋税、土地税都纳入房地产税收的征收范围，并在新中国成立前一直延续使用。1947 年公布的《营业税法》及其施行细则将建筑业、地产业的营业税纳入征收范围。1949 年 9 月修正以后同时公布的《印花税法》、《所得税法》、《遗产税法》，分别将土地、房产等不动产列入征税范围，并一直延续到国民政府消亡。

中华人民共和国成立前后，在全国统一新的税收制度建立前，很多地方继续沿用以前老解放区税收政策体系。1950 年，政务院发布《契税暂行条例》，明确土地、房屋的买卖、典当、赠与和交换，由承受人缴纳契税。1951 年政务院公布《城市房地产税暂行条例》，决定将房产税和地产税合并为房地产税。1973 年为进一步简化税制，将对国营企业和集体企业征收的工商统一税及其附加、城市房地产税等合并为工商税，从而使该税的征收范围缩小到只对房产管理部门、有房产的个人和外侨征收。但实际上，由于十年浩劫，我国的相关税收制度很少贯彻执行。

改革开放后，房地产税收制度逐步实行了改革，20 世纪 80 年代初期恢复征收契税；80 年代后期对国内单位、个人恢复征收房产税和土地使用税，并开征了耕地占用税；90 年代前期开征了土地增值税；其他相关税种也实行了改革。1984 年国务院批准的国有企业"利改税"第二步改革方案，决定对土地和房产分别征税。1986 年 9 月，国务院发布《中华人民共和国房产税暂行条例》，从当年 10 月 1 日起施行。为了合理利用土地资源，在城乡建设的快速发展中保护农用耕地，1987 年 4 月国务院发布了《中华人民共和国耕地占用税暂行条例》；同时，为了应对城市快速发展对城市土地资源的浪费，1988 年 9 月国务院发布了《中华人民共和国城镇土地使用税暂行条例》，将原来实行的土地使用费以税收的形式固定。随着我国房地产市场化、商品化政策的确立，房地产市场出现的土地投机行为和频繁的房地产交易行为，给国民经济造成了不良影响。1993年12月国务院发布《中华人民共和国土地增值税暂行条例》，1995年1月财政部发布《中华人民共和国土地增值税暂行条例实施细则》，1997年7月国务院发布《中华人民共和国契税暂行条例》，均为控制土地和房地产投机，调节土地增值收益的重要税收法律依据。除此之外，在房地产税收领域我国曾经使用或目前还存在的税收种类有营业税、城市维护建设税、固定资产投资调节税及企业所得税等，这些共同形成了我国现行的房地产税收体系。

2. 我国现行房地产税收种类

房地产行业的税收是我国现行税收制度中一个较为复杂的税收体系，几乎涉及现行税制结构中的全部税类，本节主要具体介绍以下房地产税种：

(1)城镇土地使用税。为了合理利用城镇土地，调节土地级差收入，提高土地使用效益，加强土地管理，我国自1988年11月起征收城镇土地使用税。所谓城镇土地使用税，又称土地使用税，是指国家对城市、县城、建制镇、工矿区范围内使用土地的单位和个人，按占用土地面积分等定额征收的一种房地产税。

①纳税人。在城市、县城、建制镇、工矿区范围内使用土地的单位和个人，为城镇土地使用税的纳税人。其中：所称单位，包括国有企业、集体企业、私营企业、股份制企业、外商投资企业、外国企业以及其他企业和事业单位、社会团体、国家机关、军队以及其他单位；所称个人，包括个体工商户以及其他个人。

②征税对象。城镇土地使用税的征税对象为城市、县城、建制镇、工矿区范围内使用土地的单位和个人所使用的土地，不仅包括生产用地和生活用地，而且还指该范围内的国有土地和集体所有土地。

③税率。城镇土地使用税适用地区幅度差别定额税率。城镇土地使用税每平方米年税额：大城市1.5元至30元；中等城市1.2元至24元；小城市0.9元至18元；县城、建制镇、工矿区0.6元至12元。

省、自治区、直辖市人民政府，应在上述税额幅度内，根据市政建设状况、经济繁荣程度等条件，确定所辖地区适用税额的幅度。市、县人民政府应当根据实际情况，将本地区土地划分为若干等级，在省、自治区、直辖市人民政府确定的税额幅度内，制定相应的适用税额标准，报省、自治区、直辖市人民政府批准执行。经省、自治区、直辖市人民政府批准，经济落后地区土地使用税的适用税额标准可以适当降低，但降低额不得超过上述规定最低税额的30%。经济发达地区土地使用税的适用税额标准可以适当提高，但须报经财政部批准。

新征用的耕地，自批准征用之日起满一年时开始缴纳土地使用税；征用的非耕地，自批准征用次月起缴纳土地使用税。

土地使用税按年计算、分期缴纳。缴纳期限由省、自治区、直辖市人民政府确定。

④征税标准。城镇土地使用税实行从量征税，以纳税人实际占用的土地面积为计税依据，依照规定税额计算征收。其中，土地占用面积的组织测量工作，由省、自治区、直辖市人民政府根据实际情况确定。

⑤减免税情形。免缴城镇土地使用税的范围有：国家机关、人民团体、军队自用的土地；由国家财政部门拨付事业经费的单位自用的土地；宗教寺庙、公园、名胜古迹自用的土地；市政街道、广场、绿化地带等公共用地；直接用于农、林、牧、渔业的生产用地；经批准开山填海整治的

土地和改造的废弃土地，从使用的月份起免缴土地使用税5年至10年；由财政部另行规定免税的能源、交通、水利设施用地和其他用地。

下列土地的减、免税，由省、自治区、直辖市税务局确定：个人所有的居住房屋及院落用地；房产管理部门在房租调整改革前经租的居民住房用地；免税单位职工家属的宿舍用地；民政部门举办的安置残疾人占一定比例的福利工厂用地；集体和个人办的各类学校、医院、托儿所、幼儿园用地。另外，房地产开发公司建造商品房的用地，原则上应按规定计征土地使用税。但在商品房出售之前纳税确有困难的，其用地是否给予缓征、减征或免征照顾，可由各省、自治区、直辖市税务局根据从严的原则结合具体情况确定。

(2)耕地占用税。为了合理利用土地资源，加强土地管理，保护耕地，我国自1987年起征收耕地占用税。所谓耕地占用税，是指对占用耕地建房或者从事非农业建设的单位或者个人，按其实际占用耕地面积所征收的一种税。

①纳税人。占用耕地建房或者从事非农业建设的单位或者个人，为耕地占用税的纳税人。其中：所称单位，包括国有企业、集体企业、私营企业、股份制企业、外商投资企业、外国企业以及其他企业和事业单位、社会团体、国家机关、部队以及其他单位；所称个人，包括个体工商户以及其他个人。

②征税对象。耕地占用税的征税对象为特定耕地，其范围限于建房或者从事非农业建设的国有和集体所有的耕地。所谓耕地，指用于种植农作物的土地，包括菜地和园地。

占用林地、牧草地、农田水利用地、养殖水面以及渔业水域、滩涂等其他农用地建房或者从事非农业建设的，比照相关法律规定征收耕地占用税。建设直接为农业生产服务的生产设施占用上述农用地的，不征收耕地占用税。

③税率。耕地占用税的税额：人均耕地不超过1亩的地区(以县级行政区域为单位)，每平方米为10元至50元；人均耕地超过1亩但不超过2亩的地区，每平方米为8元至40元；人均耕地超过2亩但不超过3亩的地区，每平方米为6元至30元；人均耕地超过3亩的地区，每平方米为5元至25元。各地适用税额，由省、自治区、直辖市人民政府在上述规定的税额幅度内，根据本地区情况核定。

④征税标准。耕地占用税是一种从量税收，以纳税人实际占用的耕地面积为计税依据，按照规定的适用税额一次性征收。

⑤减免税与加收。免征耕地占用税的情形：军事设施占用耕地；学校、幼儿园、养老院、医院占用耕地。

铁路线路、公路线路、飞机场跑道、停机坪、港口、航道占用耕地，减按每平方米2元的税额征收耕地占用税。根据实际需要，国务院财政、税务主管部门同国务院有关部门并报国务院批准后，可对上述情形免征或者减征耕地占用税。

农村居民占用耕地新建住宅，按照当地适用税额减半征收耕地占用税。农村烈士家属、残疾军人、鳏寡孤独以及革命老根据地、少数民族聚居区和边远贫困山区生活困难的农村居民，在规定用地标准以内新建住宅缴纳耕地占用税确有困难的，经所在地乡(镇)人民政府审核，报经县级人民政府批准后，可以免征或者减征耕地占用税。

经济特区、经济技术开发区和经济发达且人均耕地特别少的地区，或占用基本农田的，适用税额可以适当提高，但是提高的部分最高不得超过上述规定的当地适用税额的50%。

(3)土地增值税。为了规范土地、房地产市场交易秩序，合理调节土地增值收益，维护国家权益，我国自1994年起征收土地增值税。所谓土地增值税，是指对转让国有土地使用权、地上的建筑物及其附着物（简称转让房地产）并取得收入的单位和个人，以其不动产转让时的增值额所征的一种税。

①纳税人。转让国有土地使用权、地上的建筑物及其附着物并取得收入的单位和个人，为土地增值税的纳税义务人。其中，所称单位，是指各类企业单位、事业单位、国家机关和社会团体及其他组织；所称个人，包括个体经营者。

②征税对象和征税标准。土地增值税按照纳税人转让房地产所取得的增值额和相应税率计算征收。所谓增值额，是指纳税人转让房地产所取得的收入减去法律规定扣除项目金额后的余额。其中，纳税人转让房地产所取得的收入，包括货币收入、实物收入和其他收入。计算增值额的扣除项目包括：取得土地使用权所支付的金额；开发土地的成本、费用；新建房及配套设施的成本、费用，或者旧房及建筑物的评估价格；与转让房地产有关的税金；财政部规定的其他扣除项目。

土地增值税纳税人有下列情形之一的，按照房地产评估价格计算征收：隐瞒、虚报房地产成交价格的；提供扣除项目金额不实的；转让房地产的成交价格低于房地产评估价格，又无正当理由的。

③税率。土地增值税实行四级超率累进税率：增值额未超过扣除项目金额50%的部分，税率为30%。增值额超过扣除项目金额50%、未超过扣除项目金额100%的部分，税率为40%。增值额超过扣除项目金额100%、未超过扣除项目金额200%的部分，税率为50%。增值额超过扣除项目金额200%的部分，税率为60%。

④免征情形。免征土地增值税：纳税人建造普通标准住宅出售，增值额未超过扣除项目金额20%的；因国家建设需要依法征用、收回的房地产。

(4)房产税。为了对房屋加强管理，提高房屋的使用效益，我国自1986年起征收房产税。所谓房产税，是指对城市、县城、建制镇和工矿区的房屋所有人的房屋原值或租金所征收的一种财产税。

①纳税人。产权所有人、经营管理单位、承典人、房产代管人或者使用人，为房产税纳税义务人。其中，产权属于全民所有的，由经营管理的单位缴纳。产权出典的，由承典人缴纳。产权所有人、承典人不在房产所在地的，或者产权未确定及租典纠纷未解决的，由房产代管人或者使用人缴纳。

②征税对象和征税标准。房产税依照房产原值一次减除10%至30%后的余值计算缴纳。具体减除幅度，由省、自治区、直辖市人民政府规定。没有房产原值作为依据的，由房产所在地税务机关参考同类房产核定。房产出租的，以房产租金收入为房产税的计税依据。房产税按年征收、分期缴纳。

③税率。房产税的税率，依照房产余值计算缴纳的，税率为1.2%；依照房产租金收入计算缴纳的，税率为12%。

④减免税情形。下列房产免纳房产税：国家机关、人民团体、军队自用的房产；由国家财政部门拨付事业经费的单位自用的房产；宗教寺庙、公园、名胜古迹自用的房产；个人所有非营业用的房产；经财政部批准免税的其他房产。

除上述规定情况外，纳税人纳税确有困难的，可由省、自治区、直辖市人民政府确定，定期减征或者免征房产税。

(5)契税。契税是对中华人民共和国境内转移土地、房屋权属，承受的单位和个人所征收的一种税。

①纳税人。中华人民共和国境内转移土地、房屋权属，承受的单位和个人为契税的纳税人。其中，土地、房屋权属，是指土地使用权、房屋所有权。所称承受，是指以受让、购买、受赠、交换等方式取得土地、房屋权属的行为。所称单位，是指企业单位、事业单位、国家机关、军事单位和社会团体以及其他组织。所称个人，是指个体经营者及其他个人。

②征税对象。契税的征税对象为转移土地、房屋权属的行为，具体有：国有土地使用权出让；土地使用权转让，包括出售、赠与和交换，但不包括农村集体土地承包经营权的转移；房屋买卖；房屋赠与；房屋交换。有些特殊方式转移土地、房屋权属的，也将视同土地使用权转让、房屋买卖或者房屋赠予：以土地、房屋权属作价投资、入股；以土地、房屋权属抵债；以获奖方式承受土地、房屋权属；以预购方式或者预付集资建房款方式承受土地、房屋权属。

③税率。契税实行比例税率，契税税率为3%～5%。契税的适用税率，由省、自治区、直辖市人民政府在上述规定的幅度内按照本地区的实际情况确定，并报财政部和国家税务总局备案。

④征税标准。契税的计税依据：国有土地使用权出让、土地使用权出售、房屋买卖，为成交价格；土地使用权赠与、房屋赠与，由征收机关参照土地使用权出售、房屋买卖的市场价格核定；土地使用权交换、房屋交换，为所交换的土地使用权、房屋的价格的差额。前款成交价格明显低于市场价格并且无正当理由的，或者所交换土地使用权、房屋价格的差额明显不合理并且无正当理由的，由征收机关参照市场价格核定。

⑤减免税情形。国家机关、事业单位、社会团体、军事单位承受土地、房屋用于办公、教学、医疗、科研和军事设施的，免征。城镇职工按规定第一次购买公有住房的，免征。因不可抗力灭失住房而重新购买住房的，酌情准予减征或者免征。财政部规定的其他减征、免征契税的项目。土地、房屋被县级以上人民政府征用、占用后，重新承受土地、房屋权属的，是否减征或者免征契税，由省、自治区、直辖市人民政府确定。纳税人承受荒山、荒沟、荒丘、荒滩土地使用权，用于农、林、牧、渔业生产的，免征契税。依照我国有关法律规定以及我国缔结或参加的双边和多边条约或协定的规定应当予以免税的外国驻华使馆、领事馆、联合国驻华机构及其外交代表、领事官员和其他外交人员承受土地、房屋权属的，经外交部确认，可以免征契税。

(6)销售不动产营业税。营业税是在中华人民共和国境内提供本条例规定的劳务、转让无形资产或者销售不动产的单位和个人就其营业收入额所征收的一种税。我国自1993年起征收营业税。销售不动产营业税是指在建筑物、土地等不动产销售时，国家向不动产的出让人征收的一种税。

①纳税人。在中华人民共和国境内提供法律规定的劳务、转让无形资产或者销售不动产的单位和个人，为营业税的纳税人。销售不动产营业税的纳税人为中华人民共和国境内提供法律规定的转让无形资产或者销售不动产的单位和个人。其中，劳务、转让无形资产或者销售不动产，是指有偿提供条例规定的劳务、有偿转让无形资产或者有偿转让不动产所有权的行为。所称单位，是指企业、行政单位、事业单位、军事单位、社会团体及其他单位。所称个人，是指个体工商户和其他个人。单位将不动产无偿赠与他人的，视同销售不动产，转让人和赠与人也是纳税人。

营业税扣缴义务人：中华人民共和国境外的单位或者个人在境内提供应税劳务、转让无形资产或者销售不动产，在境内未设有经营机构的，以其境内代理人为扣缴义务人；在境内没有代理人的，以受让方或者购买方为扣缴义务人。国务院财政、税务主管部门规定的其他扣缴义务人。

②征税对象和征税标准。纳税人提供应税劳务、转让无形资产或者销售不动产，按照营业额和规定的税率计算应纳税额。可见营业税的计税依据为纳税人提供应税劳务、转让无形资产或者销售不动产所获得的营业额。在营业额的确定方面：

纳税人兼有不同税目的应当缴纳营业税的劳务、转让无形资产或者销售不动产，应当分别核算不同税目的营业额、转让额、销售额（统称营业额）；未分别核算营业额的，从高适用税率。纳税人的营业额为纳税人提供应税劳务、转让无形资产或者销售不动产收取的全部价款和价外费用。所称价外费用，包括收取的手续费、补贴、基金、集资费、返还利润、奖励费、违约金、滞纳金、延期付款利息、赔偿金、代收款项、代垫款项、罚息及其他各种性质的价外收费。纳税人提供建筑业劳务（不含装饰劳务）的，其营业额应当包括工程所用原材料、设备及其他物资和动力价款在内，但不包括建设方提供的设备的价款。

营业税的征税对象为在中华人民共和国境内提供规定的劳务、转让无形资产或者销售不动产的行为，具体包括交通运输业、建筑业、金融保险业、邮电通信业、文化体育业、娱乐业、服务业、转让无形资产（包括土地使用权）、销售不动产等九个方面。所称中华人民共和国境内提供规定的劳务、转让无形资产或者销售不动产，是指：提供或者接受条例规定劳务的单位或者个人在境内；所转让的无形资产（不含土地使用权）的接受单位或者个人在境内；所转让或者出租土地使用权的土地在境内；所销售或者出租的不动产在境内。

③税率。营业税除娱乐业实行幅度比例税率外，其他税目均实行固定比例税率。其中建筑业税率为3%；转让无形资产税率为5%；销售不动产税率为5%。

④征税环节。营业税纳税义务发生时间为纳税人提供应税劳务、转让无形资产或者销售不动产并收讫营业收入款项或者取得索取营业收入款项凭据的当天。国务院财政、税务主管部门另有规定的，从其规定。营业税扣缴义务发生时间为纳税人营业税纳税义务发生的当天。

纳税人转让土地使用权或者销售不动产，采取预收款方式的，其纳税义务发生时间为收到预收款的当天。纳税人提供建筑业或者租赁业劳务，采取预收款方式的，其纳税义务发生时间为收到预收款的当天。纳税人将不动产或者土地使用权无偿赠送其他单位或者个人的，其纳税义务发生时间为不动产所有权、土地使用权转移的当天。

⑤免税情形。虽然免征营业税范围很广泛，如：托儿所、幼儿园、养老院、残疾人福利机构提供的育养服务、婚姻介绍、殡葬服务；残疾人员个人提供的劳务；医院、诊所和其他医疗机构提供的医疗服务；学校和其他教育机构提供的教育劳务，学生勤工俭学提供的劳务；纪念馆、博物馆、文化馆、文物保护单位管理机构、美术馆、展览馆、书画院、图书馆举办文化活动的门票收入，宗教场所举办文化、宗教活动的门票收入等。但销售不动产营业税不存在法定免税情形。

(7)城市维护建设税。城市维护建设税是指对缴纳消费税、增值税、营业税的单位和个人，就其实缴的消费税、增值税、营业税税额为计税依据的一种税。城市维护建设税是我国为了加强城市的维护建设，扩大和稳定城市维护建设资金的来源开征的一个税种。我国自1985年起征收城市维护建设税。

①纳税人。纳税人为承担城市维护建设税纳税义务的单位和个人。缴纳增值税、消费税、营业税的单位(不包括外商投资企业、外国企业和进口货物者)和个人都是城市维护建设税的纳税人。

②征税对象。城市维护建设税以纳税人实际缴纳的增值税、消费税、营业税税额为征税对象。其应当分别与消费税、增值税、营业税同时缴纳。

③税率。城市维护建设税实行比例税率,按纳税人所在地规定。纳税人所在地为市区的,税率为7%;纳税人所在地为县城、镇的,税率为5%;纳税人所在地不在市区、县城或镇的,税率为1%。

④减免税情形。城市维护建设税一般不规定减免税,但对下列情况可免征城建税:海关对进口产品代征的流转税,免征城建税;从1994年起,对三峡工程建设基金,免征城建税;对中外合资企业和外资企业暂不征收城建税。

(8)房地产印花税。印花税是指以经济活动中签立的各种合同、产权转移书据、营业账簿、权利许可证照等应税凭证文件为对象所征的税。印花税是一种古老的税收,由纳税人按规定应税的比例和定额自行购买并粘贴印花税票,即完成纳税义务,现在往往采取简化的征收手段。我国自1988年起征收印花税。房地产印花税是指对书立、领受房地产应税凭证征收的一种税。

①纳税人。凡在中华人民共和国境内书立、领受房地产应税凭证的单位和个人,都是房地产印花税的纳税人。具体有立合同人、立账簿人、立据人、领受人。其中,所称单位和个人,是指国内各类企业、事业、机关、团体、部队以及中外合资企业、合作企业、外资企业、外国公司企业和其他经济组织及其在华机构等单位和个人。凡是缴纳工商统一税的中外合资企业、合作企业、外资企业、外国公司企业和其他经济组织,其缴纳的印花税,可以从所缴纳的工商统一税中如数抵扣。

②征税对象。现行印花税只对印花税条例列举的凭证征税,而房地产印花税的征税对象具体包括:房地产买卖、建设工程承包、房地产租赁、房地产保险等多种合同性质的凭证;产权转移书据及其他法律规定的凭证;房地产营业账本;房地产权利、许可证照;经财政部确定征税的其他凭证。其中,建设工程承包合同,是指建设工程勘察设计合同和建筑安装工程承包合同。建设工程承包合同包括总包合同、分包合同和转包合同。

③税率。现行印花税采用比例税率和定额税率两种税率。其中,比例税率有五档,即4‰、1‰、0.5‰、0.3‰和0.05‰。适用定额税率的是权利许可证照和营业账簿税目中的其他账簿,单位税额均为每件伍元。特别注意,勘察、设计合同由立合同人按收取费用0.5‰纳税;建筑、安装工程承包合同由立合同人按承包金额0.3‰纳税。

④征税标准。印花税根据不同征税项目,分别实行从价计征和从量计征两种征收方式。

a.从价计税情况下计税依据的确定。各类经济合同,以合同上记载的金额、收入或费用为计税依据;产权转移书据以书据中所载的金额为计税依据;记载资金的营业账簿,以实收资本和资本公积两项合计的金额为计税依据。

b.从量计税情况下计税依据的确定。实行从量计税的其他营业账簿和权利、许可证照,以计税数量为计税依据。

⑤免税情形。下列凭证免纳印花税:已缴纳印花税的凭证的副本或者抄本;财产所有人将

财产赠给政府、社会福利单位、学校所立的书据；国家指定的收购部门与村民委员会、农民个人书立的农副产品收购合同；无息、贴息贷款合同；外国政府或者国际金融组织向我国政府及国家金融机构提供优惠贷款所书立的合同。

(9)固定资产投资方向调节税。固定资产投资方向调节税是指国家对在我国境内进行固定资产投资的单位和个人，就其固定资产投资的各种资金征收的一种税。我国自1991年起征收该种税，但国家税务总局等三部委于1999年12月17日联合发布《关于暂停征收固定资产投资方向调节税停征工作的通知》，规定自2000年1月1日起暂停征收新发生的固定资产投资方向调节税。

当然，除了上述九种房地产税之外，还包括房地产企业所得税、个人所得税等与房地产行业发展相关的税收种类，这些均在我国《企业所得税法》、《个人所得税法》中均有较为明确的规定。

3. *我国房地产税收征管制度*

税收征收管理是税务机关对纳税人依法征收税款和进行税务监督管理的总称。房地产税收征管是指税务机关依据国家税收法律、法规的规定，对房地产税收征纳活动全过程进行管理、征收和稽查，以保障国家税收法律法规的贯彻实施的一种税收管理活动。

与一般的税收征收管理一样，房地产税收征管制度也存在税务登记，账本、凭证管理，纳税申报、税款征收和税务检查等基本环节。我国的税收征收机关为税务机关，可具体分为国家税务机关和地方税务机关两种。从体制方面来看，我国房地产税收体制主要属于地方税制，税收收入主要归地方政府所有。我国的税收征管法律规定，地方政府在很多方面没有自主立法权限，主要是依据国家的法律法规政策完成地方税收的征收管理。这在一定程度上保证了税收征管权力的统一性和稳定性。我国的房地产税收一般也都由国家或地方税务机关统一征收，但税收征收管理的各个环节都可能基于税收征收信息的缺乏而导致征收困难加大，成本提高。因而，我国有必要建立相关的信息协调机制或一定的税收征管辅助机制来保证房地产税收的征收管理工作具有效率性和完整性。

11.2.2 国外房地产税收制度

国外房地产税收制度主要包括课税范围、税种设置、计税依据、税率设计和税收征管等方面。首先，各国课税范围分为不同的两种：把房屋建筑物等不动产均与土地相结合统一征税；单独对土地和地上建筑物等不动产课税。其次，各国在税种设置方面，基本分为两种情况：合并在其他财产税中征收；单独设置房地产税种，分别课征。第三，各国房地产税收的计税依据基本都分为从量计征和从价计征两种。第四，各国房地产税收的税率形式较多，总体来说，有比例税率和累进税率两种。同时，许多国家和地区，根据土地用途不同、土地所处地理位置不同、土地开发程度不同、是否空地或闲置土地不同都采用了各不相同的税率。最后，税收征收管理权限，多数国家归地方政府，只有少数国家的少数税种作为中央税或中央、地方共享税。在此，本章简要就法国、日本和美国的房地产税收制度作简要介绍。

1. *法国房地产税收制度*

法国是西方国家税收体制的典型，税收制度十分健全。法国税种可归为四个大类，即收入所得税、消费税、资本税及地方税。其中涉及房地产类的主要税种有资本税和地方税：

(1)资本税。资本税包括各项与资本、家产有关的税,如房产转移税、财产继承税、巨富税等。其中包括:①财产转移税,是指在动产、不动产交易、买卖、赠与、继承等转移行为中征收的税。其税率差异很大,如遗产继承的税从5%至60%。②财产升值税,是指动产与不动产(如房地产)的升值须缴纳的一种资本税。对不动产升值税的征收,如果在两年内实现短期升值,则将升值归入收入总额内,按收入所得税计算;如果是两年以上实现的长期升值,则扣除每年5%升值(减税折扣与货币升值因素)后按收入总额进行"参数计算"征税。③巨富税,是指对拥有一定数额资产的财富者才征收的税。税法规定在个人拥有动产不动产总额超出一定限额时,须纳巨富税,税率从0.55%到1.65%,按高额累进方式征税,财富越多征税越多。

(2)地方税。在法国,地方性的税收只占税收总额的20%上下。地方性税收的受惠者是大区、省、市镇三级地方政府。这些地方税或多或少都与房地产相关联,具体分为:①建筑地产税,是对拥有房产、厂房及其附属地产者按年度征收的税。根据出租价值计算税率,各地标准不一。②非建筑地产税,是对拥有非建筑用地产者按年度征收的税,税率各地不一。③居住税,是对居民按年度征收的税,不论是房东还是房客,均须交纳。税率根据出租价值、居住面积、收入情况等综合计算,各地差异也很大。④职业税,是地方对所有从事非工资性职业活动的法人或自然人征收的税。税率亦按各地出租价值再结合各行业参数等因素进行计算,一年交一次。⑤扫路税与垃圾清除税,这两种税也是按年度征收,由房主或房客交纳。

(3)法国房地产税收征收管理。法国有一套完整的法律和行政措施来规范房地产税收的征收管理。中央政府颁布税收法律,负责对房地产征税进行统一管理。各级政府根据其制定的地方税税率征税,一些地方政府联合一些团体组织征税,独立于征税政府部门。地方政府在其权限范围内收集房地产的数据,中央政府评估房地产的价值,并收集信息。法国税务当局存有各种不动产的详细档案,纳税人进行房地产交易都需要到税务局办理过户手续。在此基础上,法国的房地产税收征管制度规定非常详细,充分考虑到了不动产征税过程中的各种具体情形并加以区别对待。法国对于房地产转让征税充分考虑到了房地产的有偿转让以及房地产的无偿转让所面临的各种情形,而且对预防房地产的不正当转让乃至房屋空置也有很多有力的措施。

另外,法国建立了房地产估价制度,房地产所有者须随时向税务官员提供自己房地产变化的信息,税务官员根据位置、特性和用途不同把房产分成不同的类别进行估价。评价的标准根据中央政府每年颁布的法定系数范围和由中央税务管理局按季度计算的调整值,这就保证了征税依据的尽量准确和合理。

2. **日本房地产税收制度**

日本的房地产税制已形成针对房地产取得、保有、转让的均衡征税体系,从大的方面包括房地产取得税、房地产保有税和房地产转让税三种。

(1)房地产取得税。

①印花税。印花税是针对房地产流转环节课征的一种税,买卖双方应在书立的合同上贴足印花,并在其上加盖戳记,以示纳税。土地买卖的现金收据金额超过一定金额时也要缴纳印花税(个人出售土地则不在此例)。

②注册执照税和不动产取得税。取得土地和房屋的人为保全其权利而进行登记的制度,是日本对房地产取得和保有环节征税的基础。在进行登记时,取得房地产的人必须缴纳注册

执照税。其税率根据登记的种类，如所有权保存登记、所有权转移登记等分别设定。注册执照税的计税依据为房地产评估额、债权金额和不动产个数。

此外，房地产取得者还须缴纳不动产取得税，该税属于都道府县税。县税务所凭借房地产登记证明，到现场进行核实后，向纳税人送达纳税通知书并征税。征税日期为买卖合同上所有权发生转移的日期，即取得房地产的日期。除继承、遗赠、信托、转让担保、土地规划换地等取得的房地产不征此税外，因买卖、交换、赠与、新建、增改建等取得的房地产都需征此税。

③消费税。日本土地的出售不征收消费税，而用于宅地的土地平整工程则需征收消费税，这部分消费税添入每块土地出让金，最终转嫁给消费者。对房屋的新建工程款和购入款，由承包商、不动产商缴纳消费税，最终转嫁给建筑商和购房者。不动产商介绍房地产买卖收取的中介费也需要缴纳消费税，税负最终转嫁给委托人。

④继承税与赠予税。日本继承税和赠予税目前均采用10%～50%的六档累进税率。征税对象包括土地、房屋、有价证券、现金、存款等，其中继承税来自房地产的应税财产占6～7成，占直接国税的3.4%。两者的计税依据是房地产评估额。评估标准根据市价，即在纳税期内由不特定多数当事人进行正常自由交易时成立的价格。免征继承税的财产包括墓地和供宗教、慈善、学术等公益事业用的财产。

(2)日本房地产保有税。

①固定资产税。固定资产税的征税主体为市町村，其收入全部归市町村支配；计税依据由工商业收益和住宅租赁额改为评估额，并将征收范围从房地产扩大到折旧资产(房地产以外供经营用的资产)。固定资产税实行台账征税原则，凡是在台账上注册登记的房地产所有人均为固定资产税纳税人。

固定资产税的计税依据按照房地产市场评估价，原则上三年固定不变，并区分为基准年度评估额和比照基准年度评估额，以区别不同情况、不同用途的房地产。固定资产税的标准税率为1.4%。

固定资产税采用免征点制度，免征点为土地30万日元、房屋20万日元、折旧资产150万日元。免税范围为皇室及公益单位的房地产领域。固定资产税的减免优惠则主要集中在一定面积的新建住宅、新建租赁住宅、市区再开发工程建筑以及供老年人居住的优质租赁住宅上。

日本实行房地产评估制度，同时实行市町村长负责的房地产估价师制度，保证评估结果的公正性。

②城市规划税。城市规划税的纳税人和征收方法的规定均与固定资产税相同。不同的是，城市规划税的征税对象为城市化区域内和开发区内的房屋和土地，征收的税款专项用于该区域内的城市规划事业。折旧资产不包含在征税对象范围内。计税依据对住宅用地也设置了优惠措施，最高限制税率为1.3%，对新建住宅一般不设减免税措施，但东京都例外。

③日本房地产转让课税。日本对个人和法人的房地产转让收益均征收国税和地方税，但征收方法有所差异。就个人而言，首先，普通个人转让房地产的收益只需缴纳个人所得税和个人居民税。其次，专门从事不动产业的个人转让房地产的收益不属于转让所得，而纳入经营所得，与此类似的情况，如农户或职员在自有土地上建造房屋后转让的收益，纳入杂项所得，均采用综合计税方式。

对法人的房地产转让收益首先计算出法人税税额，方法是先对销售收入和成本费用进行核算，求出税前利润，并作出相应的税务调整后，按当期收入额乘以适用税率来计算。当然，不论个人还是法人，计算事业税时均可以作为费用，从翌年的个人及法人税额中向后结转扣除。

综上，首先，日本通过设计合理的房地产税制促进房地产流通、满足供需平衡、抑制投机，始终是房地产税制研究的课题。其次，日本的财产登记制度和地价公示制度对于保障纳税人财产安全、确保税收收入、维持评估的全国统一性起到重要作用。最后，日本对房地产保有环节征税，根据房地产用途和纳税人负担能力，采用差别税率并体现在对计税依据的调整上。

3. **美国房地产税收制度**

房地产业是美国的经济支柱之一，房地产税收收入占政府财政收入相当大的比例。美国实行联邦、州和地方三级政府各有侧重，税种、税权彼此独立的课税制度，其中，联邦政府以所得税为主，州地方政府以销售税和财产税为主。如遗产税和赠与税是对因继承、赠与而取得房地产等财产的承受人课征的一种财产税，由联邦政府征收。美国房地产税主要有：

(1)房地产保有税类。房地产保有税是对拥有房地产所有权的所有人或占有人课征的税收，一般依照房地产的存在形态，即土地、房产和房地合一的不动产来设置。美国对土地和房屋直接征收的是房地产税，又称不动产税，归在财产税项下，税基是房地产评估值的一定比例(各州规定不一)，由各州政府统一征收。财产税是地方政府财政收入的主要来源。

(2)房地产取得税类。房地产取得税是对取得土地、房屋所有权人课征的税收，一般依照房地产的取得方式而设置税种，房地产取得的法律事实主要分为原始取得和继承取得。在美国，个人所得税实行超额累进税率，最低税率为15%，最高税率为39.9%，房地产出租形式的收入适用此税；资本利得税，依据房地产出售所获得的差价收入征收；公司所得税实行超额累进税，税基为房地产公司的净利润。而遗产赠与税是房地产作为遗产和被赠与时才征收，并且其价值应满足法律所规定的起征点。

(3)房地产所得税类。房地产所得税是对房地产或土地在经营、交易过程中，就其所得或增值收益课征的税收。其中交易税税率约为2%，房地产买卖时缴纳。

(4)税收优惠管理。为了促进住宅业的发展，美国政府还在很多方面制定了征税的优惠政策。主要有：①对利用抵押贷款购买、建造和大修自己房屋的业主，在征收个人所得税时减免抵押贷款的利息支出；②对拥有自己住房的业主，还可减免州税、财产税等；③对出租房屋的业主实行税收豁免政策；④豁免出售自用住房(又称主住宅)收益的个人所得税；⑤对低收入者和老年人购房和租房的税收优惠政策等。

美国房地产税制的基本特点还表现在：房地产税属于一种地方税，各州、地方政府在税收立法和征管方面有很大的自主权利；现阶段还没有开征增值税；建立了完整的房地产估价和征管体系，保证税收的顺利征收；在不动产财产税领域实行税制的内外部统一，凡在美国国内拥有不动产的外国人和本国人实行同等对待。

11.2.3 国外房地产税收制度的借鉴

税制作为一种杠杆在市场经济运行中有重要的调节作用，制定合理的房地产税制，才能规范房地产市场行为，确保房地产经济的平稳发展。虽然各国税制有诸多不同之处，但在完善和发展过程中，形成了许多共同特征。一般来说，国外税收制度在房地产税的设置方面主要涉及房地产保有、转移和取得三个方面。其中：房地产保有税是在一定时期或一定时点上，对个人或法人所拥有的房地产课征的一种税收，其主要功能是合理调节房地产收益分配，以确保房地产保有的负担公平和降低房地产作为资产保有的有利性。房地产转移税是当房地产发生买卖等有偿转移时，对转让收益即增值部分的课税。房地产取得税是通过有偿或无偿方式，在取得房地产时，由取得人缴纳的税收。

从上述对法国、日本和美国税收制度的介绍来看，国外税收制度一般有以下几个显著特征：第一，将房地产税划归地方税体系，是地方财政收入的重要来源。纵观各国的税收制度，凡是实行中央与地方分享税制的国家，房地产税收基本上归入地方税体系。第二，各国基本都对土地和房屋分别课征，采用不同的税种和税率。第三，由于房地产税具有税源稳定、容易征收管理等特点，各国都比较重视房地产税收在政府组织尤其是地方政府财政收入中的重要地位。第四，多数国家趋向于按房地产的评估值征收房地产税，使其具有随着经济增长而增长的弹性特征。目前大多数国家改变了原来从量课征房地产税的做法，而采用从价征收。第五，各国重视对房地产保有的征税，而房地产权属转让的税收则相对较少，这极大地鼓励了不动产的流动，刺激了土地的经济供给，同时避免了业主空置或低效利用其财产，既繁荣了房地产市场，又推动了房地产要素的优化配置。第六，各国房地产税收政策坚持“宽税基、少税种、低税率”的基本原则。宽税基，即除对公共、宗教、慈善等机构的不动产实行免税外，其余的不动产所有者或占有者均为纳税主体；少税种，即房地产的税种较少，多数国家开征不动产税，一方面避免因税种复杂而导致重复征税现象的发生，另一方面又降低了税收征管成本，提高税收效率；低税率，即主体税种的税率一般都较低，总体税收负担水平也偏低，从而既降低了税收征管阻力，又有效推动房地产市场的发展。

目前，我国的房地产市场正处于发展调整阶段，房地产税制也还需进一步完善，其经济杠杆作用也不显著。而在这方面，一些西方国家已经历了相当长时间的发展与完善，有不少值得我们借鉴的经验。比如我国房地产税重流转轻取得、保有，这一点应改变，并借鉴国际通用做法协调各环节征税机制，并通过强化执行程序加强政策效果。还有，我国房产税没有按房产和地产的市场价值来征收，房产税收入不能随经济增长而增长，致使地方政府通过土地出让金等收费项目，来增加财政收入。房地产方面的相关收费比重大大高于税收，收费方式不规范，费基侵占税基，税基明显偏窄，既影响了房地产税收，也造成了税负不公。因而我国应建立较完善的房地产价值评估体系。

专题

开征物业税将带来什么

记　者：冯蕾

嘉　宾：财政部财政科学研究所所长 贾康

中国社科院城市发展与环境研究中心研究员 牛凤瑞

国家信息中心经济预测部高级经济师 王远鸿

链　接：物业税也叫不动产税，旨在将现行的房产税、城市房地产税、土地增值税以及土地出让金等税费合并，转化为房产保有阶段统一收取的物业税。要求其所有者每年都要缴付一定税款，而应缴纳的税值会随着其市值的升高而提高。

不久前，国务院在批转发改委关于2009年深化经济体制改革工作意见的通知中，明确提出了"深化房地产税制改革，研究开征物业税"。有关专家表示，这是继物业税在10城市"空转试点"之后，向实际开征又迈进了一步。

征税会平抑房价吗

背　景：今年研究开征物业税的消息发布后，深圳新闻网随后进行了网上调查。调查结果是：支持者与反对者比例几乎达到1∶1。支持者认为可抑制炒房、囤房，减少房地产泡沫，引导社会资金投资实体经济。反对者认为百姓收入还不高，负担重，征物业税不实际，此外，担心征税会令房租上涨。

记　者：对于征税，各方反应不一，征税究竟会不会对房价产生影响？

贾　康：应该说，推出房地产税改革的主要目的是中长期的，如：使地方政府职能形成合理定位，为推行省以下分税分级财政提供一个重要配套条件；规范现在多如牛毛的房地产税费，将其调整到公共财政所要求的简明、透明和规范的状态，等等。至于开征这个税在短期内是否能抑制房地产投机行为，适当给房地产业降温？我认为，这可能会同时发生，但不是唯一的目的，房地产税改革对房地产业的影响更主要的是长期影响。今后不排除将房地产开发、投资环节的税费与交易、保有环节连接起来通盘考虑，从而有利于降低前期税费水平，也适当约束地价。目前，这项改革还有待研究具体方案，需要有关部门反复考虑和观察，但基本方向是"明租、正税、规费"。

王远鸿：开征物业税是我国税收制度改革的重要一步，也与房地产市场的健康发展密切相关。在不征收物业税的情况下，"囤房"机会成本较低，投机性需求旺盛，从而导致房价飙升和房地产市场的虚假繁荣。开征物业税，将明显增加持有成本，这无疑将加大囤房风险，有利于抑制投机需求。在物业税的开征时机选择上，房地产市场处于上升期更易推进。而现在，受国际金融危机的影响，整个经济仍然比较低迷，尽管年初以来房地产市场出现回暖迹象，但市场分歧仍然加大，持续性也有待观察。当前国家宏观调控的主要目标是扩内需、保增长，如果现在开征物业税，会不会明显改变市场预期，导致市场观望再度出现和房地产开发投资减缓，从而拖经济回稳的后腿？如何处理市场稳定、经济增长和制度改革三者的关系？这需要决策者的智慧。

牛凤瑞：如果土地出让金由70年征收一次变成按年度征收或纳入物业税，那么，会降低土地开发成本，为房价下降提供重要前提。

谁将成为征税重点

背　景：发达国家中，物业税有着不同的征收方式。加拿大所征不动产税税率是三年内不动产平均值的0.5%。日本对囤积土地有很多限制政策，其中包括对土地保有、增值和交易进行征税。如果某块地在买入时是100万元，后来增值到1000万元，中间900万元就要交税。

记　者：中国有着中国自己的国情，如果征税，谁将纳入其中？

贾　康：如果物业税"实转"的条件成熟了，最初阶段上除了营业性的不动产都应被物业税覆盖之外，首先被考虑覆盖的应该是高档豪华住宅，比如独立别墅。我建议当这个税种出台的时候，可暂不实际覆盖老百姓自用的一般消费性住宅。前些年有不少老百姓看到物业税的说法有些着急，说好不容易买一套自己的房子，除了交物业费之外，怎么又冒出一个物业税？从长远看，物业税的征收对象应当是覆盖所有营业性和非营业性住房。但我国的大局是力求平稳地实现经济社会转轨，相关因素比较复杂，为平稳推进，可沿用我国改革的"渐进"方式，一开始把普通住宅与高档住宅区别对待，一个时期内，先只对后者实征。如何覆盖普通住房的方案，肯定需要区别对待，可待以后从容探讨。

王远鸿：现在最大的分歧主要集中于技术层面。一是征税的对象怎么确定？二是征税的标准怎么设定？是首套住房免征？还是按面积征税(按照有关部门的初步测算，起征点大致在144平方米)？按套来征收，如一个人买了多套房子，但只用自己的名义登记一套，那么如何对其征税？按面积征税，考不考虑人均住房面积问题？比如一套150平方米的住房居住了五个人，按照144平方米的起征点应该征税，但120平方米的住房居住了三个人却不用交税。这样是否公平？三是房屋价值怎样科学评估？由谁评估？这都需要有关部门做出科学细致的研究和安排。

记　者：发达国家的经验可否借鉴？

牛凤瑞：与发达国家比较，我国有着自己的特殊国情，土地属于国家，转让的只是使用权。在我国买房人在买房的时候，实际上已经向政府一次性交纳了70年的土地出让金，从某种意义上讲这与物业税的征收其实是具有相通性的。因此如果开征物业税，如何核定他们目前应该交纳的物业税也是需要明确的地方，这在中国仍需要深入研究。

外国物业税一览

美　国：归在财产税项下，税基是房地产评估值的一定比例。目前美国的50个州都征收这项税收，各州和地方政府的不动产税率不同，大约平均1%～3%。

瑞　典：物业税征收额度为不动产税务评估价值的0.5%～1%。自2001年起，对于单栋独立家庭住房，税率为1%，对共同产权型的公寓住宅，税率为0.5%。商业物产不动产税率为1%，工业物产税率为0.5%。

芬　兰：不动产税不同地区的税率不同，税率在0.5%～3%之间。根据税务机构的评定值纳税，农田和森林免税。房地产投资收益税：参照芬兰公司税，按扣除合理费用后的收益的26%纳税。

法　国：持有不动产者，每年按3%的公平市场价值纳税。公司将自己房产装修后出租，按税基的84%缴纳15%～30%营业税。税基包括：公司房产的出租价值，或16%的公司所付出租金。

资料来源：开征物业税将带来什么[N/OL]. 光明时报，2009-06-14. http://www.gmw.cn/content/2009-06/14/content_933492.htm.

思考与练习

1. 如何理解税收的本质属性?
2. 税收的职能表现在哪些方面?
3. 税收的构成要素包括什么?
4. 房地产税收的税种有哪些?
5. 我国税收体系中是否存在房地产保有税,表现在哪些方面?
6. 美国房地产税收制度有哪些可借鉴之处?

第12章 房地产经济的宏观调控

重点内容

1. 宏观调控的内涵
2. 房地产宏观调控的必要性
3. 房地产宏观调控的具体手段
4. 中国房地产宏观调控的特点及发展趋势

这章从经济学关于宏观调控的相关理论着手,论述了房地产宏观调控的内涵、必要性及其原则,指出我国房地产宏观调控的政策目标和具体手段等;在此基础上,结合我国房地产宏观调控的具体实践,分析我国房地产宏观调控的具体特点及未来发展趋势,表明我国的房地产宏观调控具有自身的特殊性。

房地产制度与政策是一项系统工程,实行纯粹的房地产市场化和商品化对我国经济社会发展有害无益,因而通过运用政府宏观调控手段来干预房地产经济,将有利于我国房地产业乃至整个国民经济的健康发展。

12.1 房地产宏观调控的内涵和必要性

房地产宏观调控是政府通过一定的政策工具调节房地产经济的手段和方式,本节阐述在宏观调控理论基础上,进一步就房地产宏观调控的内涵和必要性作出具体分析。

12.1.1 宏观调控的基本理论

1. 宏观调控的概念和特征

宏观调控是现代经济学上的重要概念,是在市场经济条件下,政府通过各种间接干预经济运行的手段,以实现国民经济又快又好发展。所谓宏观调控是指国家运用经济、法律、行政等政策手段,对经济运行状态和经济关系进行干预和调整,把微观经济活动纳入国民经济宏观发展轨道,及时纠正经济运行中的偏离宏观目标的倾向,实现社会总需求与总供给之间的平衡,以保证国民经济的持续、快速、协调、健康发展。宏观调控的基本特征有:

(1)宏观调控的主体是以中央政府为主的各级国家机关,即权力机关和行政机关。宏观调控是在市场出现缺陷时,由管理国民经济总体运行的政府运用各种调控工具,实现资源合理配置的过程。由于只有政府,特别是中央政府能够监控宏观经济运行,并可能具备制定克服市场缺陷的能力,因而宏观调控是市场经济条件下政府职能的基本内容,同时也是政府主要经济职能的体现。

(2)宏观调控不是针对单个或个别的市场主体或市场行为实施的,而是为了实现整个社会总供给与总需求的均衡发展。这与市场活动中,微观经济单位或个人,根据市场竞争规则追求个人利益最大化的经济目标严格区分。

(3)宏观调控作为政府对整个宏观经济所实施的总量控制和调节,其调控手段主要是间接的,并且具有多样性和综合性。宏观调控手段的间接性主要是根据市场变动规律和长期趋势,通过宏观经济政策变动对市场参数施加影响,来调整企业的经济行为,达到保持市场稳定、均衡和间接引导的目的。宏观调控手段包括经济、法律乃至行政等多种手段形式,并且在一定条件下政府可以同时综合运用各种手段来实现宏观调控目标。

2. 宏观调控的原因

宏观调控产生的原因可以从两个方面来理解:其一是市场本身存在缺陷。社会主义市场经济条件下,市场调节不是万能的,有些领域不能让市场来调节,有些领域不能依靠市场来调节。即使在市场调节可以广泛发挥作用的领域,市场也存在着固有的弱点和缺陷,包括自发性、盲目性、滞后性等。因而完全依赖市场自身的能力实现宏观经济目标是不现实的。其二是政府具备弥补市场缺陷的经济职能。按照市场经济和现代科学管理的要求,市场经济条件下政府的职能完全不同于计划经济,其经济职能应从一般的简单决策为主转为系统论证决策为主,由直接调控转为间接调控,由实物形态调控转为价值调控,这些转变主要通过宏观经济、法律、行政等政策手段来实现。

3. 宏观调控的目标和内容

宏观调控的过程是国家基于市场经济规律,运用调节手段和机制,实现资源的优化配置,为微观经济运行提供良性的宏观环境,使市场得到正常运行和均衡发展的过程。世界各国已经充分认识到宏观调控的重要性和必要性,宏观调控目标基本趋于一致,即保持经济总量平衡,抑制通货膨胀,促进重大经济结构优化,实现经济稳定增长。

在我国,宏观调控的主要目标是促进经济增长,增加就业,稳定物价,保持国际收支平衡。为实现这一目标,政府必须通过一定方式调节社会总供给与社会总需求的关系,使之达到基本平衡;在促进经济持续快速增长的同时,提高就业弹性,积极发展劳动密集型产业,如第三产业;运用货币等经济手段对价格进行调节,也可采用某些行政手段,以保持价格基本稳定,避免价格大起大落;在对外经济交往中,对外贸活动进行必要的国家管理和干预。

宏观调控是保证社会再生产协调发展的必要条件,也是社会主义国家管理经济的重要职能。其主要内容包括:第一,国家在合法前提下,合理地制定各项经济政策和措施,如制定相关产业政策,制定财政政策和货币政策,建立和完善适应市场经济发展收入分配制度和税收征管制度等;第二,适当运用价格、税收、信贷等经济杠杆,调节国民收入的分配和再分配,从经济利益上诱导、协调和控制社会再生产的各个环节;第三,科学地编制各项经济计划,更好地发挥计划在中长期资源配置中应有的作用,弥补市场配置资源的不足。

4. 宏观调控的手段

宏观调控目标需要通过一定的方式和途径来实现,这就是所谓的宏观调控手段。我国的宏观调控手段主要有:第一,法律手段,指国家通过制定和运用经济法规来调节经济活动的手段,主要由经济立法和经济司法来调节。第二,经济手段,是国家运用经济政策,通过对经济利益调整来影响和调节经济活动的措施,如财政政策和货币政策等。第三,行政手段,指国家通过行政机构,采取带有强制性的行政命令、指示、规定等措施来调节和管理经济,如利用工商、卫生检疫、海关等部门禁止或限制某些商品的生产与流通,国家通过制定和实施有效的、合理的经济发展规划、计划等,对经济活动进行引导。

12.1.2 房地产宏观调控概述

1. **房地产宏观调控的内涵**

房地产宏观调控,是指国家运用经济、法律和行政等手段,从宏观上对房地产业进行指导、监督、调节和控制,促进房地产市场总供给与总需求、供给结构与需求结构的平衡与整体优化,实现房地产业与国民经济协调发展的管理活动。房地产宏观调控是在房地产业成为国民经济的支柱产业和新的经济增长点,却又发展过热的情况下(如价格不合理持续上涨,房地产商品的有效供给不足与无效供给过剩并存,市场运作不规范,房地产投机性需求日益增长等),我国专门采取的一系列经济、法律等政府调控手段及其实施过程。

2. **房地产宏观调控的必要性**

从20世纪90年代末以来,我国房地产投资出现高速增长。据国家统计局统计显示,2004年我国全社会固定资产总投资比2003年增长25.8%。其中,2004年房地产开发投资额达13158亿元人民币,比2003年增长28.1%。数据显示,在房地产投资规模不断扩大的同时,商品房屋的销售率也在稳步增长。2004年商品房销售额达10376亿元人民币,比2003年增长30%。这表明潜在的市场需求是推动我国房地产业发展的坚实基础,但在房地产市场总体和长期看好的情况下,我国局部地区投资增长与房价攀升过快,投资结构失衡的问题十分突出。主要表现在:我国GDP增长对房地产业的依赖程度较高;房地产业存在一定的过度投资;房地产业存在突出的区域发展不均衡问题;房地产投资结构的失衡问题,如在普通住宅销售率连续几年在80%以上,且不断走高的情况下,别墅、高档住宅、经济适用房、办公楼宇和商厦的销售率却都比较低,甚至出现走低现象;商品房空置量较高等方面。针对这些问题,在强调市场基础性作用的同时,加强政府对房地产业的宏观调节和引导就成为客观需要和必然选择。

(1)进一步优化房地产资源配置的客观需要。社会主义市场经济的基本要求就是市场在社会资源配置中起基础性作用,但市场配置资源有其局限性,市场也会失灵。市场失灵是指帕累托最优的偏离,即现实经济遵循市场规则自行运转无法实现资源的有效配置。主要表现在:市场不能有效解决经济总供给和总需求的平衡问题;市场自身无法解决外部性问题;市场本身不能有效地提供公共产品;市场无法消除垄断;市场本身无法解决社会公平问题;市场调节具有滞后性和盲目性,造成资源浪费等方面。房地产业作为我国经济的重要组成部分,土地和房产均具有有限性,是一种稀缺性社会资源,在市场配置存在缺陷的条件下,政府采用宏观手段进行调节和干预是一种客观要求,符合市场经济条件下政府的基本经济职能。

(2)适度调配房地产业在国民经济中的重要地位和作用的需要。房地产业在国民经济中的重要地位和作用决定了必须对它实施政府宏观调控。房地产业同国民经济的其他产业关联度大,是基础性、先导性产业,房地产业发展状况直接影响相关产业的发展,对建筑业、建材业、建筑装潢业甚至有决定性作用。随着房地产业的发展,其在国民生产总值中所占的比重将进一步提高，直接影响社会总供给和总需求的总量平衡和结构平衡，对国民经济的协调发展至关重要。正是基于房地产业的重要性，政府才应将房地产业的调控作为宏观经济调控的重要部分，加强房地产业重要地位的同时，防止国民经济对于房地产及相关行业的过分倚重，从而实现整个宏观经济的良性发展。

(3)加强对房地产"特殊产业"宏观管理的需要。房地产是关系到人民生活的基本保障，通过在市场化条件下实现居者有其屋并不现实，所以需要国家通过宏观住房政策的制定，保证满足社会各个阶层的住房需求，从而维护经济发展所需的社会稳定。房地产属于不动产，位置不具有移动性，或者说移动就会改变其经济属性，并且其一般都具有较高的经济价值，短期内难以调整或者调整的成本很高，因而合理的规划和控制是必不可少的。房地产是一种耐用品，使用年限一般较长并具有较大的价值，导致投资决策的正确性，对于个人，对于整个社会的供给总量和需求总量的平衡都具有重要意义，因而需要在投资领域实施完备的控制。另外，如何依法界定产权分割、转移等行为的性质，也需要制定或完善相关立法。

(4)保证房地产业本身健康、快速、协调发展的需要。我国房地产市场化是伴随着社会主义市场经济制度的发展逐步形成的，起步比较晚，虽取得较大成就，但存在的问题依然不容忽视：房地产业发展并不稳定，大致经历了 20 世纪 90 年代前的停滞期，1992 年后的发展期，再到近年来的迅猛发展期三个阶段；地区发展不平衡加剧，这跟各地经济发展状况相适应；市场运行不规范，竞争状态及价格体系均较为混乱；房地产开发、销售以及后期物业服务等均存在不规范性等。这都是市场条件下不可避免的问题，因而需要政府在合理适度前提下进行必要的引导、扶持和规范，从而促进其快速健康发展。

3. 房地产宏观调控的原则

房地产宏观调控原则是指国家作为宏观调控主体，在房地产经济发展过程中运用宏观政策手段进行干预和调节所应遵循的总的基本准则。我国的房地产宏观调控应当在相关原则的指导之下进行，否则就会对房地产业的发展乃至整个社会经济及人民生活带来负面影响。

(1)平衡与优化原则。宏观调控就是要保持经济总量的基本平衡和经济结构的优化。所谓总量平衡，是指房地产业的社会总供给与总需求之间的价值总量平衡；所谓经济结构优化，是指房地产产业结构、投资结构、市场结构、消费结构乃至劳动力结构等多个组成要素达到最优化组合，最大限度满足社会需求。这两个方面是房地产宏观调控的重要内容和原则，通过总量平衡和经济结构的优化，能够在一定程度上保证房地产业乃至国民经济的合理稳定持续快速发展，促进社会稳定。

(2)有限干预原则。现代市场经济条件下，脱离国家宏观调控或干预的纯粹的市场经济，早已不复存在。自 1933 年资本主义经济危机后，宏观调控的竞争性市场经济逐步替代了昔日放任自由、反对国家干预的市场经济。西方经济学理论中凯恩斯学派、制度经济学派的观点和主张备受关注均说明了这一点。作为社会主义市场经济国家，我国在经济发展领域从未放弃宏观调控或干预的积极功能。近些年房地产领域的发展成就，就得益于既坚持了市场作为基础性资源配置手段，又兼顾房地产宏观干预政策。我国政府的宏观调控始终是尊重市场基本规律的前提下采取的，因而这种调控是有限干预的。

(3)经济效益与社会效益相统一原则。所谓经济效益，是指通过商品和劳动的对外交换所取得的社会劳动节约，即以尽量少的劳动耗费取得尽量多的经营成果，或者以同等的劳动耗费取得更多的经营成果。所谓社会效益是指企业经济活动给社会带来的收入，主要包括社会公益、社会福利以及满足人们物质文化需要的程度。房地产经济效益主要反映房地产业内部之间经济利益的结转关系,以追求利益最大化为目标,这就可能带来对外部的负面影响,如盲目开发带来的土地资源浪费等。通过宏观政策将社会效益作为房地产业发展的考察标准,有利于市场主体在追求经济效益最大化的同时,满足一定的社会效益,使房地产业的经济效益与社会的整体满意相一致。

12.2 中国房地产宏观调控的政策目标及手段

房地产宏观调控手段的实施主要是保障房地产经济乃至整个国民经济的健康发展,本节阐述了我国房地产宏观调控的具体政策目标,并详细介绍了我国现行房地产宏观调控的具体手段和方式。

12.2.1 房地产宏观调控的政策目标

房地产业是我国国民经济的重要组成部分,因而房地产宏观调控的目标必须符合整个社会的国民经济宏观调控的总目标。由于房地产经济本身所具有的特殊性,其调控目标也与其他经济领域有别。

1. 实现房地产业社会总供给和总需求的平衡

这是房地产宏观调控的首要目标。房地产商品具有自身特点,如资源稀缺、价值大、周期长等,因而相应的供给和需求以及社会需求转化为实际购买力的周期较长。房地产商品的社会需求包括投资性的生产、生活用房需求和消费性的生活用房需求等方面;既包括国内、地区内的需求,也包括外商、跨地区的需求,这些需求具有较强地域性,因而更多的是要求在一个地区或城市内达到供求平衡。调节房地产商品的社会总供给和总需求平衡,要综合考虑以下要素:①要有一定的地域限度,平衡是在该地域范围内的平衡;②房地产商品供给的重点应放在住宅方面,住宅建设的总量要与该地区居民对住宅的基本需求平衡;③要注意有效需求与潜在需求的区别,使房地产商品的供给与有效需求总量平衡;④协调房地产业与整个国民经济特别是地区经济发展的适当比例,平衡发展;⑤对耕地占有面积的平衡控制,实现国民经济的可持续发展。

2. 优化房地产经济结构,提高资源配置效率

结构优化包括两个方面:①从国民经济全局出发,房地产业的发展要与其他产业相协调,既要带动相关产业的发展,又要保持与其他产业的适当比例,适度发展,不能将国民经济的全局系于房地产业的发展;②从房地产内部来看,居民住宅、商业用房、厂房、娱乐设施用房等各类房地产商品供给与需求结构应当协调,确定适当比例,以实现资源配置最优化。

3. 确保房地产业持续、快速、健康发展

房地产经济发展目标首先是满足社会需求,这种需求包括生产建设和生活消费两个方面,保证居民居住水平和居住质量的提高。所谓持续发展就是要求房地产业应当长期发展,避免发展的短期性,符合生态环境要求;所谓快速发展就是在保证好的经济效益前提下,抓紧时机加快发展;所谓健康发展就是协调地按比例发展,主要是房地产内部结构和其与外部产业之间的比例关系方面,在取得较好经济效益的同时,实现整个国民经济又好又快发展。

12.2.2 房地产宏观调控的手段

为实现房地产宏观调控的目标，政府有必要运用一定的调控工具，在我国，房地产宏观调控的手段主要包括经济手段（产业政策、货币政策和财政政策）、法律手段和行政手段等。

1. **产业政策**

(1)产业政策的含义和特点。产业政策是指一国中央或地方政府为实现本国经济增长，制定的主动干预产业经济活动的各种政策的集合。房地产业是整个国民经济中的重要产业部门，政府需要通过产业定位、产业发展规划和政策导向，引导房地产业稳定健康发展。

房地产产业政策是整个国民经济政策体系的重要部分，其主要特点有：①调控经济结构。即调控房地产产业结构、产业组织结构、产业区域布局结构，使社会资源在房地产产业和其他各产业、行业、企业、地区之间得到合理配置，逐步实现产业结构的优化。②影响房地产业的长期发展。即改造房地产产业内部结构，实现产业结构的优化，促进房地产行业的长期增长。③表现为房地产产业结构政策、产业组织政策、产业区域布局政策组成的"集合"政策。每一种具体的房地产政策都以市场机制调节为依据，对市场起着直接调控、对企业起着间接调控的宏观作用。④调节房地产的市场供给。即通过促进或限制房地产产业发展，改造产业内、外部结构，调整相互关系，使房地产供给总量和结构都能满足需求，实现供给和需求的总量、结构的平衡。

(2)产业政策的内容和层次。产业政策一般包括政策目标和政策手段两个方面。房地产产业政策目标是指一国政府为了房地产业本身的健康、稳定、持续发展，根据房地产业不同时期的产业发展状况所设定的一系列经济变量体系。房地产产业政策的实施手段主要是运用间接的、经济的调控方法，并辅助必要的行政控制方法。

房地产产业政策的主要内容有：①产业结构政策，即根据经济发展的内在联系，揭示一定时期内房地产产业结构的变化趋势及其过程，并按照产业结构的发展规律保证顺利发展。②产业组织政策，即通过选择高效益，能使资源有效使用、合理配置的房地产产业组织形式，保证供给的有效增加，使供求总量矛盾得以协调的政策。③产业布局政策，即房地产产业空间配置格局的政策。由于房地产也具有地域性特征，因而在实施产业布局中应当将地域因素考虑其中，促进该地区房地产产业的合理布局。

房地产产业政策通常可划分为三个层次。

第一层次是关系国民经济全局的总体房地产产业政策。主要是房地产产业定位和产业发展政策。前者如房地产产业分类、在整个国民经济中所占的地位和作用、在国民生产总值中应占的比重等政策；后者如房地产业发展的规模和速度、影响市场供给与需求的相关政策因素等。

第二个层次是房地产业内部的各类政策。主要包括土地使用制度和政策、城镇住房制度及其基本政策、房地产开发政策等。

第三个层次是各类具体的房地产政策体系。如规范土地一级市场的国家垄断政策、土地使用权出让和转让政策、征地拆迁政策等；规范房地产市场运行的交易政策、房屋租赁政策、物业管理政策等；规范城镇住房政策如公共住房政策等。

2. **货币政策**

(1)货币政策的含义。所谓货币政策，是指央行为实现既定的经济目标，运用各种工具调节货币供给和利率，进而影响宏观经济的方针和措施的总和。货币政策是通过政府对国家的货币、信贷及银行体制的管理来实施的。一国政府拥有多种货币政策工具可用来实现其宏观经济目标，货币政策由央行执行，通过调节货币供应量，影响利息率及经济中的信贷供应程度来间接影响总需求，以达到总需求与总供给趋于理想均衡的一系列措施。货币政策分为扩张性和紧缩性两种。

在我国，货币政策工具主要包括公开市场业务、存款准备金、再贷款、贴现率以及利率政策和汇率政策等。货币政策对房地产业的调控对象主要有三个方面：一是控制货币发行量，以保证货币供给能与包括房地产业在内的产业发展对货币的需求相适应；二是控制房地产业的投资规模，防止投资过度膨胀；三是控制房地产信贷规模，防止信贷膨胀。这三个方面的核心就是控制对房地产业的货币供应量的适度与平衡。

(2)货币政策工具。

①公开市场业务。公开市场业务是指中央银行通过公开在市场上买进或卖出有价证券，吞吐基础货币，调节货币供应量，从而调节总供给和总需求的金融业务活动。中国公开市场操作包括人民币操作和外汇操作两部分。其中自1999年以来，公开市场操作已成为中国人民银行货币政策日常操作的重要工具，对于调控货币供应量、调节商业银行流动性水平、引导货币市场利率走势发挥了积极作用。

央行买卖证券的目的不是赢利，而是为了调节货币供应量。根据经济形势的发展，当央行认为需要收缩银根时，便卖出证券，相应地收回一部分基础货币，减少金融机构可用资金的数量，从而达到紧缩信贷、投资和消费的目的，保持国民经济的稳定。相反，当央行认为需要放松银根时，便买进证券，扩大基础货币供应，直接增加金融机构可用资金的数量，从而达到刺激投资和消费的目的，促进经济复苏。就房地产业来说，央行可以通过买卖房地产债券的方式，调节直接或间接投入房地产开发的货币供应量，以间接调控房地产的发展。

②存款准备金。存款准备金，是指金融机构为保证客户提取存款和资金清算需要而准备的资金。金融机构按规定向中央银行缴纳的存款准备金占其存款总额的比例就是存款准备金率。存款准备金制度是在中央银行体制下建立起来的，美国最早以法律形式规定商业银行向央行缴存存款准备金。存款准备金制度的初始作用是保证存款的支付和清算，之后才逐渐演变成为货币政策工具，央行通过调整存款准备金率，影响金融机构的信贷资金供应能力，从而间接调控货币供应量。

当国民经济处于衰退状态时，央行可以通过降低法定存款准备金率的方式，减少商业银行向央行缴存的法定准备金，使商业银行可贷资金增加，从而增加货币供应量，鼓励投资，刺激消费。反之，如果经济处于过旺或通货膨胀的情况下，中央银行可以通过提高法定存款准备金率的方式，增加商业银行向央行缴存的法定准备金，使商业银行可贷资金减少，从而减少货币供应量，达到紧缩经济的目的。房地产业的发展与银行信贷有莫大关系，房地产信贷同样受到法定存款准备金制度的调节和干预。

③中央银行贷款。中央银行贷款(习惯上称作再贷款)，是指央行对金融机构发放的贷款，是央行调控基础货币的重要渠道和进行金融调控的传统政策工具。中央银行贷款期限一般较短，利率也比较低。但中央银行贷款的对象是经中央银行批准，持有中国人民银行颁发的经营金融业务许可证，并在中国人民银行开立账户的金融机构。非金融机构一般不能获得中央银行贷款。

中央银行贷款的增加或减少，会引起基础货币的增加或减少。一般来讲，中央银行贷款增加，是"银根"将有所放松的信号之一。反之，是"银根"将可能紧缩的信号之一。中央银行贷款的数量增减直接影响了社会货币供应总量，从而导致房地产行业获得贷款的数量多寡，以此产生对该行业的调控作用。

④利率政策。利率，是一定时期内利息额与借贷资金的比率，通常分为年利率、月利率和日利率。利率政策是我国货币政策的重要组成部分，也是货币政策实施的主要手段之一。中国人民银行根据货币政策实施的需要，适时地运用利率工具，对利率水平和利率结构进行调整，进而影响社会资金供求，实现货币政策的既定目标。

提高或者降低贷款利率，可以调节信贷总规模；提高或者降低存款利率，则可以调节居民储蓄，因而国家可以运用利率杠杆来调节货币的供应与需求。当经济出现衰退迹象，货币供应充裕时，银行可以降低利率，从而增加人们的信贷规模，减少储蓄，从而刺激社会消费。反之，则采取相反的利率政策。

近年来，中国人民银行加强了对利率工具的运用，通过调整利率水平与结构，改革利率管理体制，使利率逐渐成为一个重要杠杆。如 2007 年 3 月到 12 月，中国人民银行针对当时经济过热、市场物价尤其是房地产价格上涨幅度持续攀高，六次提高了存、贷款利率。相反 2008 年 9 月至 11 月底，针对我国宏观经济出现衰退迹象，房地产行业发展出现不稳定的情况，央行又适时七次下调存、贷款利率，在保护存款人利益的基础上，减轻企业的利息负担，促使消费额增加，从而对促进国民经济的平稳发展产生了积极影响。

⑤贴现率。贴现率是指对各种合法票据贴现的利率，就是将未来支付改变为现值所使用的利率，或指持票人以没有到期的票据向银行要求兑现，银行将利息先行扣除所使用的利率。央行通过变动贴现率来调节货币供给量和利息率，从而促使经济扩张或收缩。当需要控制通货膨胀时，央行提高贴现率，商业银行就会减少向央行的借款，商业银行的准备金就会减少，而商业银行的利息将得到提高，从而导致货币供给量减少。当经济萧条时，银行就会增加向央行的借款，从而准备金增加，利息率下降，扩大了货币供给量，由此起到稳定经济的作用。但若商业银行已经拥有可供贷款的充足的储备金，则降低贴现率对刺激放款和投资也许不太有效。央行的再贴现率确定了商业银行贷款利息的下限。通过这种政策，央行就能运用贴现率来控制和调节社会的信贷规模，影响社会的货币供应政策，从而对包括房地产业在内的整个经济产业的信贷状况产生影响。

⑥汇率政策。汇率政策是指一个国家（或地区）政府为达到一定的目的，通过金融法令的颁布、政策的规定或措施的推行，把本国货币与外国货币比价确定或控制在适度的水平而采取的政策手段。汇率政策主要包括汇率政策目标和汇率政策工具。汇率政策中最主要的是汇率制度的选择，汇率制度是指一个国家政府对本国货币汇率水平的确定、汇率的变动方式等问题所作的一系列安排和规定。汇率制度传统上分为固定汇率制度和浮动汇率制度两大类。但不管是哪一种汇率制度，对于一国经济而言所产生的影响都不可忽视。就房地产行业而言，这种影响主要是在国外置业的中国人或企业以及国外企业或个人到中国置业或开发房地产项目，汇率的变动将是决策时不得不考虑的因素。

3. **财政政策**

财政政策是指政府运用国家预算和税收等财政手段，通过对国民收入的分配和再分配，来实现社会总供给和社会总需求平衡的一种经济政策。它是国家根据一定时期政治、经济、社会发展的任务，通过财政支出与税收政策来调节总需求。财政政策是国家整个经济政策的组成部分，主要包括财政收入和财政支出两部分，财政收入主要来自税收，财政支出主要是指政府的支出。具体而言，增加政府支出，可以刺激总需求，从而增加国民收入，反之则压抑总需求，减少国民收入。税收对国民收入是一种收缩性力量，因此，增加政府税收，可以抑制总需求从而减少国民收入，反之，则刺激总需求增加国民收入。

(1)税收政策。税收政策对房地产行业的调整主要通过税种和税率的变动来实现，从而调节社会总供给和总需求。主要体现在：第一，税收对房地产市场消费需求的调节作用。房地产交易中税种增加、税率提高，将使市场需求减小。反之将增加市场需求。第二，税收对房地产市场供给的调节作用。房地产企业的税种增加、税率提高，会使该企业的预期收益减小，从而抑制房地产投资过快增长。反之，税种减少、税率降低，会使企业的预期收益增加，从而促进房地产投资过快增长。

(2)财政支出政策。财政支出政策对调控房地产来说主要表现在：第一，经济适用房是一种政府保障性住房，国家对于经济适用房的投资数量的增减，能直接导致市场上房屋数量的变化，从而影响商品房市场的供应量。近年来，我国商品房市场的发展导致房价居高不下，造成低收入群体住房困难，通过国家财政投入方式进行保障性住房建设，既有利于房地产市场健康发展，又有利于实现社会公平和民生。第二，国家在财政支出方面给予职工相应补助，提高职工的消费和购买能力，扩大住房消费，拉动社会消费需求。如2008年实施的购房补贴政策，房改后的职工住房补贴制度均是如此。第三，通过财政支付结构的变动来调节房地产业在国民经济中的比重，调节房地产业内部的比例。如在房地产建设中，增加住房比例，增加基础设施建设投入等。

4. **法律手段**

市场经济是一定意义的法治经济，法律手段是房地产业发展调控的重要手段。发达市场经济国家对房地产业制定了相当健全的法律制度，保证房地产经济活动合规地顺利进行。在我国，实现国民经济发展总目标与建立和完善社会主义市场经济体制过程，要加强和完善宏观调控，特别是运用法律手段(主要包括房地产立法和司法)来实现。

法律手段的功能在于：第一，政府对房地产市场的调控和管理行为以及竞争主体的经济行为均必须遵循市场经济规律予以强制保障。法律保障体现出的国家强制力对于任何房地产市场参与者均具有平等的适用性，一方面它能保障房地产业各个主体、各个环节行为的合法性；另一方面又能通过国家权力对违反相关法律规定的行为进行相应的制裁，从而为房地产市场的发展创造良好的社会条件。第二，对房地产业具有调控性。法律手段通过市场参与主体之间的权利义务关系，厘清市场交易活动过程中的纷繁复杂的关系，并为房地产业所有环节提供法律支持，表明相互之间的法律关系，并通过法律规定的形式将其固定下来。如建设工程施工合同的签订，房地产开发主体资格的法律规定等。

我国房地产业立法具有多层次性，其范围相当广泛，具体表现在中央和地方二级立法体制上。中央立法主要是房地产方面的基础性法律，当然也包括国务院行政法规和部门规章，如《土地管理法》、《城市房地产管理法》、《城乡规划法》、《建筑法》等基本法律，《土地管理法实施条例》、《城市房屋拆迁管理条例》等行政法规和《城市房屋权属登记管理办法》等部门规章。地方立法主要是地方立法机关根据中央立法中的法律、行政法规，并结合本地区实际情况所制定的具有实施性的地方性法规和地方政府规章。立法乃司法的前提和依据，在完备立法基础上，司法是实现立法目标的唯一途径，我国房地产执法部门包括各级房地产管理部门、房地产仲裁机构、人民法院等行政和司法机关。

5. 行政手段

行政手段，是国家通过行政机构，采取带强制性的行政命令、指示、规定等措施，来调节和管理房地产经济的手段。行政手段在现实生活中很常见，比如工商局检查、税务查税、政府命令等。房地产领域的行政手段主要包括计划手段、规划手段及行政管理手段三个方面。

(1)计划手段。房地产的计划调控是指国家运用计划手段对房地产的开发、经营等活动进行宏观管理和调控。政府对房地产市场的计划表现在两个方面，一是要有计划地向市场投放一定量的土地，满足经济发展对土地的需求；二是要从整个国民经济均衡发展、产业结构合理发展出发，有计划地调整房地产业的发展态势。

计划一般分为中期计划、长期计划和年度计划。长期计划指房地产业发展远期战略性计划，主要是提出房地产发展的战略目标、战略重点和战略步骤、增长速度及内部比例关系等。中期计划是长期计划的阶段性计划，主要任务是对计划期内发展目标及实现目标的条件进行预测，并提出重要政策措施。

年度计划主要有年度建设用地计划和年度信贷投放计划。年度建设用地计划是根据房地产发展中长期计划及土地利用总体规划、城市总体规划的近期规划和控制性规划，对第二年度城市(含建制镇)各项土地利用和供应的数量结构、空间布局及其实施组织的安排设计。其主要包括新增城市用地的征用农地计划、城市和公益事业建设用地计划、旧城改造拆迁周转用地计划、行政划拨用地和有偿出让土地使用权的总用地数量和结构计划等。年度信贷投放计划是根据国民经济发展计划及房地产业发展中长期计划，在固定资产投资年度计划的基础上，确定房地产资金投放数量和结构，确定投资重点和限制类型等。

我国应抓紧组织力量进行房地产发展战略研究，最关键的是如何根据房地产供需状况及城市发展要求，确定科学、合理的土地供应计划，根据不同时机投放土地数量以达到调控房地产供需平衡的目的，并结合我国房地产业发展水平，按城市不同规模严格控制土地投放量。

(2)规划手段。所谓规划，就是进行比较全面长远的发展计划，是对未来整体性、长期性、基本性问题的思考和设计未来整套行动方案。规划手段是国家通过制定全面长期的房地产业发展计划，来实现房地产业内部以及与其他产业的均衡发展目标。规划手段可分为四个层次，即国土规划、区域规划、土地利用总体规划和城市规划。

国土规划是最基础的资源配置规划，通过摸清资源底数，最大限度利用和开发资源，提出资源开发的方向、产业布局和国土开发的重点区域。我国在 20 世纪 80 年代进行了国土规划工作，但由于有始无终，没有收到应有的效益。因而应修订国土规划，以适应市场经济要求，明确全国土地开发的方向、规划、结构和重点区域，指导全国国土开发。

区域规划是城市规划的重要基础，是国土规划的缩影，它更重视从区域特点着眼，制定发展战略。从总体上规定和指导区域房地产开发的区位、规模和结构。

土地利用总体规划是在一定区域内，根据社会经济可持续发展要求和当地自然、经济、社会条件，对土地的开发、利用、治理、保护在空间上、时间上所作的总体安排和布局，是国家实行土地用途管制的基础。土地利用总体规划属于宏观土地利用规划，是各级人民政府依法组织对辖区内全部土地的利用以及土地开发、整治、保护所作的综合部署和统筹安排。

城市规划对房地产业发挥的调控作用最直接、最具体，是房地产经济活动的基本依据。城市规划对房地产开发调控的主要内容包括：用地使用控制、建筑控制、环境容量控制、设施配套控制、形体景观控制等方面。

(3)行政管理手段。房地产产权、产籍管理是房地产业调控的基础，是政府行政管理的核心，建立完善的房地产产权、产籍登记制度至关重要。一个完整的房地产登记包括的内容有土地总登记、房地产经常登记、他项权利登记、设定登记、预告登记、异议登记和暂时登记等。我国目前需要下大力气进行产权、产籍管理的基础性工作，建立完善的房地产档案资料，才能更充分及时调控房地产市场。

其他行政管理还有诸如工商行政管理、房地产行业从业资格管理等，也可以间接干预房地产市场运行。

12.3 中国房地产宏观调控的实践

我国的房地产行业经历了不同的发展阶段，本节介绍了改革开放后主要是近十多年来，我国房地产经济宏观调控的发展实践，并分析了宏观调控的特点及发展趋势。

12.3.1 中国房地产宏观调控发展过程

从 1978 年调整相关土地法规算起，我国的房地产业已经伴随改革开放经历了 31 年风雨历程，但我国房地产市场目前仍未形成完全竞争的市场经济体系，其中存在较多的政府干预。房地产业关乎国计民生，是国民经济的支柱产业之一，市场本身的缺陷及房地产业的公共属性决定了政府必须发挥干预、管理和调控的职能来进行调节，以保证正确的运行轨道。

我国的房地产大致经历了几个阶段的发展：第一阶段为 1978 年—1991 年的理论突破与起步阶段，以土地法、规划法的制定与实施为房地产发展的法律依据，以深圳(罗湖区)房地产开发经验为全国房地产业的示范。第二阶段为 1991 年—1995 年非理性炒作与调整阶段，以邓小平南行为标志，中国南方掀起了房地产开发高潮，房地产炒作相当严重，如海南、北海等地，而随后急速的“硬着陆”使这些地区的房地产市场遭遇漫长的低迷期。第三阶段为 1995 年—2003 年相对稳定的协调发展阶段，这是我国房地产市场发展最好的时期，市场价格与销售量平稳增长，我国的房地产业驶入稳步上升的通道。第四阶段为 2003 年—2007 年调控、反调控与总体反思阶段，这一时期国内部分地区房地产市场开始出现过热现象，政府为了稳定市场，开始实施全面的宏观调控，而 2004 年至 2006 年则是政策出台最为密集的时期。第五阶段为 2007 年—2009 年房地产行业全面调整阶段，2007 年第四季度开始，信贷紧缩政策的影响逐渐显露，不断升温的房价开始回落，伴随这一回落的还有商品房的成交量。2008 年，国际经济环境的全面衰退迹象逐渐明显，国内经济也受到较大的影响，在持续紧缩的信贷政策下，房地产业发展明显减速，行业内调整的深度与广度加大，资源整合的力度加强，整个行业进入新一轮的全面调整期。2008 年年末，在保持房地产整体市场结构的前提下，政府通过信贷、利率、税收等优惠政策应对快速下行的房地产业，2009 年下半年房地产业开始出现复苏迹象，但仍处于不稳定期。

房地产宏观调控政策并非伴随着房地产业的产生而出现，房地产业市场化的确立是以 1998 年随着住房分配货币化政策的出台为标志，也就是从这一年起我国的房地产行业开始经

历政府宏观调控政策的调节和控制。总体说来,我国的房地产宏观调控有如下发展阶段:

1. **规范发展期**(1998 年—2002 年)

以 1998 年国发(1998)23 号《国务院关于进一步深化城镇住房制度改革加快住房建设的通知》要求的住房分配货币化政策为起点,我国房地产业真正进入市场化、商品化发展阶段。为进一步规范房地产市场的发展,我国相继出台了一系列政策法规。2000 年,国家计委、建设部联合发出《关于房地产中介服务收费的通知》和《房产测量规范》。2001 年,建设部、国家工商行政管理局颁布新版的《商品房买卖合同示范文本》;财政部、国家税务总局联合发出《关于调整住房租赁市场税收政策的通知》和《关于对消化空置商品房有关税费政策的通知》;2002 年国土资源部签发《招标拍卖挂牌出让国有土地使用权规定》。

上述政策法规对房地产业发展的基本方向作出了明确规定,并在房地产中介服务、房地产测量、房地产税收乃至房地产发展所需国有土地使用权的取得等方面均作出了倾向于刺激房地产业发展的规定,在相关利好政策的激励下,这一阶段的房地产业发展相对平稳、快速,是我国房地产业发展相对较好的时期。与此同时,根据新颁布的《中华人民共和国合同法》及有关法规、规章的规定,修订完善了《商品房购销合同示范文本》,并更名为《商品房买卖合同示范文本》,这更有利于维护房地产交易主体的合法权益。这些通过宏观调控手段促进和刺激国内房地产业发展的配套措施,整体上给行业发展以有力支持。

2. **强化调控期**(2003 年—2007 年)

随着各地房地产业过热现象逐渐明显,我国在这一时期出台的宏观调控政策之多、涉及范围之广,都是其他行业无法比拟的。

2003 年,国务院办公厅先后发出《关于暂停审批各类开发区的紧急通知》、《关于清理整顿各类开发区加强建设用地管理的通知》,国务院发出《关于加大工作力度,进一步治理整顿土地市场秩序的紧急通知》,对各类开发区及土地市场进行治理整顿。也就是这一年,我国国土资源管理体制发生重大变化,即省以下国土资源管理部门实行垂直管理,这就一定程度上使国土部门不再受制于地方政府,避免管理中走过场。与此同时,我国颁布了《物业管理条例》,使房地产业法律体系更加完备。

2004 年,国土资源部发布《关于继续开展经营性土地使用权招标拍卖挂牌出让情况执法监察工作的通知》,将清理完成的土地纳入国家土地储备体系中;建设部、国家发改委、国土资源部、央行联合颁布的《经济适用住房管理办法》正式施行,成为我国住房保障政策的重要组成部分;国家发改委、建设部联合下发《物业服务收费明码标价规定》,提出物业服务收费实行明码标价;中国银监会公布的《商业银行房地产贷款风险指引》是金融监管部门发出的又一次加强房地产贷款监管的重要信号。与此同时,央行决定从 2004 年 10 月 29 日起上调金融机构存贷款基准利率,并放宽人民币贷款利率浮动区间和允许人民币存款利率下浮。这是九年来的首次加息,通过提高存贷款利率,抑制投资需求和房地产泡沫,进一步防范和化解金融风险。

2005 年,央行调整房贷利率,二次加息。3 月,国务院印发了《国务院办公厅关于切实稳定住房价格的通知》(即旧《国八条》),从房价、土地供应、供应结构、拆迁、消费观点、市场监测、检查等多方面切入稳住房价;4 月,国务院在分析当前房地产市场形势后,出台了进一步加强房地产市场宏观调控的八点意见(即新《国八条》),每条措施都直指房价上涨过快,指出加大经济适用房供应量,并对交易征税力度加大,目的就是平抑房价涨幅,减少投机,防止开发商自己炒作。5 月出台的《关于加强房地产税收管理的通知》要求个人将购买不足两年的住房对外销售的，应全额征收营业税，从而抑制房地产投机行为。

2006年5月出台的《关于调整住房供应结构稳定住房价格的意见》(国办发[2006]37号)，即"国六条"，主要从调整住房供应结构，发挥税收、信贷、土地政策的调节作用，减缓被动性住房需求，整顿和规范房地产市场秩序，加快住房保障制度建设及完善房地产统计和信息披露制度等方面作出规定；7月，建设部等五部委联合下发《关于规范房地产市场外资准入和管理的意见》(建住房[2006]171号)，旨在加强对外资企业房地产开发经营、境外机构和个人购房的管理。在税收方面，国税总局相继下发《关于加强住房营业税征收管理有关问题的通知》、《关于住房转让所得征收个人所得税有关问题的通知》、《关于加强房地产交易个人无偿赠与不动产税收管理有关问题的通知》，就二手房营业税、个人所得税及加强无偿赠与行为、受赠房屋销售、赠与行为后续管理的税收征管等作出规定。

2007年5月，商务部、国家外汇管理局联合发出《关于进一步加强、规范外商直接投资房地产业审批和监管的通知》，要求严格控制外商投资高档房地产和以返程投资方式并购或投资境内房地产企业；8月，国务院发出《关于解决城市低收入家庭住房困难的若干意见》(国发[2007]24号)，要求把解决城市低收入家庭住房困难作为政府公共服务职责，对各地建立健全城市廉租住房制度，提出具体时间表，明确了政府财政的支持力度；9月，央行下发《关于加强商业性房地产信贷管理的通知》，对开发贷款、土地储备贷款、住宅及商业用房购房贷款等都作了限制性规定，大幅度提高二套房贷首付款比例和利率水平；10月，国土资源部下发《关于进一步加强土地供应调控的通知》，要求各地要合理控制单宗土地供应规模，缩短土地开发周期，并优先安排用于解决城市低收入家庭住房困难的住房用地项目，同时整顿市场秩序，打击捂盘惜售；国土资源部正式发布《招标拍卖挂牌出让国有建设用地使用权规定》(39号令)，强调建设用地使用权证书必须在完全付清土地款的情况下才能获得，不得进行按比例分期发放；也就在这一年，财政部计划2008年开征物业税，首先从商业地产开始，但此后并未实施。

与此同时，2004年至2007年央行的九次连续加息，对房地产行业的调控和干预作用也非常明显。

3. 全面调控期(2008年—2009年)

2008年1月，国务院办公厅发布《关于严格执行有关农村集体建设用地法律和政策的通知》，要求严格执行土地用途管制制度，严格规范使用集体所有土地进行建设，严格控制农村集体建设用地规模，严格禁止和严肃查处"以租代征"转用农用地违法违规行为，严格土地执法监管。2月，央行公布《经济适用住房开发贷款管理办法》，给予开发经济适用房的房地产企业贷款利率、期限及建设项目资本金等方面的优惠政策，鼓励从事保障体系住房建设。3月，《国务院机构改革方案》公布，组建住房和城乡建设部，不再保留建设部，其主要职责是将城乡建设和城乡规划纳入统一管理体系，进一步加大住房保障力度和协调城乡一体化；在两会期间，政府工作报告中与房地产相关部分是"抓紧建立住房保障体系"，其要求进一步完善我国多层次的住房保障政策的落实；同月，证监会表示支持优质房地产企业通过IPO(initial public offerings，首次公开发行股票)或借壳上市等方式，通过资本市场实现做大做强，但对募集资金用于囤积土地、房源，或用于购买开发用地等的IPO，将不予核准。4月，住房和城乡建设部表示全面排查住房公积金违规放贷，这是针对房地产发展过热时期房屋成交量大幅度上升，房地产公司为第一时间争取到更多银行的公积金贷款政策，以吸引购房者，积极与各大银行进行联系交流，从事违法违规发放公积金贷款行为实施的；同月，国税总局发布《关于房地产开发企业所得税预缴问题的通知》，对房地产开发企业所得税预缴问题作出了明确规定，这加剧了房地产开发企业进行项目建设的现金需求和资金量。另外，2008年前四个月，央行三次加息，提高了企业贷款利率，加大了房地产企业的财务成本，调控效果较为明显。

随着世界经济持续走低，我国的经济状况也出现恶化趋势，因而2008年下半年我国政府宏观调控政策发生了一些变化。9月16日和10月8日，央行先后两次下调贷款基准利率和住房公积金贷款利率，紧缩性货币政策开始放松；10月9日和10月15日央行又分别下调人民币存款准备金率和一年期贷款基准利率；10月22日，财政部、国税总局、央行出台政策，降低存贷款金融利率、减免税费、降低房贷首付；央行决定自2008年10月27日起，将商业性个人住房贷款利率的下限扩大为贷款基准利率的0.7倍，最低首付款比例调整为20%；财政部、国税总局也在10月22日宣布，自2008年11月1日起，决定对个人住房交易环节的税收政策作出调整，降低住房交易税费；11月10日，国务院部署落实中央政策措施的七项工作，就加大投资力度和优化投资结构，着力扩大消费需求特别是居民消费需求，促进房地产市场平稳健康发展等问题作出宏观指导；11月17日国务院常务会议部署促进房地产市场发展措施，要求实施加大保障性住房建设力度，进一步鼓励普通商品住房消费，引导房地产开发企业积极应对市场变化，促进商品住房销售等；11月26日，央行宣布，从2008年11月27日起，下调金融机构一年期人民币存贷款基准利率各1.08个百分点，其他期限档次存贷款基准利率作相应调整，同时下调央行再贷款、再贴现等利率。这些政策均对我国房地产市场产生了积极推动和促进作用，但市场反应效果体现的并不迅速。

2009年，继续延续了2008年后半年的经济政策，实行宽松的货币政策，并充分运用其他的宏观调控手段。3月，国土资源部发布《关于改进报国务院批准单独选址建设项目用地审查报批工作的通知》，对市、县国土资源管理部门新受理申报的报国务院批准单独选址建设项目用地执行新规；国土资源部、国家发改委、国家统计局联合发布《单位GDP和固定资产投资规模增长的新增建设用地消耗考核办法》，规定自本年度起，就单位GDP和固定资产投资规模增长的新增建设用地消耗，对各地政府进行评价考核。4月，《国家住房建设制度(2010—2050)(建议稿)》中涉及第三次调整住房制度改革，城市二套房及对其挤占城市公共资源的情况进行必要限制的内容，但该建议稿并非政府正式文件；同月，财政部《关于下达2009年部分中央廉租住房保障专项补助资金的通知》，明确2009年中央财政廉租住房保障专项补助资金为70亿元，为进一步落实完善社会福利保障体系提供资金支持。

5月，国务院决定调整包括房地产开发项目资本金在内的11类固定资产投资项目资本金比例，激发了开发商推动项目入市的信心；财政部颁布《新增建设用地土地有偿使用费征收等别》，规定从2009年5月1日起，各地依法获得批准的新增建设用地，均统一按照经调整后的标准计征新增建设用地土地有偿使用费；国土资源部颁发《禁止保障房地块用于商业性开发》，明确各地应加快保障性住房用地供应计划的落实，加强和规范保障性住房用地供应管理，禁止借保障性安居工程之名，以划拨方式取得土地后改变用途用于商品住房等商业开发；此后，国务院颁布《关于2009年深化经济体制改革工作的意见》，其中就研究开征物业税问题作出说明，以减少房屋空置率、提高城市可持续发展；与此同月，国务院13年来首次下调商品房项目资本金比例，普通商品住房项目投资的最低资本金比例从35%调低至20%，这意味着开发商的贷款门槛更低，可以用更少的资金贷到更多的款，从而增强企业信心；同月，住房和城乡建设部与监察部开展清查变更容积率预防地方政府违规托市行动，对2007年至2009年3月底期间领取规划许可证的所有房地产项目进行清理，重点对大中城市涉及提高容积率及改变土地性质的房地产项目逐一清理检查；国土资源部也于当月发布《关于调整工业用地出让最低价标准实施政策的通知》和《关于切实落实保障性安居工程用地的通知》，对于优先发展的产业且用地集约的工业项目以及以农、林、牧、渔业产品初加工为主的工业项目，在土地取得方式等方面的门槛大大降低，同时进一步强调要加强和规范保障性住房用地供应管理。6月，财政部、国税总局发布《关于个人无偿受赠房屋有关个人所得税问题的通知》，就房屋产权无偿赠与的当事双方免征个人所得税的三种情况，以及房屋产权所有人将房屋产权无偿赠与他人后的所得税征收标准和减免税等作出规定；同月，国家发改委、财政部、住房和城乡建设部联合发布《2009—2011年廉租住房保障规划》，就廉租房保障制度的总体目标、年度工作任务、保障方式和保障标准、政策措施等均作出具体阐述，以便真正落实我国的廉租房保障政策体系。

12.3.2 中国房地产宏观调控的特点及发展趋势

1. 中国现行房地产宏观调控的特点

自1998年实施住房货币化政策将房地产市场化、商品化改革方向进一步明确后，经过11年的发展，我国房地产宏观调控政策可谓多种多样，并表现出以下特征：

(1)综合运用多种宏观调控手段，并使之相互结合发挥作用。如2006年5月17日出台的《关于调整住房供应结构稳定住房价格的意见》(即"国六条")，要求按照：第一，切实调整住房供应结构，各地都要制定和实施住房建设规划，对新建住房结构提出具体比例要求；第二，进一步发挥税收、信贷、土地政策的调节作用；第三，合理控制城市房屋拆迁规模和进度，减缓被动性住房需求过快增长等六个方面来对房地产市场实施控制和调节，并将规划、财政与货币等手段同时运用，从而增强宏观调控的效果，达到抑制房地产过热的目的。当然，综合运用多种调控手段的另一种形式是国家机关联合制定和实施宏观调控政策，如2009年10月22日，财政部、国家税务总局、央行联合出台政策，降低存贷款利率、减免税费、降低房贷首付，就涉及财政、货币乃至法律政策的运用，这更有利于从多方面鼓励市场主体的积极性，刺激市场走出低迷。

(2)基于宏观调控政策的间接性和效果的迟滞性，我国房地产宏观调控政策一般均具有连续性。间接调控是宏观调控的一种方式，它主要是根据市场变动规律和长期趋势，通过对市场参数施加影响，来调整企业的经济行为，达到保持市场稳定、均衡和间接导向的目的。由于宏观调控政策并不针对企业等市场主体直接发挥作用，因而其效果往往要在政策实施相当长时期后才能显现。有鉴于此，为了能够更好地实现宏观调控目的，政府一般都会在相当长时期内连续实施调控政策和手段，以便真正发挥调控政策的功能，保证房地产业乃至国民经济的持续健康快速发展。如2007年3月至12月的十个月内，我国连续六次上调存款基准利率就是如此。

(3)中央统一方针和各地区差别化政策相结合。由于各地区经济发展水平不一致，房地产市场发育程度不一致，土地级差价格不一致，因而在房地产市场宏观调控中，中央政府在明确调整房地产市场的基本方针之后，往往要求各地区根据本地市场情况，制定有差别的政策，加强对房地产市场的调控。如房地产价格上涨较快的地区，所制定的抑制房地产过热的政策就更为严格，采取的措施更多。还比如2007年8月13日，《国务院关于解决城市低收入家庭住房困难的若干意见》(国发[2007]24号)，明确要求把解决城市低收入家庭住房困难作为住房制度改革的重要内容，作为政府公共服务的一项重要职责，但对各地建立健全城市廉租住房制度并未提出统一的时间标准，而是只要求提出时间表，并明确政府财政的支持力度，具体实施细则由各地区下半年出台就可以了。

(4)既要坚持房地产的市场化、商品化方向，努力控制和调节房地产投资过热，保证房地产业的适度发展；又要通过宏观政策弥补市场不足，采取措施满足低收入者住房需求。

房地产业发展过热意味着房地产市场存在泡沫，由此带动相关产业乃至国民经济出现泡沫。因而对房地产市场的调控和干预首要就是防止这种泡沫的出现或膨胀，遏止投机性炒房，控制投资性需求，同时鼓励普通商品住房和经济适用住房建设，合理引导住房消费投资。因而在我国出现房地产业发展过热迹象时，政府在2003年至2008年上半年，通过宏观调控手段干预和调节，使之保持适度发展；同时当包括房地产业在内的宏观经济出现衰退迹象时，政府又采取一系列刺激经济增长的措施，以便恢复市场信心。另一方面，由于商品房房价过高等原因，导致中等收入阶层出现住房困难问题，政府有必要运用宏观调控手段建设经济适用房、廉租房等保障性住房，以满足整个社会低收入者住房需求，完善我国住房制度体系。

2. 中国房地产宏观调控的发展趋势

尽管我国对房地产市场的宏观调控取得了一定的效果，但房地产业目前仍存在着诸多问题，如房价上升过快，房地产投资规模增长过猛，大量土地被囤积和闲置等等。为进一步促进我国房地产业快速健康发展，今后我国的宏观调控政策应当：

(1)完善住房政策体系，着力加大保障性住房的建设和实施。坚持住房市场化、商品化改革的大方向，促进住房市场尤其是商品房市场的发展和完善。同时注重住房保障政策的制定，狠抓落实。目前我国的住房保障制度体系已经基本建立，但保障性住房建设却相对落后，不能满足广大低收入人群的居住要求，因而如何贯彻落实现有的住房保障政策，将是下一阶段房地产宏观调控的重要任务。

(2)将房地产市场的调控，同与其相关产业的调节和干预相结合。房地产作为我国国民经济的支柱产业，不仅因为其本身所占比重较大，还在于与房地产业相关的产业众多，在整个国民经济中数量庞大，重要地位不言而喻。有鉴于此，在制定并执行相关房地产宏观调控过程中应当充分考虑到，该政策对其本身以外相关行业的影响。从目前来看，除开发公司、建筑公司、物业管理公司等直接参与房地产的企业外，服务行业如代理公司、广告公司、策划公司、会展公司、印刷与包装、网络公司、土地估价机构、银行等企事业单位，产业提供者如建筑材料、家居装饰装潢、五金建材、电器设备等行业，都与房地产业密不可分。如何在房地产宏观调控过程中，建立并完善适当的开发经营体系、中介服务体系、金融配套体系，对房地产宏观调控目标的实现具有重大意义。

(3)建立健全房地产管理检测体系。建立科学、灵敏、有效的房地产市场管理和检测体系，既是对我国房地产市场健康发展的客观要求和基本保证，又是实施房地产有效宏观调控的重要措施。我国目前尚未建立全国性的房地产市场监测体系，这不利于相关政府机关获得房地产市场发展的基础性资料，既增加了获取信息的成本，又不利于政府部门根据市场监测结果及时采取宏观调控政策，弥补市场调节之不足。

专题

如何增加房地产宏观调控有效性

易宪容

从2004年开始,对国内房地产市场的宏观调控已经有几年了,尽管这些对房地产市场的宏观调控取得一定成效,但与政府对房地产宏观调控目标相距很远。比如,从中央十大部委通报的2006年房地产宏观调控后一些省市的执行情况来看,目前国内房地产调控在若干领域仍存在不足,如在住房结构、房价涨幅和住房保障等都存在不少问题。因此,对于国内房地产市场的下一步宏观调控,有报道称,相关的职能部门正在研究一系列"结合地区特征的、可以合理实施的"房地产政策,下一步的政策出台将规避全国一刀切的情况,以期实现有效控制房价,并有区别地控制房价。也就是说,未来国内房地产市场的宏观调控更强调市场的具体性、区域性、微观性。对于这样做当然是好事,但有几个基本的概念必须厘清。

作为宏观调控,它的基本目的就是通过经济总量的控制来熨平整个增长波动,所使用的工具更多是银行信贷政策及财政政策,比如利率、税收等。这几年来,国内房地产的宏观调控,尽管调控政策不断,但更多的是强调行政性方式、技术性的硬约束等微观上的作为,而不是经济上的宏观手段。这可能也是几年来对房地产宏观调控效果不理想的原因所在。

从房地产开发投资来看,1—10月完成投资额16213万亿元,同比增长28.8%,高于2005年19.8%的9个百分点。其中商品住宅投资同比增长29.5%,比上年同期加快8个百分点。而且房地产投资快速增长已经从以往的东部沿海及特大城市向内地二线以下的城市转移。1—8月中、西部房地产开发投资增长分别为35.5%、31.2%,即东部房地产投资增长不减,同时中西部房地产过热正在上升。还有,9月末,主要金融机构新增长期贷款中,20%以上贷款进入房地产业,而制造业的比重则只有10%。

之所以大量的银行资金会进入房地产市场、房地产开发投资会增长不减,就在于房地产宏观调控后,国内房价没有得到一定程度遏制,反之,国内房价全面飙升。如深圳,2006年前三季度整体房价同比上涨19.66%的情况下,福田、南山以及宝安三个区域的住房价格分别涨了五至六成,其中,144平方米以上的非普通住宅,福田区涨幅高达156%。如福田区,在2005年9月底房价为7941元/平方米,到2006年9月底已经涨到了13184元/平方米,1年时间,又暴涨了5243元/平方米,而深圳的南山区及宝安区情况也是如此。深圳是这样,北京及其他城市都是如此。房价飙升自然给房地产业带来巨大的利润。据国家统计局的发言人所说,国内房地产业平均利润率在30%以上,而装备制造业的利润率不足3%。在这种情况下,国内房地产投资增长肯定不容易下降。

现在的问题是,通过什么样的方式可以让房地产过高投资增长减缓下来,让快速飙升的房价趋向理性?当然,从房地产为一个个分割的市场来看,房地产宏观调控政策的区域化、具体化、微观化,这样更能够从实际出发找到一些适合当地的政策。但是,在一个统一的市场中,政策的微观化、具体化不仅适合的范围十分有限,而且容易成为各个地方政府与中央政府讨价还价的工具。如果房地产宏观政策也成为各地方政府与中央讨价还价的工具,那么不仅使得中央政府的宏观调控政策的效用严重弱化,而且也会有既得利益集团利用这种政策的灵活性大量地套利,严重降低资源配置的效率。

在全国统一的金融市场中，如果由于房地产市场的分割性而采取不同的利率政策、信贷政策，那么贷款利率低的地方的资金也就会源源不断流向贷款利率高的地方来套利。还有，房地产的融资政策、税收政策、土地政策等同样会如此。

因此，如何增强国内房地产市场宏观调控政策的有效性，既要针对一个个分割开的房地产市场，也要考虑到统一市场内的宏观性。更为重要的是针对国内房地产市场的问题所在对症下药，而不是偏向一方否定另一方。

比如，面对国内房地产市场价格快速飙升，政府就得从银行信贷政策、税收政策、土地管理政策等方面入手。第一，在现阶段，住房作为民生必需品，政府就有责任把住房产品的性质完全界定在自住或个人消费上，用严格的技术性硬约束让住房的投资性质清除出市场，尤其是严格禁止外国投资者进入国内房地产市场进行炒作；第二是全面清理房地产市场与政府权力之间的关系，如清理房地产企业的股权结构、房地产市场的官商勾结；第三是改变目前国内金融市场的低利率政策；第四是以市场化的方式（如税收、利率、货币补贴等）建立起覆盖全民住房保障体系等。

资料来源：易宪容. 如何增加房地产宏观调控有效性[N/OL]. 第一财经日报，2006-12-8. http://forex.money.hexun.com/1951585.shtml.

思考与练习

1. 对房地产业为什么要实施宏观调控？
2. 房地产宏观调控的经济手段都包括哪些具体的政策？
3. 中国房地产宏观调控政策的立足点是什么？
4. 中国房地产宏观调控政策特点与房地产业发展的关系在于？
5. 如何构建和完善中国住房制度？
6. 如何理解房地产业市场化与宏观调控的关系？

参考文献

[1] 阿瑟·奥沙利文.城市经济学[M].4版.北京:中信出版社,2003.

[2] 白光润,李仙德.商业微区位空间关联类型与测度[J].人文地理,2008(4):1-5,11.

[3] 白光润.地理科学导论[M].北京:高等教育出版社,2006:117-119,133-135.

[4] 曹振良,高晓慧,等.中国房地产业发展与管理研究[M].北京:北京大学出版社,2002.

[5] 曹振良.房地产经济学通论[M].北京:北京大学出版社,2003:544.

[6] 陈劲松.社区·大盘出路[M].北京:机械工业出版社,2002:27-40,65-74,74-101.

[7] 陈顺清.城市增长与土地增值[M].北京:科学出版社.2000:70.

[8] 陈瑛.城市CBD与CBD系统[M].北京:科学出版社.2005:10-17,27,28.

[9] 褚超孚,贾生华.试论"过滤"模型对于城镇住房市场分层供应体系的理论启示[J].商业经济与管理,2005(5):18-21.

[10] 丹尼斯·迪帕斯奎尔,威廉姆·惠顿.城市经济学与房地产市场[M].龙奋杰,等,译.北京:经济科学出版社,2002.

[11] 丁健.现代城市经济[M].上海:同济大学出版社,2003:134.

[12] 杜能.孤立国同农业和国民经济的关系[M].吴衡康,译.北京:商务印书馆,1997.

[13] 房绍坤.房地产法[M].北京:北京大学出版社,2007.

[14] 丰雷,林增杰.房地产经济学[M].3版.北京:中国建筑工业出版社,2008.

[15] 丰雷,朱勇,谢经荣.中国地产泡沫实证研究[J].管理世界,2002(10):57-64.

[16] 高波,王斌.中国大中城市房地产需求弹性地区差异的实证分析[J].当代经济科学,2008(1):1-9.

[17] 高波.现代房地产经济学导论[M].南京:南京大学出版社,2007.

[18] 高波.全球化视野的中国房地产市场:泡沫、调控及走向[J].改革,2005,10.

[19] 顾朝林,C.克斯特洛德.北京社会空间结构影响因素及其演化研究[J].城市规划,1997,21(4):12-15.

[20] 顾红.日本房地产税制概况及经验借鉴[J].涉外税务,2006(8).

[21] 顾六宝.中国经济增长与政策选择:基于经济增长计量模型的研究[M].北京:中国统计出版,2007.

[22] 何国钊,曹振良,李晨.中国房地产周期研究[J].经济研究,1996(12):52-58.

[23] 胡昕.零售业开放与商业地产发展[J].商业时代,2005(23):

[24] 扈文秀,席酉民.经济泡沫向泡沫经济的演变机理[J].经济学家,2001(4):107-114.

[25] 黄河.房地产法[M].北京:中国政法大学出版社,2008.

[26] 黄静,屠梅曾.基于非平稳面板计量的中国城市房价与地价关系实证分析[J].统计研究,2009(7):13-19.

[27] 孔煜,魏锋,任宏.调控我国房地产价格的政策选择[J].价格理论与实践,2005(9):35-36.

[28] 李恩平.非理性"圈地运动"的经济规律[J].中国土地,2004(3).

[29] 李琳,张为民.如何走出商业地产发展瓶颈[J].中国房地产金融,2005(11).

[30] 李志刚,吴缚龙,刘玉亭.城市社会空间分异:倡导还是控制[J].城市规划汇刊,2004(6):48-53.

[31] 刘冰,张晋庆.城市居住空间分异的规划对策研究[J].规划研究,2002,26(12):82-86.

[32] 刘洪玉,张红.房地产业与社会经济[M].北京:清华大学出版社,2006.

[33] 刘洪玉,郑思齐.城市与房地产经济学[M].北京:中国建筑工业出版社,2007.

[34] 刘旺,张文忠.国内外城市居住空间研究的回顾与展望[J].人文地理,2004,19(3):6-11.

[35] 刘学成.国内房地产周期研究综述[J].中国房地产.2001(05):17-19.

[36] 楼江,邓浩强.城市闲置土地市场化配置的博弈分析[J].同济大学学报(自然科学版),2007(1):26-29.

[37] 陆大道.区位论及区域研究方法[M].北京:科学出版社,1988:1-5.

[38] 陆红生,王秀兰.土地管理学[M].北京:中国经济出版社,2000.

[39] 马迅,魏鹏娟.从马克思地租理论看新时期国有土地出让制度的完善[J].当代世界与社会主义,2010(1):156-159.

[40] 麦肯泽.不动产经济学[M].孟繁瑜,译.5版.北京:中国人民大学出版社,2009.

[41] 潘静成,刘文华.经济法[M].北京:中国人民大学出版社,2005.

[42] 彭连清,詹向阳.我国农村剩余劳动力的地域流向和产业分布特征[J].农村经济,2007(09):75-78.

[43] 皮舜,武康平.房地产市场发展和经济增长间的因果关系——对我国的实证分析[J].管理评论,2004,16(3):8-12.

[44] 钱华,费明硕.美国商业房地产市场现状及影响分析[J].宏观经济管理,2010(1):73-74.

[45] 钱瑛瑛.房地产经济学[M].上海:同济大学出版社,2004:179.

[46] 盛广恒,施国庆.基于利润最大化的土地市场供求均衡分析[J].经济师,2005(5):20-21.

[47] 石虹,曹钢跃.浅谈杜能农业区位论对现代土地利用的影响[J].山西教育学院学报,2000(2).

[48] 束礼菊,刘玉萍,郭郡郡.城市地租与房地产的区位选择——以四川省南充市为例[J].北京:时代经贸,2008(1):119-120.

[49] 宋博通.三种典型住房补贴政策的"过滤"研究[J].城乡建设,2002(8):27-29.

[50] 唐顺彦,杨忠学.英国与日本的土地管制制度比较[J].世界农业,2001(5).

[51] 萨伊.政治经济学概论[M].北京:商务印书馆,1963:412-415.

[52] 万勇,王玲慧.城市居住空间分异与住区规划应对策略[J].城市问题,2003(6):76-79.

[53] 王国军,刘水杏.房地产业对相关产业的带动效应研究[J].经济研究,2004(8):38-47.

[54] 王诃,郑思齐.中国零售地产简报[N].北京:国际购物中心协会,2010.

[55] 王鸿楷.谁的空间,谁的地?回眸台海两岸都市发展三十年[M].台北:台大出版中心,

2007:8.
[56] 王华春. 土地资源优化配置与构建节约型社会研究[M]. 北京：中国环境科学出版社，2006.
[57] 王千. 房地产的虚拟性与宏观经济稳定[J]. 中国工业经济. 2006(12):13-20.
[58] 王全民. 房地产经济学[M]. 大连:东北财经大学出版社,2002.
[59] 王如渊,李燕茹. 深圳中心商务区区位转移及其机制[J],经济地理,2002,22(2):165-170.
[60] 王志纲. 城变——一个中国传统城市的细胞再造[M]. 北京:人民出版社,2007:154-166.
[61] 王子龙,许箫迪,徐浩然. 房地产市场财富效应理论与实证研究[J]. 财贸经济,2008(12),116-130.
[62] 魏润卿. 中国房地产周期与宏观调控[J]. 中国房地产. 2008 (1)：22-24.
[63] 魏玮. 房地产市场泡沫的形成机制、测度方法及防范措施[J]. 生产力研究,2008(17)：112-115.
[64] 吴航,窦尔翔. 抑制房地产市场“泡沫”的多重视角分析[J]. 经济学家,2007(2)：124-127.
[65] 吴启焰,崔功豪. 南京市居住空间分异特征及其形成机制[J]. 城市规划,1999,23(12)：23-28.
[66] 吴启焰,张京祥,朱喜钢,徐逸伦. 现代中国城市居住空间分异机制的理论研究[J]. 人文地理,2002,17(13):26-30.
[67] 吴启焰. 大城市居住空间分异研究的理论与实践[M]. 北京:科学出版社,2001.
[68] 吴淑莲. 城市化与房地产业互动发展关系研究[D]. 武汉:华中农业大学. 2006.
[69] 谢经荣. 房地产经济学[M]. 2 版. 北京:中国人民大学出版社,2008.
[70] 邢兰芹,王慧,曹明明. 1990 年代以来西安城市居住空间[J]. 西北大学学报(社会科学版),2004,28(6)：68-73.
[71] 胥玲. 中国城市房价和地价的决定因素及相互关系[J]. 财政研究，2009(11):10-13.
[72] 严金海. 中国的房价与地价:理论、实证和政策分析[J]. 数量经济技术经济研究,2006(1):17-26.
[73] 杨上广,王春兰. 上海城市居住空间分异的社会学研究[J]. 社会. 2006(6):117-137.
[74] 叶长卫,李雪松. 浅谈杜能农业区位论对我国农业发展的作用与启示[J]. 华中农业大学学报(社会科学版),2002,(04) .
[75] 翟国胜. 城市房地产投资与经济增长研究[D]. 上海:华东师范大学,2005.
[76] 张红. 房地产经济学[M]. 北京:清华大学出版社,2006.
[77] 张琳,陈美亚. 中国房地产业与经济增长关系研究[J]. 南京工业大学学报(社会科学版),2002(3),68-70.
[78] 张睿. 法国的房地产税收及其借鉴[J]. 中国房地产,2007(03).
[79] 张文忠,刘 旺,李业锦. 北京城市内部居住空间分布与居民居住区位偏好[J]. 地理研究,2003,22(6)：752-760.
[80] 张永岳,陈伯庚,孙斌艺. 房地产经济学[M]. 北京:高等教育出版社,2005.

[81] 张永岳. 调整转型期的中国房地产业发展——论中国房地产业发展中的若干重要关系[J]. 当代财经，2007(08):82-88.

[82] 张跃庆，王德起，丁芸. 房地产经济学[M]. 北京：中国建材工业出版社，2009.

[83] 郑思齐，符育明，刘洪玉. 城市居民对居住区位的偏好：支付意愿梯度模型的估计[J]. 地理科学进展，2005，24(1):97-104.

[84] 中华人民共和国国家统计局. 中国统计年鉴[M]. 北京：中国统计出版社，2008.

[85] 周京奎. 城市土地经济学[M]. 北京：北京大学出版社，2007:343.

[86] 周京奎. 房地产泡沫生成与演化[J]. 财贸经济，2006(5):3-10.

[87] 周立新. 经验与借鉴：国外房地产税制及其启示[J]. 扬州大学税务学院学报，2001.

[88] Alonso W. Location and land use [M]. Cambridge, Mass: Harvard University Press, 1964.

[89] Anas A., Arnott R. J.. Taxes and allowances in a dynamic equilibrium model of urban housing with a size-quality hierarchy[J]. Regional Science and Urban Economics, 1997, 27 (4-5):547-580.

[90] Berry B J L. Geography of market centers and retail distribution [M]. Englewood Cliffs: Prentice-Hall. 1967: 114-119, 168-173.

[91] Blackley D. M. The long-run elasticity of new housing supply in the United States: empirical evidence for 1950 to 1994[J]. Journal of Real Estate Finance and Economics, 1999, 18 (1):25-42.

[92] Braid R. M.. Uniform spatial growth with perfect foresight and durable housing [J]. Journal of Urban Economics, 1988, 23:41-59.

[93] Braid R. M.. Residential spatial growth with perfect foresight and multiple income groups[J]. Journal of Urban Economics, 1991, 30: 385-407.

[94] Diken p. Location in space: theoretical perspectives in economic geography. 3rd ed [M]. New York: Harper Collins, 1990.

[95] Dipasquale, D. and Wheaton, W. C.. Urban economics and real estate markets [M]. Englewood Cliffs: Prentice-Hall, Inc, 1996:256.

[96] DiPasquale, Denise and William C. Wheaton. Housing market dynamics and the future of housing prices[J]. Ournat of Urban Economics, 1994, 35 (January): 1-27.

[97] Dupont V. Socio-spatial differentiation and residential segregation in Delhi: A question of scale? [J]. Geoforum, 2004, 35: 157-175.

[98] Eaton C B, Lipsey R G. Compparison shopping and clustering of homogeneous firms [J]. Journal of Regional Science, 1979, 19(4):421-435.

[99] Fernández-Kranz D., Hon M. T.. Cross-section analysis of the income elasticity of housing demand in Spain: Is there a real estate bubble? [J]. Journal of Real Estate Finance and Economics, 2006, 32(4):449-470.

[100] Follain, James R., Jr. The price elasticity of the long-run supply of new housing construction[J]. Housing Economics, 1979:55(May): 190-199.

[101] Gallin J. The long-run relationship between house prices and income: evidence from

local housing markets[R]. United States Federal Reserve Board. 2003.

[102] GD Jud,J Frew. Atypicality and the natural vacancy rate hypothesis[J]. Real Estate Economics,1990(3).

[103] Green R. K. a. , Malpezzi S. b. ,Mayo S. K. c. . Metropolitan-specific estimates of the price elasticity of supply of housing, and their sources[J]. American Economic Review, 2005,95 (2):334 - 339.

[104] Joseph T. L. Oo. , Sze Teck Lee. Price discovery between residential land & housing markets. American Real Estate Society's Meeting, 2006.

[105] K'Akumu O A, Olima W H A. The dynamics and implications of residential segregation in Nairobi [J]. Habitat International,2007, 31: 87 - 99.

[106] Lancaster K. A new approach to consumer theory [J]. Journal of Political Economy, 1966 (74): 132 - 157.

[107] Lo'pez C, Aguayo E,Expo'sito P. El comportamiento de los precios de la vivienda en las regiones espan? olas:principales determinantes. Euro - American Association of Economic Development,Working Paper#34

[108] Malpezzi, Stephen, and Duncan Maelennan. The long-run price elasticity of new housing construction in the United States and the United Kingdom. Manuscript, 1996.

[109] Manrique J,Ojah K. The demand for housing in Spain: an endogenous switching regression analysis[J]. Appl Econ,2003,35:323 - 336.

[110] Miller N. G. and Geltner D. M. Real estate principles for the new economy[M]. Cincinnnati:Thomson Learning, 2005.

[111] Muth Richard F. The demand for non-farm housing[M] //Arnold Harbenger, ed. The demand for durable Goods. Chicago:University of Chicago Press,1960: 29 - 96.

[112] Ohls J. C. and D. Pines. Discontinuous urban development and economic efficiency [J]. Land Economics Letters, 1975, 51: 224 - 234.

[113] Ridker R. G. and Henning J. A.. The determination of residential property value with special reference to air pollution[J]. Review of Economics and Statistics, 1968 (49): 246 - 257.

[114] Rosen S.. Hedonic prices and implicit markets: Product differentiation in pure competition[J]. Journal of Political Economy, 1974 (82): 34 - 55.

[115] Stover,Mark Edward. The price elasticity of the supply of single-family detached urban housing[J]. Journal of Urban Economics, 1986, 20 (November): 331 - 340.

[116] Stuart A Gabriel, Frank E Nothaft. Rental housing markets, the incidence and duration of vacancy and the natural vacancy rate[J]. Journal of Urban Economics,2001 (49):121 - 149.

[117] Sweeney J. L. Quality, commodity hierarchies, and housing markets [J]. Econometrica, 1974, 42:147 - 167.

[118] Tong Hun Lee,Chang Min Kong. Elasticities of housing demand[J]. Southern Eco-

nomic Journal,1977,44:298－305.

[119] Topel, Robert, and Sherwin Rosen. Housing Investment in the United States[J]. Journal of Political Economy, 1988, 96(August): 718－740.

[120] Wu F. Sociospatial differentiation in urban China: Evidence from Shanghai's real estate market [J]. Environment and Planning A, 2002, 34(9):1591－1615.

[121] Zeng D Z. New economic geography with heterogeneous preferences: An explanation of segregation [J]. Journal of Urban Economics, 2008, 31(1): 306－324.

普通高等教育“十二五”工程管理专业系列规划教材

工程项目管理
建设工程招投标与合同管理
工程造价管理
工程经济学
工程估价
建筑施工组织与管理
建筑工程概论
建筑工程概预算
房地产开发与经营
房地产投资分析与决策
房地产项目策划
房地产估价
房地产经济学
建筑设备工程
物业管理
建设法规
建设项目评估
建筑企业管理
建设工程监理概论
工程项目融资
国际工程管理
工程管理专业英语(第2版)
工程风险与保险
建筑制图
工程结构
土木工程技术
建设工程合同管理

欢迎各位老师联系投稿!

联系人:祝翠华
手机:13572026447　办公电话:029－82665375
电子邮件:zhu_cuihua@163.com　37209887@qq.com
QQ:37209887(加为好友时请注明“教材编写”等字样)